教育部人文社会科学研究青年基金项目"《晋察冀日报》与'子弟兵'话语体系建构研究"（19YJC710047）结项成果

JINCHAJI RIBAO YU ZIDIBING
HUAYU TIXI JIANGOU YANJIU

《晋察冀日报》与"子弟兵" 话语体系建构研究

刘 意◎著

人民出版社

序　一

革命战争年代,老百姓把中国共产党领导的武装力量称为"人民子弟兵",表明党领导的军队是老百姓自己的军队。过往研究侧重于中国共产党领导军事斗争和军队建设等方面,对中国共产党领导的武装力量为何被称为"人民子弟兵",以及"人民子弟兵"话语体系如何建构起来等问题,尚未进行深入具体的研究。考察"人民子弟兵"话语体系建构,有利于拓展中共党史研究的视域,既有学术价值,也有现实意义。

刘意在博士学位论文基础上,以《晋察冀日报》作为重要考察对象,从话语识别、话语支撑、话语核心、话语方位、话语重现、话语争锋和话语联系等七个方面,对"子弟兵"话语体系进行阐释,对其内在逻辑进行梳理,初步呈现《晋察冀日报》建构"子弟兵"话语体系的概貌。2018 年 6 月,作为刘意博士学位论文答辩委员会主席,感觉这是一篇选题新颖、史料翔实、论证充分的学位论文。时隔 3 年,刘意在博士学位论文基础上进行再创作,形成一部 25 万多字的书稿,我认为这是一部有创新的著作,主要体现在以下三个方面:

第一,本书是中共报刊研究、军队建设研究和意识形态研究等相互融合的著作。改革开放以来,国内外学者从不同视角研究中共党史,促使中共党史研究走向繁荣。本书作者在查阅《晋察冀日报》的同时,发现晋察冀边区子弟兵当仁不让成为《晋察冀日报》的主角,并以话语理论为分析工具,对"子弟兵"话语体系进行梳理和勾勒,因而构成一个新的审视中国共产党武装力量发展历史的角度。

第二,本书呈现一条清晰的"子弟兵"话语体系建构线路。"人民子弟兵"作为熟悉的称谓蕴含很多不为人知的史实,也是值得考察的历史过程。抗日战争时期晋察冀边区子弟兵由弱小到强大,担负起保卫家园的神圣使命,其美名也被老百姓口口相传,这是晋察冀边区"子弟兵"话语体系得以形成和传播的重要基础。本书以此为突破口，首章陈述"子弟兵"与众不同，随后章节从晋察冀边区子弟兵新战士群体、子弟兵将领和共产党员、子弟兵与老百姓血肉联系等三个方面，进一步论证"子弟兵"与众不同，把"子弟兵"与众不同置于战斗场景和论战环境之中，这样《晋察冀日报》建构"子弟兵"话语体系的主线得以清楚呈现。

第三，本书不仅在思想观点上有创新，而且挖掘出许多珍贵的史料，践行了"把党史研究成果转换成老百姓易于接受的鲜活故事，带给他们生动的启迪和教育"这一理念。《晋察冀日报》刊登晋察冀边区子弟兵英勇战斗、灵巧战法、军民互爱、英雄人物等文章，篇篇都叙述着子弟兵英雄事迹和老百姓对子弟兵的热爱，这些珍贵的史料在著作中有充分体现。本书所呈现的子弟兵新战士孜孜不倦地学习，子弟兵中的英雄和共产党员身先士卒、舍己为人的英雄豪气，老百姓为救护和掩护子弟兵不惜舍弃自我和家人的真情等，无不是一个个感人和育人的鲜活故事，得以传承且经久不衰。

我作为刘意博士论文答辩组成员，看到他这三年的努力和产出，倍感欣慰。同时，希望他能在此基础上更上一层楼，形成自己的研究领域和研究特色，呈现更多更精彩的研究成果。

华南师范大学马克思主义学院院长

教育部"长江学者奖励计划"特聘教授

2020 年 12 月 15 日于广州

2

序　二

　　刘意2015年考入华中师范大学随我攻读博士学位之前,在湖南师范大学已经受过良好的专业训练,又有在中共韶关市委党校工作十年的积淀。他在得知即将来读博士,就开始研究问题,撰写论文,大有"没有学问,如在暗沟里走路,摸索不着,那会苦煞人"的紧迫感。读博三年,他牢记"读书须尽苦功夫",每天在图书馆读书学习长达十多个小时,有一次我去给他送文献资料,发现他把我发表的一篇文章《真正的学术是不朽的——感怀张舜徽先生》挂在书桌墙上,以此勉励自己要勤学,下苦功夫,求得真学问。以此心态做学问,自然进步也十分显著,读博第一个月就在CSSCI期刊上发表论文,读博三年发表17篇学术论文。

　　经过刻苦钻研,他选择了晋察冀边区子弟兵作为研究主题。这个选题前人极少关注,相关的研究成果稀缺,属于"难啃的硬骨头"。刘意下定决心下苦功夫学习相关理论和方法,勤跑档案馆、图书馆查阅第一手资料,反复打磨,形成博士学位论文,参加博士学位论文答辩获得好评。到南方医科大学马克思主义学院工作后,他以"《晋察冀日报》与'子弟兵'话语体系建构研究"申报2019年度教育部青年基金项目,获得立项,现这部书稿已写成。虽然此部书稿在其博士学位论文基础上进一步提炼和思考而成,但其属于创新力较好的新成果。

　　本书具有三个特点:

　　其一,问题意识浓厚。晋察冀边区"子弟兵"话语体系形成和发展,离不开中国共产党领导下晋察冀边区子弟兵的英勇战斗,更与中国共产党对这支部队的政治教育分不开。本书从"子弟兵"与众不同来管总回答"子弟兵"话语体系的特色,再从子弟兵中新战士华丽转身,子弟兵将领领袖和共产党员先锋模范作用,阐述"子弟兵"话语体系源源不断的动力,回答了《晋察冀日报》对"子弟兵"话语体系建构的初衷。

其二,学术观点新颖。把《晋察冀日报》对"子弟兵"话语体系建构提炼为话语识别、话语支撑、话语核心、话语方位、话语重现、话语争锋和话语联系等七个方面,较全面反映出晋察冀边区"子弟兵"话语体系建构的主要架构。在阐释"子弟兵"话语体系建构的主线时,归纳为主体的一元性、逻辑的科学性、主题的鲜明性、愿景的前瞻性、原则的维度性和文化的贯通性等六个方面,也表现出学术观点的创新性。

其三,回应社会热点。中国共产党始终对军队的绝对领导、军队思想政治工作是我军的生命线、牢牢抓住军队意识形态工作主导权、人民军队的根脉在人民、建设一支世界一流军队等社会热点话题,均能在本书中找到历史的身影。书中传递着一种力量:看"子弟兵"话语体系建构历史,就会看到中国共产党领导下的人民军队的前途,人民子弟兵这一称谓,必将深刻于广大人民心中,转化为磅礴伟力。

此选题研究正当时,望刘意继续刻苦前行,多出精品!

目　　录

引　言

　　抗战时期,中国共产党领导的八路军、新四军被人民群众亲切地称为"子弟兵"。此"子弟兵"的意蕴已远超古代传统子弟兵之内涵。

　　马克思恩格斯认为人民群众才是社会历史的真正创造者,创造了社会物质财富和精神财富,是推动社会历史变革的决定性力量。马克思恩格斯运用唯物史观来观察人民群众,有过精彩而又深刻的论断,他们指出:"人们为之奋斗的一切,都同他们的利益有关"①,"'思想'一旦离开'利益',就一定会使自己出丑"②。马克思恩格斯不止满足于此,还进一步提出了无产阶级运动在谋求利益上与之前的运动的不同,在于"过去的一切运动都是少数人的,或者为少数人谋利益的运动。无产阶级的运动是绝大多数人的,为绝大多数人谋利益的独立的运动"③。为切身利益而战以及弱者为打败强者往往不走寻常路径,这一历史发展的规律性常以不同形式表达出来。这也是对晋察冀老百姓为什么认为"子弟兵是老百姓的儿子,坚决打鬼子的抗日部队的兄弟,是在晋察冀生了根的抗日军"④的最好解释。因为子弟兵也正为自己的切身利益而战,这场战斗的胜利与否直接关系到自己的家园是否完好,甚至直接关系到自己的生命是否延续。

　　马克思恩格斯关于"为自己切身利益而战"的思想延伸到无产阶级军队建设之中,就有了更大的思想影响力。恩格斯指出,由人民自己组成的军队具有空前惊人的力量,"在保卫祖国领土时是根本不可战胜的"⑤。恩格斯对胜利后的

---

① 《马克思恩格斯全集》第 1 卷,人民出版社 1995 年版,第 187 页。
② 《马克思恩格斯文集》第 1 卷,人民出版社 2009 年版,第 286 页。
③ 《马克思恩格斯文集》第 2 卷,人民出版社 2009 年版,第 42 页。
④ 李公朴:《华北敌后——晋察冀》,生活·读书·新知三联书店 1979 年版,第 28 页。
⑤ 《马克思恩格斯全集》第 28 卷,人民出版社 2018 年版,第 434 页。

无产阶级军队的构成也进行了大胆设想,其思想有建构"子弟兵"的意蕴。他指出:"武装力量首先由两个部分构成:(1)担任国内勤务的城市无产阶级自卫军和可靠的乡村农民自卫军;(2)抵抗侵略的正规军。"①从一定意义上说,设立"城市无产阶级自卫军"和"乡村农民自卫军",可视为马克思恩格斯对"子弟兵"话语体系建构的重要贡献之一。

土地革命时期,中国共产党领导的红军面对国民党多次"围剿"而屹立不倒,这其中的斗争经验必然要上升为红军的优良传统,为中国共产党对"子弟兵"话语体系建构提供有益经验。到底是什么力量使得红军在面对缺粮、缺人、缺武器等情况下,进行着艰巨的革命斗争,不仅开辟和巩固着革命根据地,而且战斗力越战越强。红军在第五次反"围剿"失利后,被迫长征。经过二万五千里长征,为抗日改编为八路军,开辟敌后根据地,把革命传统、红军生存和建设传统等不断延续和升级,"子弟兵"继承这些传统并不断发展和壮大了。学界对红军的优良传统的总结不一,站在研究"子弟兵"话语体系建构角度来看,有以下三个方面传统值得关注。

第一,红军与众不同:三大任务。

红军能在那么恶劣的环境中生存下来,确实有与历史上任何一支军队不同的地方。到底环境有多恶劣呢?毛泽东在《中国的红色政权为什么能够存在?》一文中有这样的描述:

> 在白色势力的四面包围中,军民日用必需品和现金的缺乏,成了极大的问题。一年以来,边界政权割据的地区,因为敌人的严密封锁,食盐、布匹、药材等日用必需品,无时不在十分缺乏和十分昂贵之中,因此引起工农小资产阶级群众和红军士兵群众的生活的不安,有时真是到了极度。红军一面要打仗,一面又要筹饷。每天除粮食外的五分钱伙食费都感到缺乏,营养不足,病的甚多,医院伤兵,其苦更甚。②

---

① 《马克思恩格斯文集》第2卷,人民出版社2009年版,第341页。
② 《毛泽东选集》第一卷,人民出版社1991年版,第53页。

这段描述只是红军所面临困难的一部分。白色恐怖之下,"经济恐慌""政治恐慌"等各种恐慌接踵而至,红军如何应对成为当务之急。红军在恐慌中学会了应对之策,这主要得益于毛泽东为红军确定的"三大任务"。

据谭冠三的《在我记忆中的井冈山斗争》一文记载,在打完茶陵回来的路上,毛泽东正式宣布了红军的三大任务:"第一,打仗消灭敌人;第二,打土豪筹款子;第三,宣传群众,组织群众,武装群众,帮助群众建立革命政权。"①到 1929 年 12 月,毛泽东为中国共产党红军第四军第九次代表大会写的决议中再次提出:"红军决不是单纯地打仗的,它除了打仗消灭敌人军事力量之外,还要负担宣传群众、组织群众、武装群众、帮助群众建立革命政权以至于建立共产党的组织等项重大的任务。红军的打仗,不是单纯地为了打仗而打仗,而是为了宣传群众、组织群众、武装群众,并帮助群众建设革命政权才去打仗的,离了对群众的宣传、组织、武装和建设革命政权等项目标,就是失去了打仗的意义,也就是失去了红军存在的意义。"②

打仗、筹款和做群众工作三位一体的任务,巧妙地移开了悬在红军头上的"达摩克利斯之剑"。打仗消灭敌人,打开了红军生存之路,成功破解了"政治恐慌";打土豪筹款子,解决了红军的"经济恐慌",为红军发展壮大奠定了物质基础;做群众工作,为红军发展找到了源源不断的动力,进而开辟和巩固革命根据地,促使党领导下的红军与政权相互呼应。陈毅后来评价毛泽东创造红军"三大任务"时指出:"一般军事家只能就军事言军事,除军事外看不到别的东西。而毛主席一开始抓军事问题,就首先是作为政治问题来抓,这样就能透入本质,进行军事思想的创造。"③红军这一支党领导的人民军队自从有了这"三大任务",其发展后劲势不可挡,对党领导军队建设的影响是十分深远的。

抗战时期,中国共产党对红军"三大任务"进行了发展。1944 年 1 月 10 日,《中央书记处关于晋察冀分局干部扩大会议应讨论的几个问题的指示》中指出:"今后军队要恢复苏维埃运动前期红军做群众工作传统,把群众工作看成自己

---

①　井冈山革命根据地党史资料征集编研协作小组、井冈山革命博物馆编:《井冈山革命根据地》(下),中共党史资料出版社 1987 年版,第 493—494 页。

②　《毛泽东选集》第一卷,人民出版社 1991 年版,第 86 页。

③　《星火燎原选编之一》,中国人民解放军战士出版社 1977 年版,第 34 页。

经常的一个任务(作战、生产、做群众工作,应成为军队的三大任务)。"①中国共产党根据抗战形势的变化,用"生产"代替了"打土豪筹款子",但保证维持军队经济供给及战斗保障的实质没有改变。

第二,红军的生命线:政治工作。

政治工作是红军的生命线,是党对红军建设深刻的总结,也是解决红军内部存在问题的有效方法。以中国工农红军第四军为例,其兵源组成复杂,大体有三部分:"一为朱德率领之叶贺残部;一为毛泽东率领之卢德铭团(张发奎之警卫团)及湘东农军;一为湘南郴、耒、永、宜、资五县农民。"②从陈毅的《关于朱毛红军(红四军)的历史及其状况的报告》中不难发现,来源复杂必然导致士兵的思想状况良莠不齐,思想状况不整齐容易引发军事干部与普通士兵在训练上等诸多方面的矛盾,这样逃兵现象就必然会发生。这在红军创立初期是一个普遍问题。

中国共产党善于发现问题,并不断探索解决问题的途径。三湾改编,把支部建在连上,毛泽东总结道:"红军所以艰难奋战而不溃散,'支部建在连上'是一个重要原因。"③《党代表工作大纲》规定党代表根本任务有两项,一是注意士兵教育和管理,二是作战时的工作。《党代表工作大纲》是我军最早的政治工作条例。从国民党相关资料可见这份大纲曾经发挥的重要作用。国民党十六军政治部曾缴获《党代表工作大纲》,为此在其内部通报上的导语中这样写道:"红军党代表之工作及能力亦可表率其众,敌人组织如此,吾人应加猛醒!"④中国共产党对军队政治工作的探索并非停滞于此。1932年7月21日,《中共中央给苏区中央局及苏区闽赣两省委信》中把红军的政治工作提到了"生命线"的高度。信中指出:

---

① 中央档案馆编:《中共中央文件选集》第十四册,中共中央党校出版社1992年版,第153页。

② 中共福建省委党校党史研究室编:《红四军入闽和古田会议文献资料》,福建人民出版社1979年版,第56页。

③ 《毛泽东选集》第一卷,人民出版社1991年版,第65—66页。

④ 国民革命军第16军政治训练部1928年8月16日刊载红军《党代表工作大纲》时的导语,湖南安化县档案资料。

　　政治工作在红军中有决定的意义,每一个红军战斗员不仅要有充分的军事技术——手中的武器,而且最重要的是脑子的武器。必须充实现有的军队中的政治工作,实现中央政治工作条例。政治工作不是附带的,而是红军的生命线。①

　　以 1934 年 2 月 7 日至 12 日在瑞金召开的中国工农红军全国政治工作会议为标志,红军政治工作理念和制度基本成熟了。朱德在瑞金召开的中国工农红军全国政治工作会议上的开幕式致词中指出:

　　我们的红军从游击队到现在大规模的正规红军,这是从政治工作领导得来的,也是从党和无产阶级领导起来的。红军因为有政治工作,才能保证它为无产阶级利益而牺牲,才是英勇无敌的百战百胜的红军。②

　　朱德的这段话,是对政治工作是红军的生命线最好的诠释。

　　抗战时期,政治工作是军队生命线这一思想依然闪烁光芒。毛泽东接受英国记者贝特兰采访时指出:"那时军队设立了党代表和政治部,这种制度是中国历史上没有的,靠了这种制度使军队一新其面目。一九二七年以后的红军以至今日的八路军,是继承了这种制度而加以发展的。"③1944 年 4 月,谭政在中共中央西北局高级干部会议上作的《关于军队政治工作问题的报告》中指出:"政治工作是我们军队的生命线,无此则不是真正的革命军队。"毛泽东在修改这篇报告初稿时曾亲笔加上了"共产党领导的革命的政治工作是革命军队的生命线"这一重要表述。④ 由此可见,政治工作是"子弟兵"的生命线。

　　第三,安身立命之本:严明纪律。

　　如果说政治工作是红军的生命线,那么严明纪律就是红军的生命。只有拥

---

　　①　中央档案馆编:《中共中央文件选集》第八册,中共中央党校出版社 1991 年版,第 310 页。

　　②　中共中央文献研究室编:《朱德年谱(新编本)(一八八六——一九七六)》(上),中央文献出版社 2006 年版,第 367 页。

　　③　《毛泽东选集》第二卷,人民出版社 1991 年版,第 380 页。

　　④　参见纪淑云:《中国共产党"生命线"理论的来龙去脉》,《光明日报》2014 年 5 月 7 日。

有铁的纪律和纪律执行严明,才会产生出铁的军队。面对强悍的国民党的军事"围剿",还有舆论"围剿",恶意陌生化、妖魔化中国共产党及红军为"赤匪""土匪",红军就是靠严明纪律才得以生存、发展、壮大,不仅打破了军事"围剿",而且破除了舆论"围剿",更重要的是在人民群众当中播下了革命的种子。

红军的纪律是在实践中不断丰富发展的。秋收起义后,红军到达江西省永新县三湾村,毛泽东在枫树坪向刚刚改编的红军宣布了行军纪律:"说话要和气,买卖要公平,不拿群众一个红薯。"①在准备上井冈山前,毛泽东在荆竹山村前第一次明确提出了人民军队的三项纪律:"第一,行动听指挥;第二,打土豪款子要归公;第三,不拿老百姓一个红薯。"②1928年4月,毛泽东向工农革命军正式颁布"三大纪律六项注意"。三大纪律是:第一,一切行动听指挥;第二,不拿工人农民一点东西;第三,一切缴获要归公。六项注意是:一、上门板;二、捆铺草;三、说话和气;四、买卖公平;五、借东西要还;六、损坏东西要赔。朱毛红军在赣南、闽西开辟革命根据地期间,毛泽东把"六项注意"修改成"八项注意",增加了"七、不得胡乱屙屎;八、不搜敌兵腰包"两项,并写进了9月25日红一方面军颁布的《红军士兵会章程》中。③"三大纪律八项注意"对塑造钢铁般的红军和密切军民关系具有重要的贡献,下面一则史料就是一个有关红军遵守纪律的生动写照。

　　一九二九年八月间,红四军在漳平县官田杨美村打土豪时,由于国民党反动派制造谣言,进行反动宣传,村里的老百姓在红军到达前都躲避起来了。红军战士因煮饭用了中草药铺"老板"苏和家里的二十六斤大米,一时无法将米钱当面付给主人。后来,红军在马路旁边见到一位卖香烟的小贩观泗"老板",红军战士便将米钱托他交给主人,并在主人住家的墙壁上写下了留言:"老板,你不在家,你的米我买了廿六斤,大洋二元,大洋在观泗

　　① 中共中央文献研究室编:《毛泽东年谱(一八九三——一九四九)》(修订本)上卷,中央文献出版社2013年版,第220页。

　　② 中共中央文献研究室编:《毛泽东传(1893—1949)》,中央文献出版社2004年版,第175页。

　　③ 参见军事科学院军事历史研究部:《中国人民解放军的七十年》,军事科学出版社1997年版,第495页。

老板手礼(里)。红军"。①

这可说是红军严明纪律的一个真实写照。这样的史料相比红军斗争史上的伟绩实属"小事",可正是这一系列"小事"建构起红军在老百姓心中的光辉形象。

此外,在战争期间,红军不搜俘虏腰包以及"优待俘虏"政策的政治考量也是十分巨大的。毛泽东在《井冈山的斗争》一文中有这样的论述:

> 敌军的士兵和营、连、排长被我们俘虏过来,即对他们进行宣传工作,分为愿留愿去两种,愿去的即发路费释放。这样就把敌人所谓"共匪见人就杀"的欺骗,立即打破。杨池生的《九师旬刊》,对于我们的这种办法有"毒矣哉"的惊叹。②

显然,杨池生用"毒矣哉"来表达他的阶级立场,是他并没有理解红军存在的意义。中国共产党领导的红军最终要实现人的全面发展,而决非只知道破坏和消灭。红军严于律己,宽以待人,政治影响力不断扩大,老百姓的支持指数呈上升趋势。参加第三次"围剿"的蔡廷锴谈及其进入苏区追击红军时,对红军与群众关系也有所感叹,地方群众"或逃亡,或随红军行动,欲雇挑夫固不可能,即寻向导带路亦无一人,至于侦探更一无所得,变成盲目"③。

综上所述,三大任务、政治工作和严明纪律实则关系到了红军生死存亡,既被赋予光荣使命又能严格执行使命的军队才是真正战无不胜的军队。这都将会传承到中国共产党对"子弟兵"话语体系建构之中来,并发挥着不可磨灭的作用。

抗战时期,在中国共产党开辟的敌后抗日根据地,出现了父送子、妻送夫、弟送哥参加八路军的场景,在同一地域出现如此大规模的集体参军,以至于人们私

---

① 厦门大学历史系、中共党史教研组编写:《闽西革命根据地》,上海人民出版社1978年版,第37—38页。
② 《毛泽东选集》第一卷,人民出版社1991年版,第67页。
③ 《蔡廷锴自传》,黑龙江人民出版社1982年版,第245页。

底下把由某个地域村民参军组建的部队冠以地名,比如当时在晋察冀边区出现了"平山团""灵寿营""阜平营"等部队代称,后来老百姓把由自己子弟参加的八路军称为晋察冀子弟兵。1939年5月,由平山子弟组成的七一八团(老百姓称为"平山团")与七一七团在上下细腰涧战役中取得巨大胜利,军区总司令聂荣臻颁发嘉奖令,称平山团"是太行山上的铁的子弟兵!"①这是《晋察冀日报》(前身为《抗敌报》)最早对晋察冀边区部队以"子弟兵"进行称呼的报道。晋察冀子弟兵作为中国共产党独立领导的抗日武装力量,在抗击日寇侵略、武装保卫家园、密切联系群众等方面发挥着重要的作用。中国共产党的报刊是晋察冀"子弟兵"形象的媒介塑造载体,然而运用党报党刊研究晋察冀"子弟兵"话语体系建构的成果相对薄弱,特别是《晋察冀日报》副刊《子弟兵》(共计87期),是研究晋察冀"子弟兵"话语体系建构的重要文献资料,但目前尚未见有影响力的成果,这也是本书创作的原因之一。

《子弟兵》以"报告子弟兵的一切状况"为办刊宗旨。1941年4月,《子弟兵》创刊号刊登600多字的发刊词,对出刊《子弟兵》的缘由进行阐释。发刊词首先热情洋溢地称颂边区子弟兵与边区人民血肉相连,指出"没有子弟兵的胜利,也就没有人民的幸福,没有人民的抚育,也就没有子弟兵的成长",接着表达"仅仅让边区父老兄弟姐妹明白战斗胜利这是不够的"顾虑,认为"让边区父老兄弟姊妹更真切、更清楚了解自己子弟……即使战斗胜利吧,也应当更具体、更生动、更充足的说明:子弟兵怎样英勇,而敌人又怎样败退溃乱以致死亡"。为此,"决定出刊《子弟兵》,用它来报告子弟兵一切状况"。② 在此办刊宗旨指导下,《子弟兵》发表文章近500篇,并以插图、诗歌、日记、木刻和歌曲等形式全方位展现了边区子弟兵生活、学习和战斗的情景,留下了边区子弟兵英勇杀敌、老百姓爱护边区子弟兵等大量珍贵史料。

《子弟兵》改版是要"让子弟兵获得边区人民更深切的支持"。1940年3月19日,《傅钟、陆定一关于扩军工作中注意事项致各兵团政治首长等电》中指出:"宣传子弟兵团是老百姓的儿子,八路军的弟弟,我们认为时常还应宣传八路军

---

① 《军区聂司令员嘉勉平山团　号召平山青年永远保持并发扬平山的光荣》,《抗敌报》1939年5月28日。

② 《发刊词》,《晋察冀日报》1941年4月17日。

是工农的子弟,人民的子弟兵。"①这一考虑体现了中国共产党以人民为中心开展军队建设的智慧,也成为《子弟兵》改版后始终不变的宗旨。1942 年 8 月 1 日,《子弟兵》由周刊改成旬刊时,《子弟兵》旬刊编者在《改为旬刊的几句话》中说明每十天出版一次旨在"内容方面也准备使它更充实、更实际、更认真",并"报告些子弟兵生动的战斗、学习、工作、生活情形,在文字上也力求合乎读者不同的水平"。② 让边区人民真正读懂子弟兵,了解子弟兵一切状况,建立边区人民与子弟兵的密切联系。1943 年 2 月 2 日,《子弟兵》旬刊编者又发表《本刊期望于部队同志的》一文,再次强调"子弟兵旬刊要为部队以外的同志,子弟兵的家属和边区各界报道子弟兵的战斗、学习、生活等各方面活动情形",希望"我们部队的同志应该很好的利用这个刊物,它应该是我们对群众的经常的宣传材料"。③ 显然,《子弟兵》以子弟兵和边区人民血肉相连为逻辑起点,以各种方式向边区父老兄弟姊妹们传递子弟兵的进步和发展,构建起良好的军民互动平台,其目的是为锻造铁的子弟兵团提供精神力量,进而凝聚边区人民磅礴抗日力量,达到壮大和发展自己而打击消灭敌人之目的。

国内学术界研究《晋察冀日报》建构"子弟兵"话语体系尚处于起步阶段,相关研究成果主要集中在以下几个方面。

第一,"子弟兵"称谓的来由研究。国内学术界对封建时代"子弟兵"称谓起源和发展的研究成果较多,对中国共产党领导的人民军队为何称为"子弟兵"的研究成果不多,截至 2019 年,中国知网就此主题较有代表性的成果有三篇文章。一篇是刘明刚的《"子弟兵"称谓的来历》,该文主要分析了聂荣臻为边区部队起"子弟兵"称号的初衷。另一篇是青云的《"子弟兵"称谓的由来》,该文主要考察"子弟兵"一词首次用于称呼党领导下的人民武装力量,是在 1939 年 5 月聂荣臻发布嘉勉平山团的通令中。还有一篇是拙文《抗战时期晋察冀边区"子弟兵"意蕴考》,该文仅从晋察冀抗日根据地的政治报刊、政治教材以及边区老百姓口述和以"子弟兵"为主题的抗战歌曲等方面,对"子弟兵"内涵进行了考察。

---

① 中国人民解放军历史资料丛书编审委员会编:《八路军·文献》,解放军出版社 1994 年版,第 486 页。

② 《改为旬刊的几句话》,《晋察冀日报》1942 年 8 月 1 日。

③ 《本刊期望于部队同志的》,《晋察冀日报》1943 年 2 月 2 日。

可见,"子弟兵"称谓如何发展成为中国共产党领导的人民武装力量的代名词,是还可深挖的选题。

第二,以籍贯命名的"子弟兵"研究。国内学者对中国共产党领导的"贵州子弟兵""闽西子弟兵""闽南子弟兵""胶东子弟兵"等有所研究,以福建籍子弟兵为主题的研究成果相对较多,对"太行山上铁的子弟兵"的研究明显不足。肖妍的《太行山上铁的子弟兵》,也只介绍太行山上铁的子弟兵的一支——平山团子弟兵的历史演进和主要事迹。这类研究成果明显特征是以叙述史实、回忆历史场景为主,存在的问题是史论结合不紧密。

第三,"子弟兵"战斗及保障的研究。国内学术界对中国共产党领导的"子弟兵"的战略战术、兵源粮源、优抚拥军等方面进行研究,提出较为新颖的观点。例如:孙丽英的《简论抗战时期晋察冀边区的兵役制度》,分析了晋察冀边区政府的志愿兵动员制度的利弊,以及动员制向兵役制的转变与其中遇到的困难,高度评价了中国共产党在调动边区群众参加人民军队的努力。齐小林的《华北革命根据地农民参加中共军队动机之考察》,认为在中国共产党改造与对封建残余斗争下农民参加中国共产党军队的动机呈现异常复杂的局面,追求物质利益、摆脱困境和提升政治地位成为华北农民参加中国共产党军队的主要动机。抗战时期"子弟兵"作为中国共产党领导的武装力量的存在和发展,不仅涉及"硬战",而且还涉及"舆论战",更有"赢得民心战",当下学术界对此方面的综合研究还比较薄弱。

第四,报刊与"子弟兵"的研究。以报刊研究"子弟兵"的成果稀缺,截至2020年,中国知网仅有三篇有代表性的论文研究《晋察冀日报》副刊《子弟兵》。一篇是何立波的《被誉为晋察冀边区"轻骑兵"的〈子弟兵〉报》,另一篇是曹辰波的《〈晋察冀日报·子弟兵〉群众路线办刊方针述略》。这两篇论文的侧重点在于论述《子弟兵》在舆论宣传方面的突出贡献。这些研究成果为本课题研究开拓了视阈,但存在运用文献材料较单一、思想分析力度不够等问题。还有一篇是拙文《抗战时期晋察冀"子弟兵"形象的媒介塑造——以〈晋察冀日报·子弟兵〉为考察中心》,该文提炼出《晋察冀日报·子弟兵》塑造"子弟兵"形象的五个方面内容,分析其历史作用和当代启示,仍存在运用史料较为单一的问题,深挖空间较大。此外,国内学术界对《晋察冀日报》研究的有关成果中对"子弟兵"

有所涉及,如周俊丽的《论〈晋察冀日报〉英雄形象的塑造及现实意义》,分析《晋察冀日报》如何塑造子弟兵英雄形象及其现实意义;李金铮的《读者与报纸、党政军的联动:〈晋察冀日报〉的阅读史》,呈现子弟兵读者与《晋察冀日报》的互动。尚未见《晋察冀日报》与"子弟兵"话语体系方面的研究成果,值得重视。

国外学术界研究《晋察冀日报》与"子弟兵"话语体系建构这一主题的成果尚未可见,但外国记者和国际友人在考察晋察冀边区后,对中国共产党领导的"子弟兵"留下珍贵文字,为本课题研究提供了宝贵资料。例如美国记者哈里森·福尔曼的《北行漫记》、国际友人林迈可的《八路军抗日根据地见闻录——一个英国人不平凡经历的记述》等。

学术界关于中国共产党"子弟兵"研究,目前仍存在一些不足。一是缺少思想分析力的研究成果。有关中国共产党"子弟兵"研究停留在局域性、回忆性和直叙性层面的单篇论文上,尚未见系统、全面、专门研究的专著、硕博论文。二是缺少以党报为切入点的研究成果。《晋察冀日报》不仅最早刊登以"太行山上铁的子弟兵"为主题的文章,而且对中国共产党领导的边区子弟兵进行了持续报道。特别是至今还没有一本研究《晋察冀日报》与子弟兵的专著,这与《晋察冀日报》的历史地位极不相称。因此写出一本有说服力的学术专著和一批研究论文是十分必要的。本书将从以下八个部分展开研究。

第一,话语识别——"子弟兵"与众不同。以《晋察冀日报》刊登的《"子弟兵"的来由》一文、有关"八一"纪念的系列文章和转刊的教材中有关"子弟兵"的经典表述等,阐述"子弟兵"由来与众不同;以《晋察冀日报》刊登的《八路军的特点》一文、介绍八路军各项制度特色的系列文章以及体现"大学校""大家庭"的主题文章等,论述"子弟兵"特点与众不同;最后,梳理《晋察冀日报》刊发介绍"子弟兵"与其他军队对比的文章,从中研究"子弟兵"的与众不同。

第二,话语支撑——新战士的成长。论述新战士的来源是新战士成长的关键一步,探析边区青年子弟反正参加"子弟兵"的原因;研究"大家庭"对新战士成长的影响,着重从父母对新战士的教导、老战士对新战士的帮助以及对荣退军人的态度影响着新战士等方面进行分析;探究部队对新战士成长的塑造,主要表现在以军事训练锻造其体魄、以政治教育铸造其思想、以识字学习提升其水平;分析新战士中的楷模及其影响。研究新战士中楷模的成长经历,对其进行科学分类,论述新战士中楷模的示范效应。最后,论述新战士的成长何以成为《晋察冀日报》建构"子弟兵"话语体系的话语支撑。

第三,话语核心——"子弟兵"的将领、共产党员和英雄。从《晋察冀日报》刊登以聂荣臻为代表的将领群体写实和悼念铭记牺牲的子弟兵将领等文章,研究子弟兵将领群体呈现的意蕴;着重探究子弟兵中共产党员的产生、比例及其牺牲情况等,研究子弟兵中共产党员的作用;子弟兵的英雄是民族最闪亮的坐标,分析《晋察冀日报》刊载战场中的英雄模范、学习中的刻苦典范和生产中的勤劳人物等文章,研究子弟兵英雄的产生和影响力,进而探析子弟兵的将领、共产党员和英雄之间的关系。最后,阐述"子弟兵"的将领、共产党员和英雄何以成为《晋察冀日报》建构"子弟兵"话语体系的话语核心。

第四,话语方位——军民一家亲。阐述子弟兵与边区人民一家亲的表现形式和深层原因,研究军民一家亲如何成为《晋察冀日报》建构"子弟兵"话语体系的话语方位。通过考察子弟兵保卫家乡、纪律严明、治病救人、救灾捐款和春耕麦收等行为,研究子弟兵爱护人民的方式和动力;通过考察老百姓支援战场、救治伤员、慰劳军队等行为,分析边区人民拥军的特点和子弟兵"亲人"出现的原因;解析军民誓约、拥军公约和拥政爱民公约如何进一步巩固军民血肉联系;阐释"子弟兵"与敌后抗日根据地的依存关系。

第五,话语重现——"子弟兵"战斗经历回顾。通过考察《晋察冀日报》对子弟兵战斗场景的报道,结合《解放日报》《新华日报》等报纸对子弟兵战斗的对应报道等,分析子弟兵战斗的特点,探析再现子弟兵战斗场景的效果及影响。以此,探究"子弟兵"战斗经历回顾这一话语重现在《晋察冀日报》建构"子弟兵"话语体系中的重要位置。

第六,话语争锋——各方"子弟兵"话语的交锋。研究《晋察冀日报》刊登缴获日伪文件、老百姓眼中的子弟兵、国民党军队人员和西方国际友人对中国共产党领导的"子弟兵"的表态等,呈现当时各方在不同阶级立场、意识形态下对"子弟兵"的态度,以及由此带来价值取向的不同和行为的差别。进而研究中国共产党又如何运用《晋察冀日报》等媒介与敌对方针锋相对,与赞成方精诚合作。

第七,话语联系——"子弟兵"话语体系建构的主线。在分析话语识别、话语支撑、话语核心、话语方位、话语重现和话语争锋之间关系的基础上,勾勒出

《晋察冀日报》建构"子弟兵"话语体系的主线,归纳其基本特点。

　　第八,总体评价——"子弟兵"话语体系建构的评价。研究《晋察冀日报》建构"子弟兵"话语体系的历史作用和当代启示。从凝聚坚强的抗战力量、打碎日军侵华美梦、塑造政党形象和人民军队形象、夯实强军梦强国梦的基础等方面,阐释其历史作用;从坚持中国共产党对军队的绝对领导、牢固树立我军思想政治工作威信、坚持人民军队的根脉在人民、坚持走一条特色强军之路等层面,提炼其当代启示。

第一章　话语识别

——"子弟兵"与众不同

抗战时期,中国共产党领导的晋察冀边区子弟兵不同于以往的旧式军队,赋予"子弟兵"这一中国传统话语以新的内涵。"话语意味着一个社会团体依据某些成规将其意义传播于社会之中,以此确立其社会地位,并为其他团体所认识的过程。"①《晋察冀日报》通过各种形式,较好展现中国共产党"子弟兵"话语的特色,以区别于以往旧式军队。美国著名记者和作家安娜·路易斯·斯特朗认为"这支军队的特点——中国军队中罕见的,也是世界任何地方所罕见的特点——这些特点使这支军队获得了力量和声望"②。如何展现晋察冀子弟兵所罕见的特点,《晋察冀日报》主要从"子弟兵"的由来、特点以及与其他军队相比的亮点,来展现"子弟兵"与众不同。

一、"子弟兵"的由来

"从哪里来,到哪里去",这类问题不仅有意思,而且本身蕴藏着彼与此的关联。《晋察冀日报》从各方面对"子弟兵"的由来进行了阐释,笔者重点从《"子弟兵"的来由》、"八一"纪念的历史回顾以及《预备兵政治教材》中的书写来梳理。

（一）《"子弟兵"的来由》的主旨:"子弟兵"和边区人民血肉联系

"子弟兵"集地域和军队为一体的名称在中国可谓源远流长。"横扫天下"

---

① 陈锡喜:《马克思主义:意识形态和话语体系》,华东师范大学出版社 2011 年版,第 34 页。

② 中国抗日战争军事史料丛书编审委员会编:《中国抗日战争军事史料丛书·八路军·参考资料(5)》,解放军出版社 2015 年版,第 238 页。

的江东子弟兵，"冻死不拆屋，饿死不掳掠"的岳家军，令倭寇闻风丧胆的戚家军，等等。随着晚清时期湘军、淮军等军队的兴起，以及北洋军阀割据时期各大军阀以地域为限招募的军队，使得当时人们对作战勇猛、纪律严明的"子弟兵"的理解趋向于"军队是私人的，军队的使用是为私利的"①。谭嗣同在其著作《仁学》中对中国封建军队有过尖锐的批评："中国之兵，固不足以禁外侮。而自屠割其民则有余。自屠割其民，而力受大爵、膺大赏、享大名、晌然骄居。自以为大功者。此吾所以至耻恶湘军不须臾忘也。"②旧式军队的私人性、反人民性等特点被揭露无遗。然而，在战争中，面对不击而溃的军队，不少人士却又走上了另一个极端，把战争胜负与是否拥有一支亲自训练的"子弟兵"相关联，例如《"子弟兵"和"国家的军队"》一文中记录了这样的事实，"昨天有一个朋友谈到首都失陷的教训，以为防守的司令长官没有他自己的'子弟兵'，归他指挥的军队都不是他一手训练出来的，不大服从他的命令，所以不得不失败"③。这篇文章还指出，"如果全中国的军队都能够废除一定的长官的'子弟兵'的训练方式而采用'国家的军队'之训练方式，即提高全部将士的政治认识和文化水平，那么，我们的武力，一定可以消灭侵略我们的日寇，保卫我们国家的独立自由"④。不难看出，用"国家的军队"废除"子弟兵"训练方式的观点，在一定程度上看到了旧式军队采用"子弟兵"训练方式的弊端，但抛开中国兵源和军队组织等实际情况，否定"子弟兵"存在的合理性也将陷入主观主义泥潭。先进的中国共产党人在抗日战争中，真正发现了"子弟兵"蕴涵的伟大力量，成功缔造了中国共产党领导的晋察冀边区子弟兵，把其与众不同的特性发挥得淋漓尽致。

边区子弟兵与众不同，首先是其由来上。《晋察冀日报》1941 年 4 月 25 日第 4 版刊登晋察冀军区政治部主编的《子弟兵》（第二期），其中一篇文章《"子弟兵"的来由》值得关注。原文如下：

边区子弟兵，是在边区人民抚育培养之下，生长壮大起来的。它和边区

① 楚图南：《论人民的军队》，《民主周刊》1945 年第 2 卷第 7 期。
② 《谭嗣同全集》，生活·读书·新知三联书店 1954 年版，第 63 页。
③ 伯韩：《"子弟兵"和"国家的军队"》，《战地半月》1938 年第 1 期。
④ 伯韩：《"子弟兵"和"国家的军队"》，《战地半月》1938 年第 1 期。

人民具有血肉相连,生死与共的关系。这种关系,使得边区处在敌人四面八方包围中,而能不断粉碎敌人的进攻和"扫荡",不但未被削弱,反而一天天巩固发展起来,成为敌后抗战铁的堡垒,反攻的前进阵地。在全国说,在全世界说,边区都被誉为模范的抗日根据地。今天,我们可以毫不夸大地说,没有边区子弟兵与人民的血肉联系,绝不会有边区的巩固和发展,甚至连存在的可能都没有。

这种血肉的关系,表现在什么地方呢?

子弟兵的指战员,都是边区人民的优秀子弟,生在边区,长在边区。他们都是为了保家卫国,誓死不当亡国奴,而英勇走上抗日战场。他们参加子弟兵,不但未与家乡父老关系疏远了,而且与全边区的人民建立了更紧密,更坚强的联系。子弟兵保卫边区人民,从敌人铁蹄下,拯救自己的父老兄弟,不让敌人抢掠人民财产,不让敌人欺凌和杀戮同胞;假如敌人敢于进犯边区,那么就无情的歼灭它。四年来,由于子弟兵战斗胜利,保卫了边区。而边区人民,对子弟兵倍加爱护,解决子弟兵的困难,供给子弟兵的需要,以自己最珍贵的血汗,来培育子弟兵的生长。四年来,由于人民的拥护,壮大了子弟兵,使之成为□①铁力量。子弟兵爱护人民利益,甚于爱护自己的生命,不仅表现在战斗上对敌冲杀,并且表现在生活的细节上,一举一动,都以群众利益为标准。"不拿群众一针一线",是子弟兵中最严厉的纪律,同时,也是全体指战员引为最大的光荣。帮助人民,是子弟兵认为应负的责任。在生产运动中,在国民教育中,在政府法令推行中,在改善人民生活中,在一切能以贡献力量的地方,子弟兵都以最高热忱帮助人民。在子弟兵看来,这不是帮助,最恰确地说,是尽子弟的义务。

子弟兵没有自己的单独快乐。人民的快乐,也就是他们的快乐,所以能饮辛茹苦,艰苦奋斗,不避困难,不怕牺牲。

子弟兵的光荣称号,就是从这样与人民血肉联系而得来的。

边区子弟兵,又是八路军的一部分,是在中国共产党绝对领导下的武装。中国共产党是革命最坚决的政党,领导中国人民争取胜利的舵手,因

---

① 《晋察冀日报》影印版的一些文字显示不清楚,凡难以辨认处均用□来代替。

而,在它领导下的武装,也就能最爱民族与人民,成为抗战最坚决的军队。边区子弟兵,也正因为有中国共产党的坚强领导,所以才有一切力量永远保卫边区,在任何敌人的前面都能给以粉碎的打击,在任何情势下,都要同边区人民甘苦同尝,生死与共。

边区人民是子弟兵的父母,而中国共产党又是它的保姆。①

此文从边区子弟兵与边区人民血肉联系和边区子弟兵是中国共产党绝对领导下的武装这两个方面阐释"子弟兵"的来由。从文章着墨篇幅来看,强调边区子弟兵"和边区人民具有血肉相连,生死与共的关系"这一观点所形成的文字占了大量篇幅,也是说明"子弟兵"的来由最主要的观点。一方面,子弟兵是边区老百姓的优秀子弟,他们之间有着天然的血缘关系,"血缘认同是家国情怀的天然基础"②。以血缘为基础扩大的家庭组织形式在很大程度上支配和影响着传统中国农民的日常生活,费正清曾指出:"即使到了近代,从社会学角度来看,村子里的中国人直到最近主要还是按家族制度组织起来的。"③日寇侵占华北,危及边区人民生命财产安全,边区子弟"为了保家卫国,誓死不当亡国奴,而英勇走上抗日战场",参加子弟兵,正是抗日斗争的艰巨让边区子弟兵与边区人民联系得更加紧密。另一方面,边区人民是子弟兵的"父母",帮助"父母"是子弟兵的义务,边区子弟兵是中国共产党绝对领导下的武装,中国共产党最爱民族和人民,而且还是革命最坚决的政党,所以中国共产党领导下的边区子弟兵一切以群众利益为标准,与边区人民同甘共苦、生死与共,这推动了边区子弟兵从以血缘组织起来向以政治组织起来的创新性飞跃,实现了边区子弟兵由来的与众不同。正如聂荣臻接受著名记者、作家伊斯雷尔·爱泼斯坦采访时说:"期初两个团的外来八路军所以能发出巨大的力量,也就是因为这两个团是吸收了当地民众组成的。老乡称我们的军队为子弟兵,这并不夸张,确实是真的。随着岁月的流逝,军民形成一条心,一起受苦,痛恨敌人,决心赶走敌人。如果不是这样的话,

---

①　《"子弟兵"的来由》,《晋察冀日报》1941 年 4 月 25 日。

②　张倩:《家国情怀的传统构建与当代传承——基于血缘、地缘、业缘、趣缘的文化考察》,《学习与实践》2018 年第 10 期。

③　[美]费正清:《美国与中国》(第 4 版),张理京译,商务印书馆 1987 年版,第 20 页。

日寇一定会打垮我们。他们军事上比较强。但无论什么侵略军都比不上抵抗力量和在自己的土地上团结战斗的全体人民。"①正所谓子弟兵来源于边区老百姓，只是增加天然亲切感这个前置条件，没有"一条心""一起受苦"的经历历练，战胜强大敌人是不可能的。

近代中国革命风起云涌，在晋察冀边区子弟兵产生之前，曾有过"革命军队"与"军阀军队"之争，也存在过"红军"与"白军"的较量，正如冀中军区政治部印《战士政治教育基本教材》第一课开篇指出："现在世界上有要剥削人的地主、资产阶级和被压迫剥削的工人阶级和农民；有帝国主义和弱小民族，因而也就存在着两种不同的军队：一种是人民的军队，是人民自己组织起来保卫自己的利益，反对帝国主义侵略和地主资产阶级统治的军队；一种是专为少数反动的统治阶级侵略弱小民族和压迫剥削人民工具的军队。"②晋察冀边区子弟兵在抗击日寇过程中发挥了巨大作用，在其改称为人民解放军后，在解放战争中也大获全胜，这已表明边区子弟兵由来与众不同，与人民群众血肉相连，有源源不断人民群众力量的支持，才能保证在艰苦卓绝的革命斗争中取得胜利。越到斗争激烈阶段，子弟兵与人民群众的血肉联系就越突出，抗战时期开展拥政爱民运动就是活生生的实例，"在全体军人中建立拥政爱民的强固观念，使他们懂得拥政爱民不是单纯的纪律要求，而是革命军队的政治要求，是区别真正革命军队与其他军队的主要分界线"③。可谓是，有着天然的家乡血脉联系，还需要从子弟兵政治建军方面加以巩固，不然也就不需要进行拥政爱民运动，这也正是中国共产党"子弟兵"能成为与众不同的军队的重要特点。所以，尽管《"子弟兵"的来由》一文在边区子弟兵与边区人民血肉联系上着墨较多，但最后中国共产党对边区子弟兵的绝对领导才是点睛之笔，正因为有先进的、革命最坚决的中国共产党的领导，边区子弟兵与边区人民的血肉联系才有了先进理论的指导、政治上的引领和组织上的巩固。为此，在《晋察冀日报》建构"子弟兵"话语体系的过程中，梳

---

① 中国抗日战争军事史料丛书编审委员会编：《中国抗日战争军事史料丛书·八路军·参考资料(5)》，解放军出版社 2015 年版，第 276 页。

② 冀中军区政治部：《冀中军区政治部印〈战士政治教育基本教材〉》，河北档案馆藏，档案号：004-01-025-002。

③ 《陕甘宁今年再次举行拥政爱民及拥军运动》，《晋察冀日报》1944 年 1 月 12 日。

理中国共产党缔造军队的历史,展现边区子弟兵的"前身",以回顾历史的方式表达边区子弟兵有着优良的革命传统具有重要的意义。

(二)"八一"纪念的历史回顾:真正英勇奋战的人民军队

法国社会学家涂尔干认为,任何仪式在实质上都是"社会群体定期重新巩固自身的手段"①。"八一"纪念日的确定,既为追溯子弟兵由来标明身份,又为中国共产党领导武装力量的优良传统再现提供平台。尽管确立"八一"建军节过程颇费周折,但"八一"纪念从诞生以来其使命从未变过,在抗日战争期间更有了鲜明的政治使命,"这一军队是为了中华民族的解放,与为了中华民国的独立的强有力的军队,成为反对日本强盗的强有力的军队"②。1937 年 8 月 1 日,《总政治部关于新阶段的部队政治工作的决定》明确指出:"健全政治工作制度,共产党的绝对领导,机动灵活与英勇的战斗作风,指战员间的友爱和团结,与居民的和爱关系,干部的以身作则和艰苦的斗争精神,都是红军历来的优秀传统。保持和发扬这些传统,是使红军于改名后,完成其抗日模范军和团结中心的任务的决定条件。"③这一决定影响着抗战期间中共"八一"纪念主题的设定,追溯和重申红军的光荣传统和光辉历史成为纪念的必备主题。

作为《晋察冀日报》前身的《抗敌报》,首篇纪念"八一"的社论尚未提及红军的光荣历史,但借助"八一"纪念呼吁"整顿自卫军,完成基干自卫队,扩大并巩固边区武装部队"④,强调武装青年、武装人民以迎击日寇的侵略。1939 年 7 月 31 日,《抗敌报》发表社论《纪念伟大的"八一"》,该文热情洋溢地称赞八路军,指出:"在一九二七年的'八一'诞生的中国共产党的军队——今天的八路军,恰就是抗战最英勇最坚决的军队","转战华北各省,在大小二千六百余次的战争中得到了无数光荣的胜利,我晋察冀边区的八路军也经过了一千零六十次的不断战斗,创造与巩固了边区使成为模范的抗日根据地"⑤ 1940 年 8 月 1

---

① ［法］爱弥尔·涂尔干:《宗教生活的基本形式》,渠东、汲喆译,上海人民出版社 1999 年版,第 507 页。

② 路:《时评:八一感言》,《解放》1937 年第 1 卷第 12 期。

③ 中共中央文献研究室、中央档案馆:《建党以来重要文献选编(一九二一——一九四九)》第十四册,中央文献出版社 2011 年版,第 425—426 页。

④ 《纪念"八一"》,《抗敌报》1938 年 7 月 31 日。

⑤ 《纪念伟大的"八一"》,《抗敌报》1939 年 7 月 31 日。

日,《抗敌报》发表社论《今年"八一"的特殊意义》,高度评价中国共产党领导的武装力量是"中国历史上第一次出现了真正为无产阶级和中国人民的彻底解放而坚决斗争的革命武装。这一武装力量,经过了长期的艰苦的流血斗争,到今天已经成长锻炼成为一支无比坚强的革命力量"①。1941 年 8 月 1 日,《晋察冀日报》的副刊《子弟兵》(第十六期),刊发原戈的《从红军到八路军 英勇奋战的十四年》一文,这是《晋察冀日报》较为全面介绍子弟兵历史的重要文章。该文给予红军和八路军极高的评价,认为"红军是在残酷的浴血战斗中,在广大群众热烈的拥护与积极参加下发展壮大起来的,她有中共的正确领导,有马列主义的坚固信仰,有正确战略战术的实地指挥,有政治工作为其灵魂与胜利保障,有高远的政治理想为其奋斗目标,成千成万的红色健儿,走上战场,上下一心,动作一致,必胜是个个抱定的信心,革命是自己终身的事业,那怕敌人再多,那怕火力再猛,那怕日打夜打,寒打暑打,山打水打,东打西打,他们总是争先恐后,勇为前驱,不怕饥寒,不辞劳苦,始终为中华民族与中国人民的利益而战"②;认为八路军新四军成为抗战胜利决定的力量,正是"由于她和人民的血肉相连,由于她是人民真正忠实的勇敢的前锋,它已经经过各色各类熊熊烈火的考验,随处都证明了不管内外敌人如何明抢暗夺和军事政治上不停休的向它进攻,八路军新四军是始终像巨人一样屹然站立于中华国土之上,成为不可战胜的日益强大的革命力量的"③。此文作为重要纪念文章,梳理了中国共产党领导的武装力量的发展历程,并能精炼概括红军和八路军新四军的特色,向广大群众和边区子弟兵讲清楚"子弟兵"的由来。到 1942 年 8 月 1 日,聂荣臻为纪念"八一"在军区各直属部队机关干部大会上作重要报告,报告题目为《从现在认识过去,从过去了解现在》,"阐述自南昌起义开始,直至长征至陕北至抗战初期为止,这其中各个阶段,各个艰险过程中,中国红军——八路军新四军的前身的悲壮英勇的史绩,并指出所以能获得这历史上空前长征胜利的原因:一、毛泽东朱德同志领导的正确;二、高度的革命团结友爱;三、坚决的完成战斗任务;四、高度的吃苦耐劳的精

---

① 《今年"八一"的特殊意义》,《抗敌报》1940 年 8 月 1 日。
② 原戈:《从红军到八路军 英勇奋战的十四年》,《晋察冀日报》1941 年 8 月 1 日。
③ 原戈:《从红军到八路军 英勇奋战的十四年》,《晋察冀日报》1941 年 8 月 1 日。

神;五、对党的坚决信仰"①。中国共产党借助"八一"纪念回顾红军光荣的奋斗历史越发成为一种政治自觉和行为规范。

晋察冀边区建烈士塔永悼伟大的死者,成为"八一"纪念中表达对抗日牺牲子弟兵的缅怀的重要形式。1940 年,晋察冀边区行政委员会于"七七"事变三周年纪念日发出边区各界捐款建立烈士纪念塔的号召,得到广泛响应,"有的同志甚至把一个月津贴完全捐出"②。1941 年 8 月 1 日,在"八一"纪念日举行晋察冀边区抗战烈士纪念塔落成典礼。当日,《晋察冀日报》发表社论《踏着烈士们的血迹前进——纪念边区抗战烈士纪念塔落成典礼》,该篇社论文章中指出:"边区党政军民各界发起建筑晋察冀抗战烈士纪念塔,使烈士们的英风义魄永垂于不朽,这不仅为藉慰忠魂于九泉,而且为激励生者于来兹,其意义至为深重。"③烈士塔前的广场能容五万人,塔高约五丈,全为花岗岩所筑成,高大的牌楼上,站着一个石刻的全副武装的子弟兵,塔的上面写着"边区抗战烈士"。《解放日报》于 1941 年 8 月 16 日刊发《景仰先烈》一文,文中对晋察冀抗战烈士纪念塔有这样的描述:"塔位于白求恩同志坟墓之前,规模极宏壮,塔前为一可容五万人的广场,塔高约五丈,全为花岗岩筑成,四面皆类似云石的白石。边区抗战烈上之芳名,雕刻于石碑上,以流芳百世,纪念塔之门为一高大的牌楼,上有边区子弟兵的雕像,参观者前往晋谒,经过此牌楼时,对英勇抗战的边区子弟兵,无不肃然起敬,边区党政军民各界,特于八一纪念日举行落成典礼,仪式极为隆重。"④法国学者皮埃尔·诺拉的《记忆之场》一书中将纪念碑等这些具有纪念功能的记忆空间称为"记忆场",是可以在集体层面与过去和民族身份联系起来的文化现象,具有唤起民族记忆的功能。晋察冀边区烈士塔作为"记忆场",能建构边区子弟兵英雄抗战的记忆,也成为抗战"八一"纪念中亮丽的风景线。

八路军英勇奋战,成为家喻户晓的英雄,"子弟兵"理应出现在抗战时期"八

---

① 《军区各直属部队机关　庆祝八路军新四军生日　聂司令员在干部大会上作重要报告》,《晋察冀日报》1942 年 8 月 5 日。

② 《建烈士纪念塔　各地热烈募捐》,《抗敌报》1940 年 8 月 31 日。

③ 《踏着烈士们的血迹前进——纪念边区抗战烈士纪念塔落成典礼》,《晋察冀日报》1941 年 8 月 1 日。

④ 《景仰先烈》,《解放日报》1941 年 8 月 16 日。

一"纪念话语之中。1942 年 8 月 1 日,《晋察冀日报》发表社论《八路军永远和我们在一起——纪念八路军诞生十五周年》,文中指出:"华北的八路军,五年来成长壮大,已经成为华北人民自己的优秀子弟的武装。其在晋察冀边区,这里的八路军,更是我边区同胞优秀的子弟兵。在他们身上,我们寄托着我们自己的生命,也寄托着民族的存亡。"①优秀的子弟组成的优秀子弟兵,已经连着边区老百姓的生命和民族的存亡,这些话语已经把边区子弟兵推上了重要高度。同日《晋察冀日报》第 4 版刊登《子弟兵》副刊(第五十六期),选登战士何□□的《纪念"八一"》,作者在这篇短文中表示自己有许多的话要说又不会说,只好宣誓,其中一段为:"我是把老百姓的利益看成是自己的利益一样,我的利益和老百姓的利益在一起,所以我参加子弟兵,为老百姓打鬼子,为老百姓种地收庄稼,为老百姓做别的事情……我们大家一道干。"②此文作为来自战场一线战士借助"八一"纪念表达参加子弟兵初衷的代表,已经表明"子弟兵"成为战士们高度认同的称号。《子弟兵》副刊(第五十六期)中还刊登红军历史故事《井冈山的哨线》一文,该文讲述了红军哨兵战士穿着单衣单裤放哨,向上级反映太冷,同样穿着单衣和单裤的连长、党代表把唯一的毡子给了红军哨兵的故事。③ 简言之,借助"八一"纪念,《子弟兵》叙述八路军改编前的红军为革命流血牺牲的奋斗历程,传颂着为救民族危亡红军自愿改编为国民革命军第八路军的初心使命。

(三)教科书的经典表述④

1942 年 7 月至 1943 年 1 月,作为抗战时期敌后抗日根据地最具有影响力的中共机关报《晋察冀日报》的副刊《子弟兵》,从第五十二期到第六十七期间续刊登 10 课《预备兵政治教材》(以下简称《教材》)。《教材》是晋察冀军区政治部针对预备兵所专门编制的教材,为预备兵讲述子弟兵是一支怎样的军队,为考察中国共产党对"子弟兵"的话语体系建构提供了重要文献资料,也是抗战时期中

---

① 《八路军永远和我们在一起——纪念八路军诞生十五周年》,《晋察冀日报》1942 年 8 月 1 日。

② 何□□:《纪念"八一"》,《晋察冀日报》1942 年 8 月 1 日。

③ 参见周奋:《井冈山的哨线》,《晋察冀日报》1942 年 8 月 1 日。

④ 此部分相关内容以《抗战时期中共政治教材中"子弟兵"的书写——以〈预备兵政治教材〉为例》为题,发表在《黑龙江社会科学》2019 年第 3 期,后被人大复印资料《中国现代史》2019 年第 9 期全文转载。

国共产党领导军队建设和开展军队政治教育工作的重要窗口,对此进行内容梳理和理论总结变得十分重要。《教材》课本内容短小精悍,每一课的主题鲜明,浅显易懂,且每课后附有讨论题,是预备兵了解与掌握革命军队性质、政治纪律、群众纪律、战略战术、英勇献身精神的极好教材。《教材》围绕一个中心,即希望预备兵向子弟兵看齐,以解答预备兵关心问题为导向,动员广大边区青年紧密团结在党和八路军周围坚持抗战到底。《教材》的章目情况见表1-1。

表1-1 《预备兵政治教材》的章目情况

章	标题	刊登时间
第一课	什么是预备兵?	1942 年 7 月 17 日
第二课	预备兵要做什么事?	1942 年 8 月 11 日
第三课	子弟兵的来历怎样? 为什么叫子弟兵?	1942 年 9 月 1 日
第四课	团结友爱	1942 年 11 月 1 日
第五课	努力学习力求进步	1942 年 11 月 13 日
第六课	俱乐部	1942 年 11 月 21 日
第七课	遵守纪律	1942 年 12 月 10 日
第八课	三大纪律八项注意	1942 年 12 月 22 日
第九课	灵活巧妙的战法	1943 年 1 月 13 日
第十课	艰苦奋斗 英勇牺牲	1943 年 1 月 22 日

注:根据《晋察冀日报》1942 年 7 月 17 日至 1943 年 1 月 22 日刊登的《预备兵政治教材》整理而成。

《教材》针对提升预备兵的政治水平而编撰,核心是要使参军入伍的边区青年真正变为抗日军人。为此,必须要为预备兵展现其参加的子弟兵是一支怎样的队伍。《教材》分别从历史脉络、内部状态、作战方式和精神面貌等方面书写"子弟兵"面相。

1. 历史脉络:子弟兵的来历及称呼得来

《教材》第三课"子弟兵的来历怎样? 为什么叫子弟兵?"用近 900 字讲述了子弟兵的来历及称呼得来,读起来朗朗上口,纠正民间有关子弟兵来历的认识偏差,为预备兵和普通老百姓熟记、传播。当时老百姓认为由边区青年子弟组成的子弟兵不同于正规军,而是帮助正规军,以拆桥破路等形式打游击。从两首名为《参加子弟兵》歌曲的歌词来看,管平作词谱曲的《参加子弟兵》歌词一段为:"保卫家乡打日本,广泛开展游击战争,到处打游击呀拆桥破路帮助正规军。"①李伟作词谱曲的《参加子弟兵》歌词一段也有相近的表达:"叫老乡你细听,快快参加子弟兵,帮助正规军哟,保卫家乡最光荣。"②歌曲反映当时边区群众眼中的子弟兵只反映中国共产党锻造的子弟兵的一部分,亟须先从入伍战士、即将入伍的预备兵着手开展政治教育以改变这种认识偏差。

针对子弟兵的来历,《教材》直接亮明观点:子弟兵"就是坚持敌后抗战,名扬世界的第八路军",并把新四军称为"一母同胞弟兄",都是中国共产党领导下的人民队伍,也都是抗战以前的中国工农红军。红军为什么要改编成第八路军,"不为别的,就只是为了实现中国共产党的抗日救国主张,和团结全中国的抗日武装力量"③。《教材》并未满足于仅仅陈述清楚子弟兵就是八路军,以及八路军是由中国工农红军发展而来,而是要向预备兵讲清楚子弟兵从出生的那一天起,"就在中国共产党的直接领导下,和全中国人民血肉般的结合起来,始终如一日的为谋中华民族的解放英勇的奋斗着!"④表明子弟兵以救亡图存为中心,不断改变自己的称号。子弟兵在中国共产党领导下毫不隐瞒为中华民族解放而奋斗的政治主张,和敌人英勇作战,不断用胜利与边区人民连成一片。至于为什么叫子弟兵,是因为边区青年看到这支"年轻活泼的八路军,抗日坚决,作战勇敢,处处为老乡们做事,内部官兵平等,不打不骂,人人读书,不学流氓",更是格外兴奋,他们以自己的实际行动参加子弟兵。于是,"边区人民就把这支被自己的子弟壮大了的队伍称呼为子弟兵了。更由于他在作战的时候是无比的坚决顽强。所以有时把他称呼为铁的子弟兵"⑤。同时期,《开展军民誓约运动(冬学教材之三)》对"为什么叫子弟兵"有与之不同层面的回答,该教材特别指出:"边

---

① 阚培桐编:《救亡之声——中国抗日战争歌曲汇编》卷一,香港星克尔出版有限公司2005年版,第208页。

② 阚培桐编:《救亡之声——中国抗日战争歌曲汇编》卷一,香港星克尔出版有限公司2005年版,第209页。

③ 《预备兵政治教材 第三课 子弟兵的来历怎样? 为什么叫子弟兵?》,《晋察冀日报》1942年9月1日。

④ 《预备兵政治教材 第三课 子弟兵的来历怎样? 为什么叫子弟兵?》,《晋察冀日报》1942年9月1日。

⑤ 《预备兵政治教材 第三课 子弟兵的来历怎样? 为什么叫子弟兵?》,《晋察冀日报》1942年9月1日。

区的八路军是咱们边区父老的优秀子弟,为了保卫家乡,保卫全民族而组成的武装;它是全边区人民的武装,是全边区人民的救星,所以他是边区人民的子弟兵。"①尽管所给出为什么叫子弟兵的理由因不同角度有所不同,但由边区青年子弟组成的子弟兵保卫家乡和民族已成为抗日战争中最为壮观的景象,为子弟兵发展壮大提供了源源不断的力量。

2. 内部状态:团结友爱、努力学习求进步和遵守纪律

团结友爱是子弟兵发展壮大的关系状态。《教材》第四课"团结友爱"中写道:"所有干部战士都像亲兄弟似的相亲相爱。"主要原因有以下几点:一是有共同的奋斗目标:"都是为了保卫家乡,保卫边区,打走日本,争取中华民族的解放。""子弟兵的干部战士,都是有政治觉悟的革命同志,革命友爱,就是他们处理同志间关系的主要精神。"二是长期工作学习生活在一起,在一条战线上向敌人斗争,这种革命的斗争生活,把他们结成最亲密的革命伙伴。特别是对待病员或伤员、新战士方面,"同志们互相帮助的精神是很好的"。三是地缘优势和传统影响。"他们大部分是边区人民的子弟,有着很自然的团结条件,在八路军一贯团结的光荣传统影响下,团结友爱也就成为子弟兵一种好的生活习惯。"②《教材》第四课在结尾时,还特别强调,"子弟兵不但对内部讲团结友爱,就是对抗日进步的友军军人、老百姓、地方政府、群众团体等,都讲团结友爱的"③。最为关键的是,子弟兵团结友爱有实际行动为证,绝不做骄傲自大、脱离群众的军队。

努力学习力求进步是子弟兵发展壮大的内生动力。《教材》第五课"努力学习力求进步"中指明,子弟兵的责任和前途是"不仅在今天要当一个好的战斗员,而且在将来还要负更大的责任,还要当干部,给革命更多的贡献,领导别人进行革命斗争"。为了担负起这个责任和前途,只有不断努力学习,更关键的是子弟兵中提拔干部,"不是拿别的东西来做标准,而是拿这个人对革命的忠实以及他的能力和对革命道理的了解来做标准的"。针对子弟兵努力学习什么,《教材》指出,"努力学习政治","努力学习军事","努力学习文化、学识字、学习写

① 《开展军民誓约运动(冬学教材之三)第十课 爱护抗日军队》,《晋察冀日报》1942年1月15日。
② 《预备兵政治教材 第四课 团结友爱》,《晋察冀日报》1942年11月1日。
③ 《预备兵政治教材 第四课 团结友爱》,《晋察冀日报》1942年11月1日。

文章、写信、学算术、学唱歌、练习体育运动,强健身体",并强调,"在子弟兵队伍里,随时随地都有学习的机会,只要努力学习,这就是咱们的大学校"①。为更好组织子弟兵努力学习,子弟兵一般连队或伙食单位都有一个俱乐部,它是"子弟兵群众性的组织,是全体指战员课外学习的组织,是群众的团体生活的组织"。它的工作任务主要有:一是提高子弟兵的军事技能、政治水平和文化知识,使子弟兵们成为优秀有能力的模范军人;二是协助连队给养人员改善子弟兵的伙食,加强卫生工作,使子弟兵们有一副健康的身体。《教材》第六课"俱乐部"最后总结道:"子弟兵中的许多同志,在俱乐部组织的帮助下,在俱乐部的各种活动中,克服了种种不好的习惯,增加了不少的新知识,锻炼了自己的身体,养成了集体生活及其他许多好的习惯和自治的精神,一天天向着模范军人前进。"②

遵守纪律是子弟兵发展壮大的根本保证。《教材》第七课"遵守纪律"主要介绍为什么子弟兵要有纪律和为什么子弟兵的指战员会自觉地遵守纪律,特别强调"子弟兵的纪律就是大家自愿遵守,谁也不能例外(不论干部或战士)的纪律"③。《教材》第八课"三大纪律八项注意"向预备兵强调三大纪律八项注意的内容及其实行的好处。两篇课文阐释了子弟兵要有严明的政治纪律、军事纪律和模范的群众纪律,"有严明的政治纪律才能保证我们政治思想上的一致",才能行动上一致,"有严明的军事纪律,才能保持军事行动的统一",集中军事力量战胜敌人,"有模范的群众纪律,才能得到群众的拥护和帮助"④,才能做到军民一致,才能打垮敌人。

3. 作战方式:灵活巧妙的战法

有灵活巧妙的战法才能在武器装备落后的情况下获得闪耀的战绩,"一连串的胜利,使群众认识到八路军是真正抗日救国的,群起拥护支援这支队伍"⑤。深入晋察冀抗战前线的刘荣在其日记中曾写下:"能打仗的军队、常打胜仗的军

---

① 《预备兵政治教材 第五课 努力学习力求进步》,《晋察冀日报》1942 年 11 月 13 日。
② 《预备兵政治教材 第六课 俱乐部》,《晋察冀日报》1942 年 11 月 21 日。
③ 《预备兵政治教材 第七课 遵守纪律》,《晋察冀日报》1942 年 12 月 10 日。
④ 《预备兵政治教材 第八课 三大纪律八项注意》,《晋察冀日报》1942 年 12 月 22 日。
⑤ 政协河北省委员会编:《晋察冀抗日根据地史料汇编》(下),河北人民出版社 2015 年版,第 2163 页。

队到处受人民的欢迎、爱戴;反之,不能打仗的军队,到处受到人民的冷淡、鄙视。"①子弟兵能在敌后获得生存,来源于不断打胜仗,积小胜为大胜,这种胜利按照《教材》第九课的解释,那就是"八路军打仗打得漂亮,战法灵活巧妙",并把灵活巧妙的战法归结为三个特点:一是"能用少数的人,战胜多数的敌人";二是"能用不大好的武器,战胜优势的敌人";三是"能用较小的牺牲换取更大胜利"。② 冀中军区司令员吕正操在介绍冀中平原游击战经验时指出,我们游击队在只有极低劣武器装备的状况下,为争取最后的胜利、不当亡国奴,必须坚持和开展广泛的游击战争,"若是犯了不服气的毛病,在这种情况下,一定要和敌拼死拼活,免不掉吃大亏,结果未必出了气,倒把抗战力量断送了,这是万万要不得的"③。实践证明,中国共产党领导子弟兵开展的灵活巧妙的战法取得显著效果。仅以1940年冀中全年战斗情况为例,冀中"全年战斗次数为七九九次,袭击与伏击占了五七四次,也就是占了战斗次数百分之七十二。战胜攻取,消灭敌人的战斗,主要是袭击与伏击的战斗。每战必胜的有名的兵团,主要是因为他们善于打袭击与伏击"④。

《教材》在解答为什么子弟兵能有灵活巧妙的战法时,强调这种战法"不是凭空来的",主要是因为,一方面从子弟兵军队的性质来分析,指出"八路军是革命的军队,八路军的指战员都是革命的英勇战士,能够得到广大人民的拥护";另一方面从子弟兵军队的发展历史来看,充分肯定子弟兵从产生以来经过大大小小无数次的战斗的光荣历史,"在广大人民的拥护下和无数次的战斗中,锻炼了自己,创造出革命军队最适用的灵活巧妙的战法来"⑤。正如恩格斯曾总结道:"人民战争的浪潮不断消耗着敌人兵力,将把一支最大的军队逐渐地损坏和零敲碎打地摧毁"⑥。子弟兵正是运用这种灵活巧妙的战法,一步步把日寇军队逐渐地损坏和零敲碎打地摧毁。

---

① 梁山松、林建良、吕建伟编:《烽火晋察冀:刘荣抗战日记选》,中国文史出版社2015年版,第182页。

② 《预备兵政治教材　第九课　灵活巧妙的战法》,《晋察冀日报》1943年1月13日。

③ 《游击战参考资料选编》第7册,军事科学院战争理论研究部1981年版,第37—38页。

④ 吕正操:《论冀中平原抗日游击战争》,《八路军军政杂志》1941年第3卷第6期。

⑤ 《预备兵政治教材　第九课　灵活巧妙的战法》,《晋察冀日报》1943年1月13日。

⑥ 《马克思恩格斯全集》第17卷,人民出版社1963年版,第224页。

4. 精神面貌:艰苦奋斗英勇牺牲

当全体士兵真正自觉为家乡为国家而战时,这支军队的士气和战斗力都是最高的。子弟兵为保卫家乡、捍卫国家利益而战,艰苦奋斗英勇牺牲成为这支军队精神面貌的重要体现,因为子弟兵为谋中华民族之解放而奋战,所以艰苦奋斗英勇牺牲已成为光荣传统。《教材》第十课"艰苦奋斗 英勇牺牲"开篇讲道:"在今天抗日战争中,八路军所以能所向无敌,获得辉煌伟大的战绩,八路军所以不同于其他抗日友军,能够成为全国抗日军队的模范"①,就是继承和发扬了艰苦奋斗英勇牺牲这个光荣传统。

艰苦奋斗英勇牺牲是运用灵活巧妙的战法获得胜利的保证。《教材》第十课"艰苦奋斗 英勇牺牲"对此有着深刻的论述。子弟兵是中国共产党领导下的军队,指战员都是革命的战士,深刻明白"革命是一件伟大而艰苦的事业,只有经过艰苦奋斗的过程,冲破一切困难,才能取得抗战的胜利"。因此为了胜利,"就要翻山涉水,就要多走路,就要冒雨行军,就要半夜袭击敌人,有时住不上房子就要露营,有时吃不上饭就要饿一下肚子"。② 也深刻明白"如果不勇敢向前,一下子把敌人打垮,时间一拖延,敌人有了准备,自己的牺牲就会增大","不怕牺牲,能够在战斗中创造出许多可歌可泣的英勇壮烈的战绩"。③ 程子华在《敌对冀中扫荡与冀中战局》一文中是这样描述的:"我们光荣殉国的干部和战士,有的是在无比英勇的战斗中壮烈牺牲,有的是在和敌人拼到最后……有的部队是屡被冲散,屡次集合,自动选出干部与敌战斗。"④毛泽东曾这样概括道:中国共产党领导的军队"具有一往无前的精神","不论在任何艰难困苦的场合,只要还有一个人,这个人就要继续战斗下去"。⑤ 可见,任何灵活巧妙的战法没有了军人艰苦奋斗英勇牺牲,都会陷入纸上谈兵。

总之,《晋察冀日报》作为党的新闻舆论喉舌,在连载政治教材中所强调和宣称的有共同的一点,那就是中国共产党领导的八路军就是边区的子弟兵。

---

① 《预备兵政治教材 第十课 艰苦奋斗 英勇牺牲》,《晋察冀日报》1943年1月22日。
② 《预备兵政治教材 第十课 艰苦奋斗 英勇牺牲》,《晋察冀日报》1943年1月22日。
③ 《预备兵政治教材 第十课 艰苦奋斗 英勇牺牲》,《晋察冀日报》1943年1月22日。
④ 程子华:《敌对冀中扫荡与冀中战局》,《晋察冀日报》1942年8月4日。
⑤ 《毛泽东选集》第三卷,人民出版社1991年版,第1039页。

二、"子弟兵"的特点

晋察冀边区"子弟兵"以其鲜明的特点,与旧式军队有质的不同,《八路军的特点》一文从十大方面概括其特点,这十大特点又体现在八路军的各项制度之中,具体表现为子弟兵是一个"大学校""大家庭"。

(一)《八路军的特点》一文:具有不同于旧军队的十大特点

在马克思主义经典作家看来,无产阶级创建的新军队是为无产阶级解放事业服务的,是与一切为剥削阶级利益服务的旧军队有着本质区别。恩格斯在《加里波第的运动》一文中评析意大利那不勒斯王国军队时指出:"这支军队没有生命,没有灵魂,没有爱国热忱……这不是民族的军队,这纯粹是国王的军队。征集和组织这支军队仅仅是为了一个特殊的目的——使人民俯首听命。"[1]恩格斯用"对内实现专制制度的目的、对外进行寡头统治集团所需要的战争的驯服的工具"[2]来揭露资本主义国家的军队的特点。列宁曾指出:"马克思和恩格斯多次着重指出,任何取得胜利的革命的第一个信条就是打碎旧军队,解散旧军队,用新军队代替它。"[3]恩格斯还从法国革命时期法军的作战方式和组织形式的变化进行分析,以拿破仑军队的组织形式为重点突破口,得出任何军队的组织形式兴衰都应从属于当时的社会经济形态。恩格斯分析道:"因为法国政府很穷,所以十八世纪的帐篷和庞大的辎重都被取消了……这样一来,法国军队就具有敌人完全料想不到的运动性和易于编组战斗队形的能力。"[4]正恰好印证,抗战爆发后中国共产党领导的武装力量虽然武器装备不如敌人,却能运用游击战的方式在敌后开辟根据地,这种游击战方式也正是当时中国社会经济形态的生动反映,也必将成为边区子弟兵战斗方式最鲜明的特点。

作为中国共产党领导的八路军,继承了其前身红军的特点。毛泽东在永新县三湾村对红军进行了改编,第一次提出"支部建在连上",这次著名的三湾改

---

[1] 《马克思恩格斯全集》第 15 卷,人民出版社 1963 年版,第 134—135 页。

[2] 《马克思恩格斯全集》第 17 卷,人民出版社 1963 年版,第 114 页。

[3] 《列宁选集》第 3 卷,人民出版社 2012 年版,第 642 页。

[4] 《马克思恩格斯全集》第 14 卷,人民出版社 1964 年版,第 377 页。

编使红军真正脱胎成为完全不同于旧军队的全新的人民武装,使党对革命武装的绝对领导开始得到组织上的保证。据谭冠三的《在我记忆中的井冈山斗争》一文记载,在打完茶陵回来的路上,毛泽东正式宣布了红军的三大任务:"第一,打仗消灭敌人;第二,打土豪筹款子;第三,宣传群众,组织群众,武装群众,帮助群众建立革命政权。"①到1929年12月,毛泽东为中国共产党红军第四军第九次代表大会写的决议中再次提出:"红军决不是单纯地打仗的,它除了打仗消灭敌人军事力量之外,还要负担宣传群众、组织群众、武装群众、帮助群众建立革命政权以至于建立共产党的组织等项重大的任务。红军的打仗,不是单纯地为了打仗而打仗,而是为了宣传群众、组织群众、武装群众,并帮助群众建设革命政权才去打仗的,离了对群众的宣传、组织、武装和建设革命政权等项目标,就是失去了打仗的意义,也就是失去了红军存在的意义。"②1929年12月,古田会议的召开第一次确立了思想建军、政治建军的根本原则,给人民军队"定了型""定了样",是具有"元设计"特色的一次重要会议。古田会议精神深深影响着聂荣臻,他在1941年11月晋察冀北岳区党委扩大会议上的讲话中指出:"党军之所以与其他军队不同,是因为他不仅打仗,而且还参加各种政治、经济、文化的斗争,否则就没有与敌进行长期坚持根据地斗争之可能。"③与此同时,中国共产党善用无产阶级民主制度打碎旧军队专制制度的枷锁,"军队内的民主主义制度,将是破坏封建雇佣军队的一个重要的武器"④。军队中有了民主,战士的积极性和创造性得到提升,使他们更具有战斗精神。毛泽东在1928年11月向中央的报告中指出:"这些办法,士兵很满意。尤其是新来的俘虏兵,他们感觉国民党军队和我们军队是两个世界。他们虽然感觉红军的物质生活不如白军,但是精神得到了解放。同样一个兵,昨天在敌军不勇敢,今天在红军很勇敢,就是民主主义的影响。"⑤虽然抗日战争与国内革命战争诸多方面不同,但是红军三大任务以及军队内民主制度等特点并没有因为抗战而发生重大改变,相反,边区子弟兵只

---

①　井冈山革命根据地党史资料征集编研协作小组、井冈山革命博物馆编:《井冈山革命根据地》(下),中共党史资料出版社1987年版,第493—494页。

②　《毛泽东选集》第一卷,人民出版社1991年版,第86页。

③　《聂荣臻军事文选》,解放军出版社1992年版,第167页。

④　《毛泽东选集》第一卷,人民出版社1991年版,第65页。

⑤　《毛泽东选集》第一卷,人民出版社1991年版,第65页。

有进一步继承和创新红军的优良传统,才能应对更加险恶的斗争。

　　抗战时期,中国共产党领导的八路军、新四军正是在红军基础上发展起来的,并有了自己显著的特点。王震对一二〇师三五九旅的指示《部队的品质》在该旅自己的刊物《战声报》上刊登,后被《解放日报》刊发,《晋察冀日报》于1942年7月15日转刊,该篇文章对子弟兵的特点有过这样的概括:"我们是品质优良的部队,我们这个部队是在党的领袖毛主席和朱德司令统率与教导之下,在长期艰苦奋斗中生长壮大起来的。我们这部队与八路军、新四军其他部队一样,在中国所有的军队中有最高的革命品质,这种革命品质就是对中华民族与中国人民解放事业抱着无限的忠诚与具有坚强的胜利信心,是坚决勇敢、刻苦耐劳、自我牺牲、奋勇杀敌的战斗精神,是自觉的爱护人民、尊重人民与人民亲密团结的精神,是不怕困难,毫不疲倦地克服困难的精神。我们就是具有这种光荣传统的军队的一部分。"①在王震看来,部队品质的不同就是最大的特点。② 时任《八路军军政杂志》主编萧向荣曾这样总结道:"第八路军比之全国抗战军队有其不同的特点,这就是:八路军是中国共产党领导下由过去的中国工农红军改组而成的军队,它是以工农为骨干的、政治上觉悟的军队,它有革命的军事理论与革命的战略战术,它有革命的进步的政治工作,它实现着官兵一致,军民一致的原则,它实行革命、自觉的、铁的纪律,它努力争取与瓦解敌军等等。也正因为如此,所以使它——八路军在抗战三年中,才能获得优异的战绩。"③此时,萧向荣对八路军的特点有所思考,也亟须进一步理论总结,于是,在庆祝八路军新四军诞生十四周年之际,《子弟兵》副刊发表《八路军的特点》一文,更加全面地阐述八路军的特点。全文如下:

　　八路军有许多许多的特点,这些特点,过去红军时代是这样,现在更加显著了。

　　一、八路军是中国共产党领导的军队,部队里有共产党的组织,有保证实行共产党正确领导的负责者——政治委员和政治机关。

---

① 　王震:《部队的品质》,《晋察冀日报》1942年7月15日。
② 　参见司脱朗:《我所知道的第八路军》,《华美》1938年第1卷第5期。
③ 　萧向荣:《国防前线的一支劲旅》,《八路军军政杂志》1940年第2卷第6期。

二、八路军是在群众中组织起来的,他是工农和革命知识分子的军队,不仅战士是工农出身,所有指挥员——到高级干部都是工农利益的代表者,而且不少的就是工农出身,因此八路军和人民有血肉相连的关系,与人民同生死,共患难,他不仅为民族解放忠诚奋斗,而且也为人民自由幸福忠诚奋斗,他的最后目的是建立没有人剥削人的社会主义社会,跟欺压老百姓的军队在本质上完全不同。

三、八路军里面,"官兵一致",在政治上是平等的,只是下级对上级尊重,上级对下级关爱,在平时和战时上下级同甘苦,共患难,只要不违反纪律,就不准随便处罚,而无论何时,乱打乱骂都是不能容许的。

四、八路军的群众纪律,是不拉夫,不要款子,不随便拿老百姓一点东西,侵害了群众利益是大逆不道的行为。同时,他不仅有这样的群众纪律,而且自动的帮助群众,解决群众的困难。

五、八路军不杀俘虏,而且优待俘虏。因为有共产党的深刻教育,八路军指战员正确的认识在敌军下层,有的是自己的中国同胞,有的是与自己属于同一阶级的日本劳苦人民,都因为被压迫欺骗走上战场,一旦觉悟,必能与我们共同反对日本法西斯。因此八路军有强有力的瓦解敌军和争取伪军的工作,这是庄严、正义的工作,与反革命敌人欺骗阴谋在本质上完全不同。

六、八路军充满着英勇牺牲,艰苦奋斗的精神。指战员们为着革命的胜利,人民的幸福,把牺牲自己,舍己奉公,看作是最大的光荣,把贪生怕死、吃穿玩乐、损人利己,看成是最大的丑恶。

七、八路军充满着脚踏实地,一说就做,一做就彻底的精神。他不夸张吹牛,他不怕缺点暴露,指战员们只知埋头苦干,善于责备自己。

八、八路军的学习是一种优良传统,指战员们不仅学习军事,学习政治,而且学习文化。他们的学习,不是迫不得已了,不是只为了显示有学问,而是自动的用功,为了锻炼能力,提高能力。

九、八路军提倡遵守纪律、遵守制度的自觉精神,不把纪律和制度建立在表面上,严厉的监督上,而是建立在部队的认识上,生活习惯上。八路军反对盲目的服从,反对压迫。

十、八路军提倡紧张活泼的生活,动作迅速,生活愉快。

八路军这些特点也就是八路军不同于任何旧军队的地方,也就是任何代表压迫阶级利益的军队没有办法和八路军比较的地方。①

《八路军的特点》一文,用简短而精炼的文字归纳八路军的十大特点,主要从八路军的领导、组成、内部关系、纪律、对待俘虏、精神状态、工作作风和优良传统等方面进行概括,展现了八路军与其他任何旧军队的不同之处。显然,《晋察冀日报》通过各种方式传播"谁都知道八路军,是中国共产党领导的军队,是专替咱们老百姓谋利益的军队,是抗战顶坚决的军队,是全国顶好的军队"②这一观点,相比之下,《八路军的特点》一文正是对此种观点较为全面的概括。关于八路军的特点,不同群体有自己的观察和总结,但均未偏离《八路军的特点》一文所总结的十大特点。例如国民党中央社记者王少桐写道:"在精神方面他们除了训练外,对政治问题、社会现状和群众心理,每天都有一小时的讲话,使每一个份子对每一问题至少都有一个浅近了解。这可说是他们领袖聪明,因为心理上的了解,可产生意志相同的结果。意志相同,精神就会团结,步调就一致,力量也就能产生,这差不多可说是一种定律了。""再说到物质方面,完全是平等的待遇,总司令每天吃肉,士兵一定也吃肉,士兵今天吃青菜,总司令一定也吃青菜。""再有一点,就是八路军的干部,他们都能了解群众而抓着群众,他们无论何时何地,总是以群众摆在前面,他们大部分的工作,是做在群众身上。""这些虽都是八路军的特点,实际来说,都很平常的事,算不了什么诀窍。我想那(笔者注:哪)一个带队的官长,都能明了,而诀窍还是在能否诚实做到,八路军能做到,所以给人民一个特殊的印象。"③这段描述是对《八路军的特点》一文中第六和第三个特点的展开。又如日本人中村京子对八路军有这样的认识:"我发现,这批中国军人(笔者注:八路军)十分和蔼可亲,他们的上下级关系很融洽,我甚至看到一个士兵向他的长官开玩笑打闹。这与我见惯了的日本军队中军官殴打士兵,老兵训斥新兵,老学生压迫新学生的情况完全不同。我开始喜欢上这支军

---

①　小萧:《八路军的特点》,《晋察冀日报》1941 年 8 月 1 日。

②　胡泽民:《八路军的来历》,《晋察冀日报》1941 年 3 月 30 日。

③　中国抗日战争军事史料丛书编审委员会编:《中国抗日战争军事史料丛书·八路军·参考资料(5)》,解放军出版社 2015 年版,第 93—94 页。

队了。"①被称为"日本八路"的水野靖夫观察到:"在八路军中政治要绝对领导军事,上自一个团,下至一个连,至少都派有一名政治指导员。这些指导员,平日担任着士兵的文化指导甚至代写家信。一旦开始战斗,便对这场战斗的政治意义和认识承担起指导的责任。这一点,同日本的军队组织有根本的不同,就是说,政治指导员要比军事指挥员优先。"②这些回忆和记录在进一步全面诠释八路军特点上有着重要作用,所呈现的八路军特点更加鲜活。

(二)"子弟兵"各项制度的特色

每支军队都有组织活动的制度,这些制度让军队内部运转条理化。在土地革命战争时期,中国共产党突出强调红军制度与军阀制度的不同,认为"军阀制度是代表豪绅地主阶级统治劳苦工农群众与士兵群众的制度",而"红军制度是建筑在阶级团结的基础上面,如政治工作的独立系统、政治委员制度、生活待遇平等、群众工作等这些都是与军阀军队无丝毫相同的地方,特别是政治委员制度的建立是为了要保障共产党在红军中间绝对领导,与在苏维埃领导下保障苏维埃各种法令在红军中的实现"。③

《晋察冀日报》副刊《子弟兵》从 1941 年 5 月至 1942 年 3 月,先后发表相关文章介绍八路军的各项制度,具体见表 1-2。除了八路军最为特色的政治委员制度外,文章还涉及八路军的敌伪军工作制度、学习制度、经济制度、会议制度和汇报制度。

表 1-2 《子弟兵》刊发八路军相关制度的文章情况表

篇名	作者	时间
八路军的敌伪军工作	柳舒	1941 年 5 月 11 日
八路军是个大学校	秀华	1941 年 5 月 16 日
政治委员的重要性	平凯	1942 年 1 月 25 日

---

① [日]中村京子口述,沈海平撰文:《两个洋八路的中国情缘》,东方出版中心 2015 年版,第 14—15 页。

② [日]水野靖夫:《反战士兵手记》,巩长金译,解放军出版社 2015 年版,第 110 页。

③ 中共江西省委党史研究室、中共赣州市委党史工作办公室、中共龙岩市委党史研究室编:《中央革命根据地历史资料文库 军事系统(10)》,中央文献出版社、江西人民出版社 2015 年版,第 1305 页。

篇名	作者	时间
八路军的经济制度	守平	1942 年 2 月 14 日
为什么要开会——谈谈八路军的会议制度	严明华	1942 年 2 月 22 日
汇报有什么作用——谈八路军中的汇报制度	苏陵	1942 年 3 月 8 日

注:根据《晋察冀日报》副刊《子弟兵》所刊有关八路军各项制度文章整理而成。

1. 八路军"敌伪军工作制度"的特色

八路军"敌伪军工作制度"创建的逻辑前提,在于日本军阀财阀与日本人民不同,前者是发动侵华战争的幕后黑手,后者是被压迫、被奴役的日本人民大众,本身也是战争的受害者。八路军"敌伪军工作制度"形成的主观认识,在于"八路军是共产党领导的军队,有伟大的国际主义精神,既爱自己民族与同胞,又爱世界一切被压迫的民族与人民","在敌军已解除武装而失去战斗力的时候,则即以兄弟的情谊对待之,把民族解放与人类解放的两重责任同时肩负起来"。[1]

抗战初期,毛泽东与英国记者贝特兰谈话时就指出:"我们的胜利不但是依靠我军的作战,而且依靠敌军的瓦解。瓦解敌军和宽待俘虏的办法虽然目前收效尚未显著,但在将来必定会有成效的。"[2]"例如日军现已公开声言要对八路军施放毒气,即使他们这样做,我们宽待俘虏的政策仍然不变。"[3]《八路军告日本士兵书》(1937 年 9 月 25 日)郑重承诺:"我们决不虐杀一个没有武装或解除武装的日本士兵!"[4]《中国国民革命军第八路军总指挥部命令》(1937 年 10 月 25 日)针对日军俘虏政策问题提出四条指令:"一、对于被我俘虏之日军,不许杀掉,并须优待。二、对于自动过来者,务须确保其生命之安全。三、在火线上负伤者,应依阶级友爱医治之。四、愿归故乡者,应给路费。"[5]1939 年 4 月 5 日,日本华北方面军司令部以一本由八路军政治部出版的宣传手册为例出版了一份绝密

---

[1]　柳舒:《八路军的敌伪军工作》,《晋察冀日报》1941 年 5 月 11 日。

[2]　《毛泽东选集》第二卷,人民出版社 1991 年版,第 379 页。

[3]　《毛泽东选集》第二卷,人民出版社 1991 年版,第 381 页。

[4]　中国人民解放军历史资料丛书编审委员会编:《八路军·文献》,解放军出版社 1994 年版,第 49 页。

[5]　中央档案馆编:《中共中央文件选集》第十一册,中共中央党校出版社 1991 年版,第 379 页。

备忘录,阐述了中国共产党高超的宣传技巧。绝密备忘录分析了"手册为八路军提供了如何吸引日本士兵加入到他们阵营的详细说明"①。与此同时,八路军对待被俘或反正过来的伪军,"如系个人或少数人,愿意回家者,发给路费,愿意参加部队者,分配以适当工作。而整队反正的,则绝不改编,绝不撤换其人员,并且帮助其发展,视同兄弟手足,尽一切可能予以优待"②。以此作为壮大抗日力量。

总而言之,八路军"敌伪军工作制度"的特色,正是由于"八路军是中华民族与中国人民的忠实卫士,同时也是一切被压迫民族与人民的战友"③而大放光彩。

2. 八路军学习制度的特色

八路军学习制度运行的效果,在于"一进八路军,人们的进步就比上什么学校都快",进八路军之前都是庄稼汉、老粗,进八路军之后一两年或三四年,不仅起码能认识三百字到几千字,而且在政治认识和文化知识上,比起普通学校的一些学生来,简直是有过之无不及了。④彭德怀在《红军改编为八路军》一文中强调,改编后反对官僚主义、脱离群众,并提出了四条保证:"保证共产党对八路军的绝对领导;保证工农成分的绝对优势;保证政治工作的优良传统;保证和坚持学习制度。"⑤中国共产党领导的武装力量保证和坚持学习制度意义重大,不仅可以保证军队内部凝聚力,还能保证不受歪风邪气的干扰。

从《晋察冀日报》副刊《子弟兵》所刊登文章来看,报道子弟兵个体文化学习生活的居多,在众多报道中可以梳理出八路军学习制度的特色有:一是围绕目标开展学习竞赛活动。《于江的文化学习》一文中,在报道于江超额完成学习任务的同时,与部队学习任务进行对比。在整个部队"消灭"二百字的"文盲"热潮中,连首长规定在一个月之内,每个战士要学会一百四十个生字,而于江在十天之内学会了一百四十个生字,三倍完成上级的号召。⑥二是学习内容广泛,形式多样。《八路军是个大学校》一文有这样的记录:"学习的内容很多,有军事、政

---

① [日]小代有希子:《躁动的日本:危险而不为人知的日本战略史观》,张志清、李文远译,广东人民出版社2015年版,第101页。

② 柳舒:《八路军的敌伪军工作》,《晋察冀日报》1941年5月11日。

③ 柳舒:《八路军的敌伪军工作》,《晋察冀日报》1941年5月11日。

④ 参见秀华:《八路军是个大学校》,《晋察冀日报》1941年5月16日。

⑤ 刘朋主编:《中共党史口述实录》第2卷,中国古籍出版社2010年版,第506页。

⑥ 参见刘君生:《于江的文化学习》,《晋察冀日报》1941年5月16日。

治、文化(包括识字、算术、自然常识、社会常识等等),由浅入深,由少到多,由中国到外国,总是学习。每天上课,开讨论会,还有自修,还有读报,开晚会,开军人大会和干部大会、党员大会等等,来进行教育。各连有俱乐部,在里面成立军政时事研究、情报、文化、娱乐、体育、经济、卫生各种组织,设备学习和游戏的场所,作为战士和干部课外活动的地方。"①八路军学习制度规定学习内容丰富,学习形式灵活多样,学习效果才会显著。三是善于抓住空隙时间组织学习。学习已经成为八路军战士生活的重要组成部分。在行军的路上,"每个人的背包上都贴了几个生字,给后面的人来认"②。充分发挥俱乐部的作用,创造出行军中的流动俱乐部,为战士创造学习机会③;在作战前,战士们在一起讨论枪支手榴弹的使用方法,使新战士增加了不少的军事常识。

简言之,八路军学习制度的特色在于把学习与战士的工作生活紧密联系起来,不搞花架子,创造出实实在在的学习效果。

3. 八路军政治委员制度的特色

早在 1928 年,中央对南昌起义进行反思,指出:"叶挺与贺龙部队的遭破坏,其重要原因之一,即在于他们军队中未设法肃清反动的官长,未实行政治委员,未设立政治训练机关。"④1934 年 1 月 4 日,《巩固政治委员制度报告大纲》对在红军中建立政治委员制度的原因、政治委员是什么和做什么等问题进行了陈述。该大纲指出:"在工农红军中必须建立和巩固政治委员制度,来加强无产阶级的先锋队——共产党在红军中的领导,才能武装起全体红色战士的头脑,使每个红色战士了解自己的阶级的政治任务和与敌人作战的阶级意识,以及对地方居民中工农群众的阶级友爱与敌人的阶级仇恨,才能巩固红军的政治情绪,提高红军的战斗力而为苏维埃政治斗争到底。"⑤"政治委员是共产党和苏维埃在红军中的全权代表。他是红军中唯一领导者,是全体红色战士的模范,以保证共产党对

---

① 秀华:《八路军是个大学校》,《晋察冀日报》1941 年 5 月 16 日。

② 张力群:《行军识字课》,《晋察冀日报》1941 年 5 月 16 日。

③ 参见石健常:《行军中的流动俱乐部》,《晋察冀日报》1941 年 5 月 21 日。

④ 中央档案馆编:《中共中央文件选集》第四册,中共中央党校出版社 1989 年版,第 491 页。

⑤ 中共江西省委党史研究室、中共赣州市委党史工作办公室、中共龙岩市委党史研究室编:《中央革命根据地历史资料文库　军事系统(12)》,中央文献出版社、江西人民出版社 2015 年版,第 3083—3084 页。

红军的绝对领导,并监督红军百分之百地执行苏维埃的法令与命令,锻炼红军成为政治上坚强的铁的红军。"①红军时期,政治委员制度最鲜明的特色,就在于党通过政治委员领导军队。抗战初期,"因受国民党干涉而取消的政治委员制度,因受国民党干涉而改为政训处的政治部的名称,现在已经恢复了"②。朱德等关于克服困难、坚持敌后抗战致八路军各兵团电:"加强政治委员制度,提高政治工作的威信到最高度,对于损害政治委员制度及政治工作威信的每一个表现,对于每一个违犯党的抗日民族统一战线(这是现阶段的具体阶级路线),离开各种政策的一切行为,必须毫不放松的充分的进行说服、教育与斗争。"③平凯的《政治委员的重要性》一文,阐述八路军新四军中政治委员是什么以及政治委员制度的作用,关于政治委员制度的四个方面作用的原文如下:

　　一、有了政治委员制度,全体指挥员战斗员工作人员,即可得到政治上坚强的领导与正确的革命教育,可以提高所属人员政治觉悟,使我们有为民族为阶级为社会为人类解放事业,艰苦奋斗,英勇牺牲的胜利信心与决心。

　　二、有了政治委员制度,可以保证中国共产党的主张政策和抗日民主政府的一切法令,在部队中完全执行。

　　三、有了政治委员制度,可以保证军民团结,保证军队始终忠实的为保护父老人民的利益而牺牲奋斗,使军队与人民永远血肉相连,使军队永远不容许任何违反群众纪律的现象存在,使军队处处爱护人民,帮助人民,关心人民的利益,保证军队和群众关系打成一片。

　　四、有了政治委员制度,可以加强革命武装部队中政治工作,巩固革命武装力量,消灭部队中一切不良倾向;同时能够从军事技术上和政治质量上,文化教育上,经济供给保证上,提高部队战斗力,保证部队能打胜仗,最

---

　　① 中共江西省委党史研究室、中共赣州市委党史工作办公室、中共龙岩市委党史研究室编:《中央革命根据地历史资料文库　军事系统(12)》,中央文献出版社、江西人民出版社2015年版,第3085页。

　　② 《毛泽东选集》第二卷,人民出版社1991年版,第393页。

　　③ 中国抗日战争军事史料丛书编审委员会编:《中国抗日战争军事史料丛书·八路军·文献(2)》,解放军出版社2016年版,第267页。

后消灭日本帝国主义和一切法西斯蒂,胜利完成革命事业。①

从以上政治委员制度的四大方面作用来看,建立政治委员制度旨向在于"为了保证部队彻底实行共产党的主张和政策,是为了保证共产党对于部队的坚强领导"②。这也是八路军政治委员制度最大的特色。

4. 八路军经济制度的特色

红军的经济制度主要指红军的经济来源、管理经济的组织、经济公开等。敌人的严密封锁,使得红军生活十分匮乏,毛泽东把筹款作为红军三大任务之一。除了筹款,战场上缴获也是红军重要的经济来源。红军的士兵委员会下设经济委员会亦叫伙食委员会,专门监督与管理连队伙食。团(纵队)、军的军需部门,必须接受士兵委员会(或经济委员会)的监督,定期或不定期地报告经费预算和决算,接受审核、质疑,进行解释或说明。③ 红军的经济制度可谓是"党组织当家、后勤管家、群众监督"④的制度。

抗战期间,八路军经济制度的特色继承和发展了红军经济制度的特点。《八路军的经济制度》一文开篇指出:"八路军的经济制度与其他军队最大不同的地方便是经济公开。"⑤经济公开是通过各个部队经济委员会组织来完成的,而经济委员会的产生又完全是民主的,由全体军人大会直接选举出来,对全连队同志负责。"经济委员会,是由三个人组成的,一个主任委员负责全盘工作计划与领导的责任,一个调查委员(调查各地物价的高低),另一个是清算委员(按时清算账目),经济委员会要经常向军人大会作报告和公布账目,大家如有疑问,可以向经委会提出质问,请求答复。"⑥正因为有经济委员会,广大八路军战士可以在改善部队经济生活方面贡献自己的智慧,"虽然每天只有一毛二分钱的菜

---

① 平凯:《政治委员的重要性》,《晋察冀日报》1942 年 1 月 25 日。

② 平凯:《政治委员的重要性》,《晋察冀日报》1942 年 1 月 25 日。

③ 参见《中国人民解放军军史》编写组编:《中国人民解放军军史》第一卷,军事科学出版社 2010 年版,第 102 页。

④ 冯长松:《中国人民解放军管理史》,国防大学出版社 2013 年版,第 46 页。

⑤ 守平:《八路军的经济制度》,《晋察冀日报》1942 年 2 月 14 日。

⑥ 守平:《八路军的经济制度》,《晋察冀日报》1942 年 2 月 14 日。

金,可是都能吃到外边两三毛也办不到的菜"①。叶季壮的《八路军的后方勤务工作》发表在《八路军军政杂志》1941 年第 3 卷第 1 期,阐述八路军供给工作的四点原则,对理解八路军经济制度的特色有重要的启发。该文指出八路军供给工作的四点原则有:一是八路军是官兵待遇平等的军队,它不是采用差别特殊的薪饷制,它实行一般说来无大差别的津贴制,从总司令到一般战士,不过是五元与一元的差别而已;二是八路军提倡刻苦耐劳、廉洁朴素的生活与作风,反对奢侈浪费、贪污饱私的行为;三是发扬自力更生的精神,开展广泛的生产运动;四是获得敌后广大人民的协助。② 八路军经济制度有着如此深厚的价值理念为导向,在极端困难的情况下,八路军并不会因此而解散,它还能较之一般军队更能为国家民族的利益而与敌人作战。

简言之,八路军经济制度的特色强调平等、民主和有效,从而保证八路军能在极端困难的情况下发挥战斗先锋模范作用。

5. 八路军会议制度和汇报制度的特色

会议是部队战士民主生活的最直接表现形式。严明华的《为什么要开会——谈谈八路军的会议制度》一文,指出在八路军中不但有严格的军事纪律,并且每个战士还享受着丰富而平等的政治生活,会议就是最明显最直接的表现战士民主生活的地方,并梳理八路军会议主要有:讨论事情应该怎么办的会议、传达上级的计划和指示的会议、总结工作的会议、检讨生活的会议、学习讨论的会议和临时性的会议。在谈及八路军会议与旧军队的区别时,该文特别指出:"过去旧式军队里,便不开会讨论,只是几个当官的自己决定就算了,至于士兵有没有意见,它是不管的。"③该文也在最后强调,不是任何一件事都需要经过民主讨论,还有的根本不必经过讨论,如上级的决定,或者什么军政命令,只是坚决执行和完成就得了。但是,"八路军里每一个指战员,对于会议制度,都必须坚决而正确地遵守的,就是说,每个人要经常积极地参加会议生活,对于会议所决定的事情,一定要坚决地彻底地去执行"④。

① 守平:《八路军的经济制度》,《晋察冀日报》1942 年 2 月 14 日。
② 参见叶季壮:《八路军的后方勤务工作》,《八路军军政杂志》1941 年第 3 卷第 1 期。
③ 严明华:《为什么要开会——谈谈八路军的会议制度》,《晋察冀日报》1942 年 2 月 22 日。
④ 严明华:《为什么要开会——谈谈八路军的会议制度》,《晋察冀日报》1942 年 2 月 22 日。

汇报是八路军中下级向上级反映真实情况的重要形式。《汇报有什么作用——谈八路军中的汇报制度》一文,对汇报制度的内涵进行解释:"每个同志在一定时期(这有种种不同的规定)要向上级(班、排、连长,指导员等)把自己的工作、学习和日常生活以及对各方面的意见,一五一十地报告出来,不掩盖,不夸大,不管是好是坏都告诉上级知道,真实地告诉上级,既不害羞不好意思说出来,也不故意夸大吹嘘,骗取上级的奖励和褒赏,来夸功逞能。"进而明确汇报目的在于"为了要使上级具体地详细地了解我们各方面的情形,知道我们有什么意见(如果正确上级一定会采纳和听取的),有哪些困难需要及时解决?"①该文特别强调汇报是要真实地向上级反映问题,解决困难,帮助大家进步,决不能夹杂私人感情,更不能因为别人汇报了自己的毛病而怀恨在心,特别是新入伍的新同志对于部队生活不适应,会存在不少问题,"大家更应该多向上级汇报,同时上级对我们每人的情形了解不很清楚,也须要大家多多向上级汇报"。从这篇文章来看,八路军的汇报制度旨在畅通言论,弄清部队中实际情况,为改进工作提供重要信息。会议制度和汇报制度息息相关,都需要子弟兵战士认真执行,确保子弟兵部队凝聚人心,确保战斗力不断提高。

(三)"大学校""大家庭"

抗战初期,列宁室改称救亡室,是在连和相当于连的单位建立的群众性课外活动场所,"成为党团结、联系和教育群众的组织"②,致力于提高战士政治文化素质,起到提高部队持久抗战胜利信心的作用。1940 年 6 月 6 日,中共中央军委发出《关于改革平原地区政治工作组织机构的指示》,要求连队除党支部、军人俱乐部及锄奸工作之外,其余均可暂行取消或合并。1940 年 10 月 10 日,《关于营连党组织的规定》要求,"救亡室改称军人俱乐部,内设主任一名,军事、政治、学习委员各一,体育、卫生、音乐委员各一,墙报委员三,经济委员会主任由政指兼任,委员以民主方式选举,一人不能兼三项,委员中党员占三分之一,多吸收

---

① 苏陵:《汇报有什么作用——谈八路军中的汇报制度》,《晋察冀日报》1942 年 3 月 8 日。

② 中国抗日战争军事史料丛书编审委员会编:《中国抗日战争军事史料丛书·八路军·文献(2)》,解放军出版社 2016 年版,第 158 页。

积极分子中非党员参加"①。中国共产党以学习锻造子弟兵,使之成为"战斗的学校"。子弟兵把日寇碉堡摸清楚,日寇动向掌握清楚,学会如何制造地雷,创造各种游击战术,新战士经过文化学习、军事学习等成为优秀的抗日战士。聂荣臻指出:"边区子弟兵是边区青年进行革命的武装斗争的战斗组织,同时,又是一所大的学校,除作战外,即进行教育,在部队中有各级学校出身的知识青年与文化低落的广大工农青年,但由分班分级的学习军事政治文化及各种知识,理论与实际完全打成一片,因之部队中的青年能在各方面飞跃的进步。"②李公朴考察晋察冀边区6个多月后写成《华北敌后——晋察冀》一书,该书指出:"在这个学校里武装了的人们,也武装起他们的头脑,成为最前进的,民族解放的战士,他们不仅在实际上担负起民族革命的神圣的战斗任务,而且在他们的头脑里还有着伟大而正确的理想,有着一个光辉灿烂的光明的前途!"③新战士到部队要学政治课、军事课、文化课,参加各种学术研究会、讨论会,还要参加必要的考试,"战士的教育或是干部的教育不但在平时有规律地正规地进行,就是在战时,在行军中间也没有间断的上课。这种严格的、正规的、战斗的教育工作,也是晋察冀子弟兵团的特色之一,也是进步、巩固和壮大的主要原因"④。李公朴用"晋察冀的子弟兵就像是一座学校"进行精辟总结。在中国共产党政治教材中对子弟兵的学习情况也进行了详细总结。例如《预备兵政治教材》第五课"努力学习力求进步",指出子弟兵努力学习的目的是"给革命更多的贡献,领导别人进行革命斗争";学习的内容有三方面,"第一,努力学习政治,懂得革命的道理和办法,懂得全中国全世界全边区的形势","第二,努力学习军事,学会怎样很好地使用自己手中的武器,学会各种军事动作,学会怎样处处打胜仗,消灭敌人","第三,努力学习文化、学识字、学习写文章、写信、学算数、学唱歌、练习体育运动,强健身体";针对怎么样学习,该课指出"军事、政治、文化各种学习,都有教员给上

---

① 常连霆主编,中共山东省委党史研究室、山东省中共党史学会编:《山东党史资料文库》第7卷,山东人民出版社2015年版,第665页。

② 聂荣臻:《边区子弟兵与边区青年——为纪念五四中国青年节而作》,《晋察冀日报》1941年5月4日。

③ 李公朴:《华北敌后——晋察冀》,生活·读书·新知三联书店1979年版,第39页。

④ 李公朴:《华北敌后——晋察冀》,生活·读书·新知三联书店1979年版,第38页。

课,课后分组讨论。不明白的问题,大家互相研究。不懂的问教员,教员给以耐心的解释"①。

在子弟兵连队军人俱乐部"装饰着五颜六色的纸彩,墙上贴着标语,气氛很活跃"②,以各种形式吸引着战士们的注意力,特别是新战士对俱乐部里的各种展示以及开展的活动十分新奇。例如"老战士领着新战士到俱乐部里,详细地告诉他们:'这是咱们今天讲的政治课,你看……''这是咱们上旬伙食账的清单,你看……除花掉以外,现在还存很多的伙食费呢!……'从封锁沟那边过来的新战士,从来没有看见过这样有兴趣的东西,许多事物对于他们是新鲜的,每个人都这样想着:'不是参加子弟兵,怎么会看见这许多宝贝似的东西呢?……'"③还比如连队军人俱乐部定期举行连队的各种晚会,平均每个月两次,里面有政治问答、军事问答,提出问题来征求答案,答对的有奖(如奖一包花生、一个水果等),答错的要受处罚(如罚唱一个歌,讲一个笑话或故事……),这样引起学习的兴趣。④ 不仅普通战士对俱乐部念念不忘,中国共产党军队高级别将领也对俱乐部活动赞美有加,比如杨成武回忆,"我是个排球迷,那些日子里,每天少不了两场排球"⑤;吕正操回忆,"文化生活最大众化,最简便易行,最容易传播,最有战斗力的是歌曲。教战士们唱会一支歌,等于上了一堂政治课"⑥。新战士感受参加八路军后的变化,往往来自俱乐部开展的学习活动。例如刚参加部队不到两个月的新战士孙玉田说:我这一辈子"老给人家干长工,受苦,这三十年还不如我参加八路军这两个月哩!在两个月以前,连我自己的名字都不认识,到八路军来两个月的光景,不光是认识了我自己的名字,而且还认识了八九十个字,当八路军真好啊!……"⑦在俱乐部中,你学我赶、互相帮助的学习状态是一种常态,这也使得"有很多同志,本来不识字,可是在八路军里工作不久就能识很多的

---

① 《预备兵政治教材　第五课　努力学习力求进步》,《晋察冀日报》1942 年 11 月 13 日。

② 中国抗日战争军事史料丛书编审委员会编:《中国抗日战争军事史料丛书·八路军·参考资料(5)》,解放军出版社 2015 年版,第 244 页。

③ 冯善祥:《愉快的生活着　战斗的学习着》,《晋察冀日报》1942 年 5 月 22 日。

④ 参见《红色档案——延安时期文献档案汇编》编委会编纂:《陕甘宁边区实录》,陕西人民出版社 2013 年版,第 168 页。

⑤ 《杨成武回忆录》,解放军出版社 2007 年版,第 487 页。

⑥ 《吕正操回忆录》,解放军出版社 2007 年版,第 105 页。

⑦ 《三十年不如两个月》,《晋察冀日报》1942 年 1 月 8 日。

字,能写文章,并且能讲出许多大道理,这种情形,在别的军队里,根本不会有也不可能有的"①。

《预备兵政治教材》第六课"俱乐部"中讲到了俱乐部对子弟兵学习等各方面进步有着重要的作用,指出"子弟兵的许多同志,在俱乐部组织的帮助下,在俱乐部的各种活动中,克服了种种不好的习惯,增加了不少的新知识,锻炼了自己的身体,养成了集体生活及其他许多好的习惯和自治的精神,一天天向着模范军人前进"②。康敏的《子弟兵的文化生活》,直接记录子弟兵的文化生活,以俱乐部为例讲述"八路军是一个革命军队,同时它是一个有文化教养的军队",俱乐部有常识栏、政治学习栏、军事学习栏、墙报、游艺的玩具,房子外面有游戏场,子弟兵"过着如此丰富的文化生活"。③ 高良玉的《紧张快乐的战斗生活》对连队俱乐部有更详细的描写:"收了操,我们就高兴的到俱乐部去活动。在那里,大家可以自由的看报、识字,或者下棋,做别的游戏;再不,那就去看看我们自己的墙报吧!说起那墙报来,外人也许不爱看,说不好,但我们是喜欢它的!它上面有画,有组字画,有作文,有模范例子,有小故事,有笑话,有谜语和智力测试,总之,没有一件不是我们战士自己的作品。"④许大一的《一个子弟兵的成长》一文中,描述了出身贫寒、大字不识的牛梦兰参加子弟兵后,"日记已经写的很漂亮,《抗敌三日刊》上的文章也能读的通了",做了青年委员,"在战斗中却是最英勇最果敢的",并指出"像牛梦兰这样的同志,在已经战斗了四年的今天的军区,是很多很多的"。⑤ 真所谓,"八路军生活简直无异于学校生活,许多失学的小勤务员,甚至成年的战士在那里进了学校,而且成效特著的学校"⑥。

子弟兵的老战士关心和帮助新战士,新老战士团结友爱,关系如同"大家庭"。子弟兵的老战士为欢迎新战士,自觉发动了募捐,很多战士把自己所有的

---

① 亦一:《八路军是一个大学校——子弟兵文化生活的一面》,《晋察冀日报》1942 年 1 月 18 日。

② 《预备兵政治教材 第六课 俱乐部》,《晋察冀日报》1942 年 11 月 21 日。

③ 康敏:《子弟兵的文化生活》,《晋察冀日报》1942 年 1 月 18 日。

④ 高良玉:《紧张快乐的战斗生活》,《晋察冀日报》1943 年 8 月 8 日。

⑤ 许大一:《一个子弟兵的成长》,《晋察冀日报》1941 年 7 月 17 日。

⑥ 中国抗日战争军事史料丛书编审委员会编:《中国抗日战争军事史料丛书·八路军·参考资料(5)》,解放军出版社 2015 年版,第 109 页。

一点津贴费都捐了出来,也有的把自己的衣服、铅笔、笔记本等捐了出来。子弟兵的老战士热情地接待新战士,在生活、学习和作战等方面处处关心新战士,处处以身作则为新战士树立楷模。对看惯了旧式军队中等级森严的人们来说,军队中有这种相亲相爱的精神确实是"有趣"的现象。《晋察冀日报》刊登的《预备兵政治教材》对子弟兵的团结友爱有过精辟的论述。《预备兵政治教材》第四课"团结友爱"中指出:"他们大部分是边区人民的子弟,有着很自然的团结条件,在八路军一贯团结友爱的光荣传统影响下,团结友爱也就成为子弟兵一种好的生活习惯了。"该课文还从微观层面分析在子弟兵里怎样实行团结友爱,指出"首先,子弟兵的指战员,在政治上一律平等","其次,同志们互相帮助的精神是很好的","再次,对于犯了错误的同志,是采取耐心规劝说服的办法,在不得已时,虽然给他一定的处罚,也是为的教育他,使他改正错误,决不是打击他,瞧不起他","最后,子弟兵不但对内部讲团结友爱,就是对抗日进步的友军军人、老百姓、地方政府、群众团体等,都讲团结友爱的"。① 此文可谓对看似"有趣"现象的归因进行充分解释,子弟兵是个"大家庭"这一现象后面是官兵政治上平等,有着共同的政治诉求,以及在"大学校"中的政治教育等。正如聂荣臻指出:"边区子弟兵又是一个大家庭,同志间有超过兄弟的亲爱与革命团结,有互助互救互相批评的传统作风,关心每个青年的健康与进步,使他们不仅成为最好的战士与公民,还要努力培养他们成为富有军政经验品质俱优的干部。"②

三、晋察冀边区"子弟兵"的基本内涵

(一)中国共产党领导下的人民军队

金观涛、刘青峰的《开放中的变迁:再论中国社会超稳定结构》中关于党对军队的领导有精彩的论述:"在新文化运动期间,中国军人目空一切,根本不把新诞生的'主义'放在眼里,军阀中几乎没有人意识到一种重新驾驭军队的巨大

---

① 《预备兵政治教材　第四课　团结友爱》,《晋察冀日报》1942 年 11 月 1 日。
② 聂荣臻:《边区子弟兵与边区青年——为纪念五四中国青年节而作》,《晋察冀日报》1941年 5 月 4 日。

力量正在被制造出来,这就是列宁主义政党。"①经过大革命的失败和土地革命十年斗争的磨炼,中国共产党认识到拥有军队领导权的重要性。彭德怀在1937年7月红军中召开的党的高级干部会议上旗帜鲜明地指出:"改编后的中心问题——保障共产党的单一领导。"②1938年11月毛泽东在《战争和战略问题》一文中形象地指出:"我们的原则是党指挥枪,而决不容许枪指挥党。"③红军主力部队改编为八路军后,中央对常以八路军的面目出现在群众面前而代替了党的领导表示过担忧,《周恩来、刘少奇关于动员群众与独立自主地领导群众的指示》中特别指出,"以共产党代表的面目在群众中出现,不要使群众只看见八路军看不见党"④。1938年4月,聂荣臻在晋察冀边区第一次代表大会上总结几个月来支持华北抗战时,指出八路军干部带动和发展武装力量的同时,强调"虽然在平汉路东,八路军干部较少,但是他们能够采取八路军的制度与方法,效仿八路军的精神,成绩也都很好,因为有我们的党"⑤。聂荣臻的这段话揭示出一个真理,那就是八路军发展武装力量有其优势,但关键还在于有党的领导,党不仅能创造八路军这样的队伍,还能创造出一支拥有八路军精神的武装力量。胡耀邦在《目前八路军部队中建设党的几个问题》中有深刻的总结:"共产党是八路军的核心,是八路军一切政治工作的灵魂。"⑥萧向荣在《第八路军 第二部分 抗战三年来八路军的英勇战绩》中论及八路军之所以能完成上述诸条件,而获取这英勇的战绩,"是由于八路军是在中国共产党领导下,并且坚决实行了中国共产党的正确的政治路线"⑦。

① 金观涛、刘青峰:《开放中的变迁:再论中国社会超稳定结构》,法律出版社2010年版,第247页。
② 裘克人、蒋乾麟、续建宜主编:《无产阶级军队政治工作思想的形成与发展》,上海人民出版社1994年版,第109页。
③ 《毛泽东选集》第二卷,人民出版社1991年版,第547页。
④ 《晋察冀抗日根据地》史料丛书编审委员会、中央档案馆编:《晋察冀抗日根据地 第一册(文献选编 上)》,中共党史资料出版社1989年版,第52页。
⑤ 《晋察冀抗日根据地》史料丛书编审委员会、中央档案馆编:《晋察冀抗日根据地 第一册(文献选编 上)》,中共党史资料出版社1989年版,第113页。
⑥ 胡耀邦:《目前八路军部队中建设党的几个问题》,《八路军军政杂志》1939年第1卷第5期。
⑦ 萧向荣:《第八路军 第二部分 抗战三年来八路军的英勇战绩》,《八路军军政杂志》1940年第2卷第7期。

因此,主力部队是八路军的晋察冀边区"子弟兵",中国共产党对其有绝对的领导权。从朱良才的《晋察冀一年来创造模范党军铁军工作概述》(1941 年 6 月 25 日)一文来看,八路军总部向晋察冀军区提出创造党军铁军的号召,晋察冀军区在党对部队的绝对领导方面的成绩主要有以下几点:一是党在军队中的审查工作取得实质效果。"一年来由于条件不合共产党员的标准,被洗刷开除的共有四百二十三名。"二是在军队中党员的比重不断增加。发展党员严格按照手续,"过万名新战士补充入部队之后,党员数量的百分比仍能保证一定数量,去年六月份为百分之三十强,而今年五月份则为百分之三十三强"①。三是党员的模范作用突显。"在子弟兵团中党员才占三分之一,但是在战斗中牺牲的,共产党员却占十分之六"②;"党员战斗伤亡比例数超过党员在部队中比例数很大,个别战斗党员伤亡竟占全体百分之八十以上"③。纵观全文,晋察冀创造模范党军铁军是在中国共产党领导下进行的一次实践活动,"子弟兵"中党员的表现充分体现了党对"子弟兵"的绝对领导权。党对"子弟兵"的绝对领导是不可撼动的,因为中国共产党深刻明白"共产党员不争个人的兵权(决不能争,再也不要学张国焘),但要争党的兵权,要争人民的兵权"④,"没有一个人民的军队,便没有人民的一切"⑤。

中国共产党领导的子弟兵又是人民的军队。边区子弟兵为保卫边区人民而战,其成员来源于边区优秀青年子弟,处处为边区人民群众着想。经过抗日战争考验,边区人民群众已经深深认同着、关心着这支边区子弟兵部队。李勇的《因为你们是咱们自己的军队》一文,讲述房东老太太对驻扎在自己家中的子弟兵的看法,"该修畦了,他就到连部里说:'指导员,请派几个同志帮我修畦去吧。'她底态度很爽直,爬满了皱纹的脸上,露出了愉快的笑容。过了几天,该下种子了,她说:'指导员,还得麻烦你们,给我下下种子去吧,还得浇浇水呢!''没有关

①　河北省社会科学院历史研究所等编:《晋察冀抗日根据地史料选编》(下册),河北人民出版社 1983 年版,第 92 页。

②　李公朴:《华北敌后——晋察冀》,生活·读书·新知三联书店 1979 年版,第 167 页。

③　河北省社会科学院历史研究所等编:《晋察冀抗日根据地史料选编》(下册),河北人民出版社 1983 年版,第 93 页。

④　《毛泽东选集》第二卷,人民出版社 1991 年版,第 546 页。

⑤　《毛泽东选集》第三卷,人民出版社 1991 年版,第 1074 页。

系,边区子弟兵,应该帮助边区人民的呀!'指导员回答着。'嘿! 就是因为你们是咱们自己的军队,我才不客气呀!'"①边区子弟兵就是咱们自己的军队,深入老百姓心间,才会有房东老太太多次找子弟兵干活,而子弟兵又能不厌其烦地帮助房东老太太做事,这样军民关系才会持续良性发展。正如《预备兵政治教材 第三课 子弟兵的来历怎样? 为什么叫子弟兵?》中所指出:"边区的青年弟兄们,看到这支年轻活泼的八路军,抗日坚决,作战勇敢,处处为老乡们做事,内部官兵平等,不打不骂,人人读书,不学流氓,更是格外兴奋,他们把八路军当做自己的亲密伙伴。在不断的抗日斗争中,他们更以自己的实际行动——参加八路军,爱护和抚育了自己的伙伴,让他很快的坚强壮大起来,成为保护边区的唯一的武装力量。这样边区人民就把这支被自己的子弟壮大了的队伍称呼为子弟兵了。更由于他在作战的时候是无比的坚决顽强。所以有时把他称呼为铁的子弟兵。"②

(二)"官兵一致、相互友爱"的军队

中国古时兵家在官兵关系方面有独到的见解。例如《司马法·严位》中记载:"凡胜,三军一人,胜。"《教战》中指出:"使一人学战,教成,合之十人;十人学战,教成,合之百人……大战之法,教成,合之百万之人众。"古兵家所谓官兵关系所追求的是上下协调配合有素的军事动作,如教戒为先、诛罚在后,将帅以身作则、与士卒同甘共苦、尊重士卒的人格与才能、赏罚分明等,都带有一定程度的民主性的精神与科学管理、科学运筹的方法,以此来同仇敌忾、立功杀敌和报效国家。然而古兵学所提出的官兵关系的方略,终极目标都是为封建统治阶级服务。因此,当真正有一支官兵一致的军队出现时,难免会引起困惑。例如梁玉章回忆:"八路军都穿着一样的衣服,吃一样的饭,所以我们分不清谁是官谁是兵,只能从佩戴的武器上来区分。当时我们认为身背长枪的是兵,身挂驳壳枪的是连长,拿短枪的是营长或团长。但身挂短枪的长官,他们从不打骂士兵,这使我们感到很新奇。"③

---

① 李勇:《因为你们是咱们自己的军队》,《晋察冀日报》1942 年 6 月 26 日。

② 《预备兵政治教材 第三课 子弟兵的来历怎样? 为什么叫子弟兵》,《晋察冀日报》1942 年 9 月 1 日。

③ 梁玉章:《山乡烽火:我的抗日战争回忆录》,长征出版社 2005 年版,第 23 页。

　　南昌起义时,中共前敌委员会就要求党团员和干部身先士卒、模范带头,与士兵同甘共苦,以至于党员最多的起义部队的干部和战士斗志旺盛、英勇善战。红军第四军第九次代表大会决议案中明确指出红军"官兵之间只有职务的分别,没有阶级的分别,官长不是剥削阶级,士兵不是被剥削阶级",规定"坚决废止肉刑""废止辱骂""优待伤病兵"三项原则。1937年9月29日,毛泽东在《国共合作成立后的迫切任务》一文中指出,"国民党军队的制度不适宜于执行彻底战胜日寇的任务,不适宜于顺利地执行三民主义和革命纲领,必须加以改变,这在三个月来的抗战教训中已经证明了。改变的原则就是实行官兵一致、军民一致"①,并特别强调中国共产党领导的红军起先锋队作用主要的是肃清了军队内部的封建主义,实行了官兵一致和军民一致的原则。1937年10月,毛泽东在会见英国记者贝特兰时第一次明确提出官兵一致原则,将其与军民一致、瓦解敌军共同作为政治工作的基本原则。他指出:"官兵一致的原则,这就是在军队中肃清封建主义,废除打骂制度,建立自觉纪律,实行同甘共苦的生活,因此全军是团结一致的。"②《陕甘宁边区实录》中对"官兵一致"中"所谓一致"有这样的解释:首先是彻底消灭了打骂制度;第二是民主精神的发扬;第三是指战员与战斗员,同甘共苦,穿一样的衣服,吃一样的菜饭;第四是经济公开。归结一句话,在这个队伍里,根本肃清了封建制度。③ 朱德总司令在官兵一致方面起到率先模范作用。白彦回忆看过黄子冈的《我看见了八路军》,认为写朱总司令打篮球那段最生动,朱总司令"同小鬼们站队报数,他在十名之下没有选上,也象平凡人一样退出了场,后来有一个小鬼自愿退出来,让总司令补上去,他才又脱下衣服上了场,一样满场跑来跑去抢球,并没有专门站在敌方的球篮下等待投球。就在这件小事情上,说明我们共产党领导的队伍官兵政治上的平等和友爱的一致"④。作为子弟兵的总司令,朱德在日常生活中都遵循官兵一致原则,这肯定是具有模

　　① 中共中央文献研究室、中央档案馆编:《建党以来重要文献选编(一九二一——一九四九)》第十四册,中央文献出版社2011年版,第555页。
　　② 《毛泽东选集》第二卷,人民出版社1991年版,第379页。
　　③ 参见《红色档案——延安时期文献档案汇编》编委会编纂:《陕甘宁边区实录》,陕西人民出版社2013年版,第172页。
　　④ 中国人民解放军文艺史料编辑部编:《中国人民解放军文艺史料选编　抗日战争时期》第3册,解放军出版社1988年版,第245页。

范带头作用,也是子弟兵官兵一致的最生动体现。叶季壮的《第七部分 八路军的后方勤务工作》一文,从后勤供给方面对八路军官兵一致进行记述:"八路军是官兵待遇平等的军队,它不是采用差别特殊的薪饷制,它实行一般说来无大差别的津贴制,从总司令到一般战士,不过是五元与一元的差别而已。其余如给养、被服等项,则是一律的。因此,八路军的经费,除军事用费(如日常办公、购置医药卫生材料、通讯器材以及部分的弹药武器等等)外,全部用在保障部队生活上面。"①子弟兵官兵一致,打破旧式军队森严的等级制度,在军队内部建立起民主平等的上下级关系。《英雄的晋察冀子弟兵》一书有这样的记录:"抗日的兵可和从前的兵不一样,人人都得叫武装同志,或是抗日战士。他们和长官平起平坐,吃穿一样;长官把当兵的,当做自己家里的人,想法儿教他们念书,写字,开讨论会,游艺会,唱歌,还给他们上讲堂讲书,正是干不了几个月,就变成通文识理的人。"②"旧社会统治阶级有一句立身处世的'格言',就是:'人不为己,天诛地灭!'他们是做到了这一点的!革命军队、革命战争改造了社会也改造了人;我们晋察冀的子弟兵,我们八路军和新四军,有一句新的格言,这就是:'一人为大家,大家为一人。'我们人民的子弟兵是光辉地实践了这个格言的。"③官兵平等激发了子弟兵战士大无畏的革命牺牲主义精神,在人格塑造上实现了革新换貌。冀中军区政治部印《战士政治教育基本教材》第三课中对官兵一致有辩证的看法,课文中指出:"在我们部队里,有严格的自觉的纪律,又有一定的民主生活,一方面都要遵守纪律,服从上级命令指示,不允许极端民主化的倾向;另一方面,下级有意见可以提出,如不能解决还可以越级控告,上级不许打骂侮辱压迫下级,大家在政治上是平等的,在生活上基本上是一致的,账目公开,伙食由大家管理。因此上下一心,官兵一致,成为一支百战百胜不可战胜的军队。"④子弟兵战士相互友爱,体现在方方面面,例如与疾病斗争,战士们互相监督不吃生冷,组织卫生突击队,经常慰问伤病员,发动物质上的帮助,也在实际上帮助伤病员取

---

① 叶季壮:《第七部分 八路军的后方勤务工作》,《八路军军政杂志》1941年第3卷第1期。
② 《走,当兵去!》,《抗敌报》1939年7月15日。
③ 《英雄的晋察冀子弟兵》,八路军留守兵团政治部1944年版,第10页。
④ 冀中军区政治部:《冀中军区政治部印〈战士政治教育基本教材〉》,河北档案馆藏,档案号:004-01-025-002。

药、烧水,像兄弟般的高度友爱,使得伤病员忘记了痛苦。① 也正如朱牧在《谈谈"课外活动"》一文中概括的:"这种生活就使得人们完全不感到旧社会那些精神苦闷和受限制的现象。这种生活是民主的,自愿的,不管是战士干部都在一起兴高采烈的参加,不受拘束的。这种生活也就表示着八路军这个军队的特点。"② 该文最后还指出,子弟兵生活是团结紧张活泼严肃的,与旧军队无聊的晒太阳、打架斗殴和嫖赌的那套格格不入。

(三)"子弟兵"是抗日的军队

抗战年代,中国共产党对"子弟兵"绝对领导,党的领导贯穿于"子弟兵"建设的始终,这些均是为了抗击日本侵略,为了民族和人民的利益。子弟兵是真正的抗日军队,可以从三方面来看。

第一,日寇方的困恼。汤泽汉男(敌酋日本驻华派遣军最高顾问)对共产党八路军有这样的评论:"对其讨伐是相当之困难","彼等在民众组织,民间工作上,发挥了使人敬佩的手段——这种共产军的跋扈,在将来治安工作上,应当看作最严重问题"。③ 冈村宁次也发表过同样的感慨:"共军的确长于谍报(在其本国以内),而且足智多谋,故经常出现我小部队被全歼的惨状。"④朝枝繁春对第一期晋中作战的忆述:"八路军的抗战士气甚为旺盛,共产地区的居民,一齐动手支援八路军,连妇女、儿童也用竹篓帮助运送手榴弹。我方有的部队,往往冷不防被手持大刀的敌人包围袭击而陷入苦战。"⑤试问如果共产党领导的军队不对日军造成危险,这些日寇头目会有如此困恼?

第二,投降派的丑恶。1943 年 8 月 13 日,《毛泽东关于国民党军队准备进攻陕甘宁边区阴谋被揭穿后的形势与斗争对策致各中央局等电》中指出:"在华北、华中五十六万伪军均为共产党所抗击,国民党对之一枪不打。日本政府公开发表诱降声明,蒋介石连一个文字的驳斥也没有。蒋的部下大批的和日本特务

---

① 参见《创造青年大力士》,《晋察冀日报》1942 年 12 月 22 日。
② 朱牧:《谈谈"课外活动"》,《晋察冀日报》1941 年 5 月 21 日。
③ 河北省社会科学院历史研究所等编:《晋察冀抗日根据地史料选编》(上册),河北人民出版社 1983 年版,第 343 页。
④ 黄道炫:《八路为什么值钱》,《团结报》2015 年 11 月 5 日。
⑤ 中国抗日战争军事史料丛书编审委员会编:《中国抗日战争军事史料丛书·八路军·参考资料(7)》,解放军出版社 2015 年版,第 66 页。

人员及汪精卫的人员互相勾结,达到了惊人程度,降敌者日益增多。"①以叶剑英代表的我方所公布的数据为例,"国民党军队真正叛变了几十万,将级军官达六十七名之多,其中最著者例如庞炳勋、孙殿英、孙良诚、公秉藩、陈孝强、吴化文、李长江、王劲哉等都是上将与中将级人物"②。投降派何止于此,晋察冀边区国民党联合办事处高级干部刘子荣、张子美、张华、马毅、邢云程、宋启明等六人,在1943年底日军对北岳区进行冬季残酷"扫荡"期间投敌叛国当了可耻的汉奸。此类事情在国民党处经常发生。

第三,"子弟兵"的战绩。总的来看,仅晋察冀军区成立至1940年7月的战绩就值得称赞,"大小战斗二千二百〇六次,缴获敌人枪支共一三八〇四支,炮五十八门,俘虏日伪军共五〇七二名,伤亡敌人五三三〇一名,毙敌旅团长阿部中将一名"③。具体到某一战役,战绩也十分显著。如在山西省娘子关磨河滩车站战斗中,邓仕均"临危不惧,忍受伤痛,坚持指挥全连与敌激战5个小时,打退日军10余次进攻,毙伤敌200余人,涉水突出重围"④。李公朴对晋察冀边区子弟兵军事斗争胜利有过这样的记录:"关于晋察冀军事胜利的战报,每个报纸上都有着揭载。扫荡敌伪政权,奠定边区基础的是子弟兵团;打死阿部中将、水源旅团长、田中大佐……的是子弟兵团;粉碎日寇一度又一度的进攻和扫荡,在战斗中壮大边区的也是子弟兵团。"⑤

冬学教材之三《开展军民誓约运动》的第十课"爱护抗日军队"中说:"边区子弟兵不仅是英勇善战,不怕牺牲;而且还时刻爱护老百姓、保护老百姓的利益,帮助老百姓解决困难。他们和边区同胞真正像家人父子,血肉相依。"⑥美国学者杰·霍利德在美国《今日中国》杂志发表《新四军》一文,其中有这么一段话:

---

① 中国人民解放军历史资料丛书编审委员会编:《八路军·文献》,解放军出版社1994年版,第943页。

② 《叶剑英选集》,人民出版社1996年版,第79—80页。

③ 河北省社会科学院历史研究所等编:《晋察冀抗日根据地史料选编》(上册),河北人民出版社1983年版,第341页。

④ 《晋察冀边区子弟兵战斗英雄 邓仕均》,《人民日报》2005年11月27日。

⑤ 李公朴:《华北敌后——晋察冀》,生活·读书·新知三联书店1979年版,第161页。

⑥ 《开展军民誓约运动(冬学教材之三)第十课 爱护抗日军队》,《晋察冀日报》1942年1月15日。

"对于不知所措和情绪消沉的人民来说,八路军就是救星。八路军重建了政府行政机构,使华北重新回到祖国的怀抱。八路军取得的一系列引人注目的胜利,使人民增添了勇气,他们确信侵略者是可以战胜的,中国并未输尽。"[1]可谓是从另一个角度解读八路军是抗日军队。由此可见,"子弟兵"是抗日的军队,"不仅成为纵横驰骋于华北原野和日寇作殊死战斗的铁的武装,并且是抗日运动中人民的宣传者与组织者,树立了党在军队中的绝对领导"[2]。

---

[1]　中国新四军和华中抗日根据地研究会编:《国际友人笔下的新四军》,解放军出版社2016年版,第21页。

[2]　河北省社会科学院历史研究所等编:《晋察冀抗日根据地史料选编》(上册),河北人民出版社1983年版,第341—342页。

第二章　话语支撑

——新战士的成长

《晋察冀日报》构建"子弟兵"话语体系,离不开一些基本的支撑要素。马克思指出:"语言是一种实践的、既为别人存在因而也为我自身而存在的、现实的意识。"①新战士在子弟兵部队中作为特殊的群体存在,又恰恰成为他人观察子弟兵的最好群体。晋察冀边区子弟兵新战士这一群体的出现,既成为晋察冀边区子弟兵发展壮大的必要支撑要素,也构成"子弟兵"话语体系发展的重要载体力量。晋察冀边区子弟兵新战士的来源、在部队中的表现以及作为子弟兵的崭新力量的影响力等,这是构建"子弟兵"话语体系最核心的支撑。沿着这一思路,还要进一步深入考察什么力量在影响着晋察冀边区子弟兵新战士成长,呈现《晋察冀日报》对"子弟兵"话语体系建构的逻辑图层。

一、新战士的来源

这里所指的新战士,并不仅是阎锡山所要塑造的"新战士"(能打死敌人,能保护人民)②,而更多从来源、动机考察其新,这是子弟兵新战士的重要特点。

(一)群体来源:边区优秀青年子弟

边区优秀青年子弟是晋察冀边区子弟兵的重要组成,中国共产党子弟兵部队在招收新战士时有严格的标准。1937 年 12 月 22 日,《中共中央军委总政治部关于新战士教育工作的指示》中指出:"进行新战士中的检举工作,淘汰老小

---

① 《马克思恩格斯文集》第 1 卷,人民出版社 2009 年版,第 533 页。
② 参见阎锡山:《建军的理论与实施》,第二战区司令长官司令部政治部 1939 年编印,第 41 页。

弱病及烟瘾深的,经过解释洗刷之;对于烟瘾不深的,应即集中或编任。加强新战士的锄奸工作,检举与防止汉奸、坏分子混入破坏。"①1939 年 2 月 14 日,《朱德、彭德怀关于取消勤务员的训令》中明确规定:"严格禁止滥收十七岁以下幼小者青年,违者处罚。"②1940 年 1 月 20 日,《冀中区政治主任公署关于加紧扩兵的突击计划指示信》中强调:"新战士的年龄,要在 35 岁以下,17 岁以上,身体健康,无疾病,并保证质量上的纯洁,非地痞流氓分子。"③新战士的年龄、身体和政治状况都是在扩兵中必须认真审查的,各地在新战士年龄要求有所不同,例如山东"扩兵标准:(1)主力军年龄一般 17—32[岁];17 岁要身体发育好的。30—35[岁]一[般]亦要,可在地方军中调剂"④,但对身体健康和政治过硬方面要求相似,同样以山东为例,"残疾,有严重衰弱(如痨病),发育不良不能支持军队工作的,有严重疾病的(如花柳病等)不要。(3)汉奸不要,兵痞不要(即专做兵痞子,在那里当兵当不长)"⑤。虽然在实际操作中,边区基层干部一般能采用政治动员方式来宣传鼓动,但还是会存在"只求量超过,没有太注意质(年龄、身体)的是否合适"⑥,中国共产党军队中还有严格的甄别、筛选等工作,确保留下来的边区子弟兵足够优秀。

从整体上看,"我们的兵都是好人,流氓、地痞、兵痞、有暗疾、抽大烟的一律不要,子弟兵已经是一个最光荣的称号了"⑦。1941 年 5 月 4 日,《晋察冀日报》发表聂荣臻的《边区子弟兵与边区青年——为纪念五四中国青年节而作》一文,该文开篇指出:"边区子弟兵是边区人民的优秀子弟,是边区青年的革命武装队

---

①　中国人民解放军历史资料丛书编审委员会编:《八路军·文献》,解放军出版社 1994 年版,第 121 页。

②　中国人民解放军历史资料丛书编审委员会编:《八路军·文献》,解放军出版社 1994 年版,第 297 页。

③　中共河北省委党史研究室编:《冀中历史文献选编》(上),中共党史出版社 1994 年版,第 78—79 页。

④　常连霆主编,中共山东省委党史研究室、山东省中共党史学会编:《山东党史资料文库》第 12 卷,山东人民出版社 2015 年版,第 55 页。

⑤　常连霆主编,中共山东省委党史研究室、山东省中共党史学会编:《山东党史资料文库》第 12 卷,山东人民出版社 2015 年版,第 55 页。

⑥　《动员战士竞赛　阜平农会的响亮回答》,《抗敌报》1939 年 8 月 10 日。

⑦　《晋察冀抗日根据地》史料丛书编审委员会、中央档案馆编:《晋察冀抗日根据地　第一册(文献选编　下)》,中共党史资料出版社 1989 年版,第 761 页。

伍,是八路军中一支有□的青年部队。因为在子弟兵成员中,占有比数百分之七十以上的青年。这些青年战士们,无论在战斗中,工作中,生活中,学习中,思想意识锻炼上,军政文化水平提高上,都高度发扬了青年那种勇敢、健壮、活泼、积极的模范先锋精神,日益发展与进步,推动整个部队也不断的强大起来。边区子弟兵与边区青年,有不可分离的关系。"①从边区各县参军动员情况看,阜平县向各县挑战提出"成份——保证青年占三分之一。工农占十分之八"②。从个案上看,通过狼牙山五壮士、回民英雄马本斋、爆炸大王李勇以及冀中的地道战、白洋淀的雁翎队等经典形象的不断建构和传播,晋察冀边区子弟兵已经近乎"神话般"了。当平山团子弟兵王家川英勇牺牲后,又有一个叫王三子的年轻人报名参加子弟兵并说:"俺是来补我哥哥王家川的名字的,俺哥哥在一楼子牺牲了,俺没有名字,就叫王家川吧。"当告诉他战斗英雄王家川已经登入烈士表,要求另填名字时,王三子"一定得叫王家川","如果一天我和日本鬼子拼了的时候,我的弟弟来补我的名字,还要叫王家川呢!"③

(二)政治攻势:反正参加"子弟兵"

抗日战争是中日之间的持久战,也是中日双方为争夺人力的战争。1938年8月23日,《抗敌报》发表社论《欢迎伪军反正》,分析伪军纷纷反正的原因在于全国各党派的空前团结,使全国大多数民众有了抗战胜利的信心,号召尚未反正伪军同胞回到祖国的旗帜下。1938年8月25日,《抗敌报》对驻满城的石振声部四百余人脱离敌人束缚反正进行报道。1939年10月2日,《中共中央军委总政治部关于日伪军工作的训令》指出:对伪军工作"反正和瓦解同时并进,能争取反正者争取之,尚不能反正者则瓦解其下层";"对伪军除散布宣传品外,还应培养一批专门人员打入到伪军中去建立抗日的堡垒"。④ 说明中国共产党争取伪军反正并不单方期望伪军反正,而是采用打和拉这两种方式的结合。陈毅在《关于晋察冀边区党的武装动员工作的总结》中指出:"第一种,是在边区政权直

---

① 聂荣臻:《边区子弟兵与边区青年——为纪念五四中国青年节而作》,《晋察冀日报》1941年5月4日。

② 《为超过动员计划四分之三 阜平英勇地向各县挑战》,《抗敌报》1939年9月1日。

③ 刘英奇:《王家川没有死》,《抗敌报》1939年5月30日。

④ 中国人民解放军历史资料丛书编审委员会编:《八路军·文献》,解放军出版社1994年版,第389页。

接管辖下的地区即巩固区,边区称这种区域为内线。第二种地区是在敌人军事力量控制之下的地区,即游击区,边区称这种区域为外线";"在第二种地区的口号是:'中国人不当日本兵''反对日本鬼子强迫抽壮丁到关外,当牛马,当炮灰''组织游击队,配合主力打走日本鬼子''参加游击队不受鬼子的欺骗压迫''参加游击队保障生命财产安全'等"。① 从对外线采用不同的宣传鼓动口号来看,中国共产党在促使伪军反正方面下了很多硬功夫。抗战进入相持阶段,日寇兵力愈不足愈加紧组织和利用伪军,积极加紧伪军工作以打破敌人的阴谋成为异常严重的任务。1940 年 1 月 19 日,《傅钟、陆定一关于加强对伪军工作的指示》中强调:"1. 促成反对当伪军的热潮。2. 动员敌占区青年壮丁到抗日根据地参加做抗日工作,不给敌人调去。3. 对有可能被敌人抽去的壮丁青年,设法逃避抽丁,或被抽去后在其中进行瓦解。4. 调查登记被敌人训练的壮丁青年,使被抽受敌训练后,回[来]受抗战训练。5. 选择一批壮丁青年,给予特别训练,使之成为兵运人才,潜伏等待,准备乘机打入。6. 对正在成立的一切伪军和工作等,应加强争取和瓦解工作。"② 在如此周密布置下,一方面直接动员敌占区青年壮丁参加抗日军队,另一方面做好争取和瓦解的细致工作,积极主动地开展伪军反正工作。

1938—1939 年,《抗敌报》主要报道全国各地伪军反正情况,部分情况如表2-1 所示。

表 2-1　1938—1939 年《抗敌报》报道伪军反正情况一览表③

时间	信息来源	标题	原因
1938 年 8 月 21 日	香港 17 日电	辽宁伪军四千人杀敌反正	因不堪日军虐待
1938 年 12 月 4 日	苏联 3 日广播	反正伪军达六万余	中国人不打中国人

① 政协河北省委员会编:《晋察冀抗日根据地史料汇编》(上),河北人民出版社 2015 年版,第479 页。

② 中国人民解放军历史资料丛书编审委员会编:《八路军·文献》,解放军出版社 1994 年版,第 450—451 页。

③ 资料来源于《抗敌报》相关报道。

续表

时间	信息来源	标题	原因
1939年7月9日	晋察冀社讯27日	保定伪军百余反正 三日军也自动投诚	不打日本鬼子是活不了命的
1939年7月31日	中央社英德28日电	一百九十名好男儿反正过来了	多不甘受敌利用
1939年8月18日	中央社山东某地16日电	山东韩黄两部伪军二千五百多反正 改编后待机杀敌	伪军被我击溃后,军心极为动摇,连日反正者居多

在认识到日军利用伪军充当炮灰,大量伪军抓住时机进行反正的形势下,活跃在晋察冀边区及其周围的伪军也发生了动摇,在晋察冀边区广大干部的不懈努力下,伪军反正也大量出现。例如《晋察冀日报》刊登《冀东密云伪军千余人反正》一文,该文如下:

> 香港十八日电:津讯:驻冀东密云石匣镇、古北口一带之伪军千余人,上月中旬反正,并与国军联合,将平古路路基破坏多段,敌骑兵千余闻讯来犯,当在南天门遭遇激战,毙敌五百余名,虏获械弹极多。①

这是对伪军反正自觉与日军进行激战的典型报道。如果说这篇报道似乎少了我方对伪军反正的引导,那么高巍的《雁北伪军的反正》,对雁北伪军反正的原因有较为深入的探析。《雁北伪军的反正》一文中这样写道:"在这个伟大胜利的震撼下,灵丘城内的敌人准备逃窜,古沱河敌人畏缩不前,战泉岭邵家庄的敌人,听到了南坡头被我攻下后,紧张的聚在一起抱头痛哭,更使他们抬不起头的,是几次中,从各村里看一些抗敌报,知道了百团大战的胜利和伪军纷纷反正的消息。在另一方面,有些伪军们读了十八集团军优待反正伪军的布告,双十纲领中不没收伪军家产的规定后,更深深的感到祖国的温暖。在这样的刺激下,十月二十六日晚上,驻邵家庄的二十八个伪军掉转枪头杀了那些个刽子手日本指

---

① 《冀东密云伪军千余人反正》,《晋察冀日报》1940年11月17日。

挥官,高举起祖国的旗帜,回到祖国的怀抱里了。"①这篇文章写到了战绩,我方的战绩,对伪军产生重要影响,加上我军对待反正伪军的态度中肯,才是诱发伪军反正的重要因素。另外一篇社论《伪军反正的浪潮》则直接指明我军引导伪军反正的态度和方法。该社论指出:"去年(笔者注:1941年)陕甘宁边区施政纲领第二十条优待俘虏政策'对于在战斗中被俘伪军官兵,不问其情况如何,一律施行宽大政策。其愿参加抗战者收容并优待之,不愿者释放之,一律不得加以杀害'的决定,曾在伪军中起了很大的影响。太平洋战争爆发后,十八集团军总司令部告伪军书更清楚的指出'中国现在积极准备施行大规模战略反攻,收复一切失地。诸位如能弃暗投明,回到祖国怀抱,参加抗日工作,我们当竭诚欢迎'。近日各地伪军纷纷杀敌易帜,也就是对这个号召的响亮回答。"②这就与日寇对待伪军形成了鲜明的对比,"一个伪民教员说:'到底八路军还是中国人,不仅不丢尸首,还买了个棺材!'伪军说:'咱们死了,鬼子连问都不问!'"③自然在有利时机,伪军会大量反正。

二、"大家庭"对新战士的影响

晋察冀子弟兵新战士由边区优秀子弟组成,一改参军前散漫无组织的状况,变成严肃的有纪律有组织的集团生活,难免会有不适应的问题。1937年12月22日,《中共中央军委总政治部关于新战士教育工作的指示》中强调:"动员新战士发扬阶级友爱,帮助新战士学习,解决新战士的困难,并举行欢迎工作";"动员新战士写信回家与家属发生密切关系,对家庭困难应随时向当地政府提出意见,求得相当的解决,这一工作对巩固新战士有重大意义"。④借助家庭影响,并在军营中营造"大家庭"氛围,进一步巩固新战士思想,促使新战士向熟练战士的转变,这是中国共产党对晋察冀子弟兵新战士塑造的重要方式。

---

① 高巍:《雁北伪军的反正》,《晋察冀日报》1940年12月19日。
② 《伪军反正的浪潮》,《晋察冀日报》1942年1月27日。
③ 野明:《活动在完县平原的子弟兵》,《晋察冀日报》1944年4月23日。
④ 中国人民解放军历史资料丛书编审委员会编:《八路军·文献》,解放军出版社1994年版,第121页。

（一）父母对新战士的教导

边区老百姓送自己的儿子参加边区子弟兵，并不是子弟进入部队就完事了，这种亲情联系并非因为战争而割断，反而正是因为战争会变得更加密切。"在中国人的社会生活中，亲情是最重要的联系纽带，是人们奋斗的精神支柱，重视亲情被视为中华民族的最大特点。"①红军时期，在列宁室中专门成立红军家属通讯处，每月替苏区红色战士写两封信回家。② 正因为战事，边区青年加入子弟兵队伍离开家，通信成为新战士向亲人汇报最近状况避免亲人挂念的最好办法。《晋察冀日报》副刊《子弟兵》（第二期）全文刊登新战士孙国杰写给其父亲的一封家书，原文如下：

父亲大人膝下：

儿等打从县里新兵营出发以后，到现在一个多月了。路上通过敌人封锁线，还帮助乡亲们背了一程粮食，可是并没有一个掉队和落伍的，很安全的来到了这里，尤其到了主力团以后，老同志很是高兴，都到村外接我们。在班里，老同志对我们团结友爱，就是和亲兄弟一样。一位朱同志，只有一双新鞋送给我了。每天连的首长三番两次来照看我们，问长问短，指导员可是对新同志亲热，这是真正的上级顾虑我们呀。

再者就是冯宝妮，我早就说他没出息，可不是吗，他给咱们丢人，同志们都欢天喜地，他偏偏愁眉不展整天想家。不过连首长没有瞪过眼睛，总是和言和语的说服他，进行教育。可是我却气不公了。顶好请冯二叔打封信说说他，鼓励一番才好。

至于我们每天的生活，经常的是活跃。每天除上课讨论会外，我们不断的不是写字就是演习军事动作，这是我们很高兴的，尤其对于识字课都愿意学，不是几天的光景，在过去一字不识的，到今天已经识到四五十个字。儿在识字课上，前日已从乙组升到甲组了。唱歌子方面，也有了更大的成绩，

---

① 何君安、刘文瑞：《权力、利益、亲情的冲突与嵌合：再论中国社会的差序格局》，《青海社会科学》2013年第3期。
② 参见总政办公厅编：《中国人民解放军政治工作历史资料选编 土地革命战争时期（2）》，解放军出版社2002年版，第496页。

不算学过的,今天几天光景又学习了五六个新的歌子了。儿在军事上各种动作擦枪卸枪打背包一概俱会,不用操心。政治课的学习,我们也跟老战士在一起上了。我们指导员讲书很有精神,他又有许多的好办法,有时叫起我来提问题,我都能答的出。从今以后,儿知道努力用功,不辜负二老的盼望就是了。

前天晚上,全连青年开青年大会,那欢乐的情形真是忘不了。一会就开会了。青年队长总结了一个月工资的优缺点,说我们要竞赛,来接五四青年节。在大会上我说了话,我很高兴。以后大家都提出挑战了。大家都有争取竞赛优胜的决心,当场,我们在一起唱歌子,两个新同志讲他们参加部队的故事。

儿孙国杰敬礼①

从这封信的内容上看,孙国杰急切地把在部队中受到老战士欢迎和连队领导关心等所见和经历与他父亲分享,汇报离开家到部队后所取得的成绩,让亲人放心。从这封信反映的问题来看,绝非所有的新战士都能很快适应部队生活,同村冯宝妮思乡情节重,除了连队首长关心外,冯宝妮的亲人对其鼓励也十分重要。与此同时,《子弟兵》也"欢迎登载抗属给予子弟兵战士的信件,并希望从这些信里,说出对于自己子弟的期望和督责,安慰和鼓励,同时也希望告诉子弟兵关于家乡方面的抗战工作情形或者敌人汉奸祸害的情形"②。然而,大多数边区抗属不识字或识字但不能写信,《子弟兵》编辑部这一期望基本落空,取而代之的是通过刊登大量抗属与新战士交谈的文章来完成。这些文章主旨鲜明,指向以亲情互动激励新战士积极进取。例如《母亲的温存和母亲的嘱咐》一文,有一段新战士赵荣义与母亲的对话,"你在这里要好好的学,做什么要有'主心骨'……你要跑回去,我可不依你!""赵荣义口里咬着饼子说:'娘!您放心吧,不打走鬼子,我是不回家的!'"③邵华峰的《父亲的话》一文,记录了李元喜的父亲来部队看望儿子的场景,父亲向李元喜讲述:"我可叫鬼子欺负得半个多月没

---

① 《一封新战士的家书　报告到部队后的情形》,《晋察冀日报》1941年4月25日。
② 《小启事》,《晋察冀日报》1941年7月17日。
③ 昌:《母亲的温存和母亲的嘱咐》,《晋察冀日报》1942年5月22日。

有敢下山,咱们家里那几只小鸡,还有那口猪,都叫鬼子吃啦!我心痛得好多天都没有睡着……"李元喜同志这样回答:"好!爹,我一定给你出这口气!"①新战士与亲人的交谈更能激发其与敌人的斗争热情,此类受压迫的情景再现鞭策着子弟兵新战士奋勇杀敌。新战士到了部队,父母亲人放心不下儿子来访部队,临走必将千叮万嘱儿子努力学习和好好打仗。例如苏振华的《儿不想家 娘不挂念》一文,讲到新战士齐国立参军入伍后,他的母亲来看望他,他劝母亲不要挂念他,"并且说:'我觉得在部队里比家里还要好,工作很快活,生活也怪不错,上级很爱护我们,新老同志又都像兄弟一样亲热……'他的母亲刚来的时候有点愁眉不展,大概是舍不得离开她的儿子,现在却笑起来了,说:'儿啊!你好好干吧!你既然不想家,我也就不挂念你了,你要好好学习,努力打仗……'"②还有,新战士上战场受伤后,父母亲来看望受伤的儿子,给予鼓励,希望儿子伤好后继续战斗。例如田学文的《父亲和儿子》一文,讲述新战士郝墨臣在秋季反扫荡的战斗中负伤,父亲辛苦地走了五十多里路来看他,告诉郝墨臣"咱家隔壁的你英哥,被鬼子刺伤了好几处,咱们村里最近还被鬼子打死了三个,你说这多么可恶……我年纪老了,只希望你在前线上英勇杀敌;反正是不把鬼子打跑,在家里是过不了好日子……"郝墨臣回答道:"我的病好了以后,我一定回到前方去!爸爸:你知道,我在家的时候,抬担架、放哨,样样没有落在别人的后边,现在到了部队上,一定不能使爸爸失望!"③入伍新战士与父母再次见面,可以用事实破除一切谣言,坚定新战士参军入伍的决心。例如一位敌占区老太太看到很多天没有下雨,外面传"山里不行了,八路军每天只吃八个枣!"觉得要写封信叫她参军的小孩回来,后来她见到了自己的儿子,发现儿子粗壮了不少,她儿子说:"娘,你可别信这些话,那都是鬼子造的谣言","我们队伍里边的同志都很好,闹病的也没有几个"。④ 同时,亲人关注着子弟兵新战士的举动,督促着他们的子弟不能懈怠。例如侯亢的《老爹送回程黑牛》一文,讲述新兵程黑牛没有挂号私自回

① 邵华峰:《父亲的话》,《晋察冀日报》1942年3月29日。
② 苏振华:《儿不想家 娘不挂念》,《晋察冀日报》1941年4月23日。
③ 田学文:《父亲和儿子》,《晋察冀日报》1942年2月24日。
④ 席永林:《看见了儿子和八路军铁骑兵——记一个敌占区老太太的谈话》,《晋察冀日报》1942年9月22日。

家,程黑牛的父亲亲自送他回连队。该文真实反映亲人对落后新战士的劝导,程黑牛的父亲教导他的话语有:"只许他这一次,大家伙都原谅他。""再说,日本鬼子还能支持几年,这时候不出来当兵,什么时候出来,莫非等着人家把日本鬼子打出去,自己净享福,没有那回事,这个不当兵,那个不当兵,日本鬼子自己不会走。"①这些话既有表达作为父亲对孩子不争气的愤怒,又通过循循善诱的方法向孩子讲明一定要当兵打走鬼子的原因。

(二)老战士对新战士的帮助

在战争年代,对部队老战士来说,子弟兵新战士的到来,实在是一个好事情,不仅补充新鲜力量,更能带来部队新气象。然而,老战士对新战士的态度好坏关系到新战士融入部队的快慢,也关系到这支部队的凝聚力问题。罗瑞卿在《抗日军队中的政治工作》一书中写道:"为了巩固新战士的工作能够顺利的进行并获得圆满的成绩,就不能仅使这个工作依靠在少数政治工作人员的身上,而应该推动起整个部队的全体人员,尤其是部队中之全体老的战士们来进行这个工作。"②晋察冀子弟兵老战士在生活上、学习上和军事上等方面对新战士有着巨大帮助,具体表现在以下几个方面。

首先,老战士对新战士在生活上的关心和帮助。冯善祥的《愉快的生活着战斗的学习着》有这样的描写:"在欢迎新战士的欢乐晚会上,给新战士们买的枣儿、花生仁,大家一起吃着,互相唱着,笑着","开饭了,老战士借着碗筷,替新战士盛饭,老战士自己少吃,先让新战士吃饱。晚上睡觉,老战士不断起来,给他们盖毯子,恐怕他们着凉"。③ 面对老战士的关心和帮助,新战士刘进国有这样的感受:"队伍里的同志们,比起家里的弟兄们还要亲热,许多老战士,有的衣服,鞋子都破了,自己也舍不得穿(这是为了节省啊!)可是对于刚入伍的新战士,他们都很大方地毫无吝惜地把他们保存很久的衣服、鞋、□拿出来,送给我们穿。夜里站岗,天气很冷,自己的大衣都不穿,让给我们穿上。在吃饭的时候,让

---

① 侯亢:《老爹送回程黑牛》,《晋察冀日报》1942 年 4 月 23 日。
② 罗瑞卿:《抗日军队中的政治工作》,解放社 1938 年版,第 78 页。
③ 冯善祥:《愉快的生活着　战斗的学习着》,《晋察冀日报》1942 年 5 月 22 日。

我们多吃,恐怕我们吃不饱。"①新战士张求写给预备兵刘光远的一封信中讲道:"老战士对待新战士那种亲近真使我参加时候感动。我们新战士刚入伍,老战士们很早就积极准备欢迎我们,老早就制了许多东西送我们。棉被、军衣,公家都发了,就连手巾、□子、牙刷、牙粉,也都替我们准备了,我们一文钱没花,什么应用的东西,都置备齐全了。还有连队老同志们,还费心替我们每人制一双木筷,还有的老战士看见新战士同志没有新鞋,他们很大力从包裹里把他们的新鞋都送给了新战士,另外在我们刚入部队一个多月,上级就没有叫我们出差。譬如背粮、打柴啦,老战士不让我们去,但是大家谁也要争着去。什么勤务都要让我们少摊,那管打饭、打菜、打开水这种细小的事情,也都不叫我们去做——可是我们心里真有点不安哩!"②可以说,老战士从新战士加入部队之前开始准备,热烈欢迎新战士,从物质上和精神上倾尽所能关心和帮助新战士,消除新战士来到陌生环境的孤独。特别是新战士刚到新环境,身体上不适应也需要老战士的照顾。例如新战士健儿写给他母亲的一封信中提到:"刚到部队的那天,因走路累着了,身上发烧,头有点痛,他们见我精神不太好,都很亲切的主动的问我,队长指导员也来安慰我,班里的同志,有的烧水,有的取药,我因吃不下干饭,还特别给煮面汤。当晚正要睡着的时候,班长还把他自己的棉衣偷着轻轻的盖在我身上,他们这亲热的友爱,使我感激得几乎要掉下眼泪。"③人在病中最需要别人的关心和帮助,此时老战士群体对新战士友爱一下子拉进了新老战士的距离。老战士石金喜把对新战士的欢迎场景这样描述:"为了欢迎新战士,在二月份我们连里就发动了募捐。许多同志把自己所有的一点津贴费都拿出来了,也有的把自己的衣服、鞋子、铅笔、笔记本……捐了出来,准备□劳新战士;另外公家也买了些□□,等新战士来到的时候开欢迎会。最近买的那头猪,也长得又肥又大了,连长说过,一定要等□新战士来的时候再杀它。"④特别是在物质紧缺的时候,新战士刚来部队在名册上没有名字,购买物品时会发生不够分的情况,例如发新手

---

① 刘进国:《比家庭要快乐 比兄弟更亲热!——一个新战士的自述》,《晋察冀日报》1942年3月15日。

② 张求:《一个新战士写给预备兵的信》,《晋察冀日报》1942年5月15日。

③ 《健儿入伍后给他母亲的一封信》,《晋察冀日报》1942年3月29日。

④ 石金喜:《欢迎呀,我们新武装起来的弟兄》,《晋察冀日报》1941年4月17日。

巾时"偏偏缺了几个新战士的",老战士会及时站出来,"通讯员陈银定、张福连、司号员蔚芬三个青年异口同声的说:'把我的新手巾给新战士吧,我还有条旧的呢。'"①关键时候和困难时期,更突显这种老战士对新战士的帮助的可贵,更能让新战士体会集体的温暖。

其次,老战士对新战士在学习上的帮助很大。左权的《新战士的军事教育》一文中强调:"一切游戏娱乐都密切的与教育联系起来,一切指挥人员的生活,行动操作与服从命令,遵守纪律,都应成为战士们的模范,处处给战士们良好的影响与模范的教育,并鼓励新战士的学习,嘉奖进步的战士,耐心教育与帮助落后的战士,这样来造成部队中紧张的浓厚的学习空气,使得每一个跨进我军部队的新战士,处处能够得到学习的机会,时时过着学习的生活。"②通常来讲,老战士经过部队加强教育学习历练,自身文化素养要比普通新战士高,部队中老战士与新战士相处的时间较长,对新战士影响最大,老战士在学习方面的言传身教自然会对新战士有重要影响。例如新战士刘进国在信中写道:"在学习上,老战士对于我们的帮助更多更大,他们像哥哥爱护弟弟一样来关心和帮助我们新战士的进步。"③新战士魏万才"在老战士李□□同志的帮助下一礼拜当中学会了一百多个字,他真高兴极了,逢人便说:'我简直是进了抗口大学呀!'"④即便是老战士如寇善卿识字不多,"还是要教给新战士,新战士有不会写的,他就把着人家的手来学写"⑤。老战士和新战士之间"互相帮助,互相研究,学习的情形,非常紧张"⑥。从《晋察冀日报·子弟兵》刊登的子弟兵新战士的文章来看,绝大多数新战士在你追我赶的学习环境下,取得了飞速的成绩。通过老战士们的热情帮助,新战士收获的不仅仅是识字文化水平的提高,而更多是内心被肯定、对未来憧憬的喜悦,从此部队生活更有了志趣,更坚定了抗战必胜的信心。

---

① 杜振佳:《宁愿自己刻苦　不叫新同志有困难》,《晋察冀日报》1942年11月21日。

② 军事科学院《左权军事文选》编辑组编:《左权军事文选》,军事科学出版社2005年版,第121页。

③ 刘进国:《比家庭要快乐　比兄弟更亲热！——一个新战士的自述》,《晋察冀日报》1942年3月15日。

④ 《放牛的孩子进了大学堂》,《晋察冀日报》1941年4月17日。

⑤ 姚远方:《从一个战士看人民的军队》,《北方文化》1946年第2卷第5期。

⑥ 《预备兵政治教材　第五课　努力学习力求进步》,《晋察冀日报》1942年11月13日。

再次,老战士对新战士在军事上的帮助更大。新战士张求在信中指出:"在军事学习上,老战士对我们帮助可就更大哪,他们都打过多少次的仗,不光勇敢、沉着,也真有好本事。他们平时很耐心地教我们一些军事技术,等到作战就更关心照看新战士。我现在参加了两个战斗,已经很会打仗了,和老战士不相上下了。"①克服新战士对战斗的恐惧心理,熟练进行战斗动作,如何进行战场打扫等,新战士亟须听从老战士的指导,也需要跟着老战士到战斗中磨炼。例如新战士张明主动参加军事学习,刚开始他以为还是跑操,后听老战士说要瞄三角,才知道这是练习瞄准的好办法。② 老战士也"须将自己的经验正确而亲切地告诉新战士,使他们牢记,而且随时加以爱护,然后续能迅速地成为和自己共同行动的良好战友"③。因此,新战士渴望从那些老战斗队员中获得克敌制胜的法宝,老战士期望把新战士变成像自己甚至超过自己的战友,两者一拍即合。

马克思曾指出:"一个人的发展取决于和他直接或间接进行交往的其他一切人的发展"④。"子弟兵帮助新战士的多种多样的模范例子是数不尽说不完的。譬如:学习中耐心地帮助新战士学习军事、政治、文化、识字、唱歌,战斗中帮助新战士选择地形地物和射击瞄准;行军中帮助新战士背枪和背包;日常生活中想尽各种方法帮助新战士解决困难,只要是大家能力所能达到的没有不尽力的。"⑤更重要的是,老战士帮助新战士树立自信,"在这些新战士的部队中,一定有许多的老战士及救亡工作的干部,他们是亲身经过许多艰苦的斗争,可以在△会上使他们采取'旧事重提'的办法,作一些过去史事的报告。但是这些并不是简单的把过去的所有的平凡的事情都搬出来,而是把那艰苦奋斗英勇牺牲的故事,日本军阀的残酷,人民武装不屈不挠的斗争……等最可歌可泣的故事来报告,这可以提高战士对敌人的仇恨心理,及牺牲奋斗的决心"⑥。正如陈毅在《关于晋察冀边区党的武装动员工作的总结》中所指出:"在新队伍成立起来以后,立即有计划的使新队伍,跟随着配合着行将编入进去的主力部队行动,建立起相

---

① 张求:《一个新战士写给预备兵的信》,《晋察冀日报》1942 年 5 月 15 日。
② 参见张明:《我现在的感觉》,《晋察冀日报》1942 年 12 月 22 日。
③ 张龙文译:《战场心理与精神教育》,武学书局 1954 年版,第 15 页。
④ 《马克思恩格斯全集》第 3 卷,人民出版社 1960 年版,第 515 页。
⑤ 昂:《谈谈子弟兵中的新战士》,《晋察冀日报》1942 年 1 月 11 日。
⑥ 尔康:《开展新战士的文化娱乐工作》(续登),《抗敌报》1938 年 11 月 25 日。

互联络、参观、联欢,准备在条件成熟时,号召与动员加入到老的主力部队中去。接着就是在新部队和地方上发动一个欢送,而在老部队方面则发动欢迎,巩固新战士情绪,以便胜利的争取补充主力。"①子弟兵老战士对新战士的关心和欢迎,都融于一系列对新战士的思想巩固的活动之中,也是让子弟兵新战士最能直观感受到温暖的行为。甚至是刚入伍的新战士,把在部队的所感所想,分享给身边的人,传递正能量。例如新战士张求写给预备兵刘光远的信里这样评价子弟兵,"八路军是最爱惜人才的,只要你有一点长处,都能让你使出来,我们东村李春怀,他在民兵里就比别人好,现在已经提拔当副班长了,所以先在地方上加紧训练,决不是白干的"②。

与子弟兵新战士和老战士团结友爱关系有显著差别的是,日军新兵备受老兵的欺凌。在生活上,日军新兵被迫为老兵洗饭碗、擦皮鞋、卷绑腿等;在训练上,日军新兵动作稍有错误皮鞭立至,或者罚一点钟的举枪等。总而言之,日军新兵挨打挨骂是家常便饭,人格和人权受到暴力摧残,新兵和老兵的矛盾在不断加深。③ 相对于"每天在日本军队中除了老兵与新兵的对立外,还有'兵油子'(笔者注:够了退伍年限而不许归国,被留在日军军队内审核了三四年以上的士兵)与老兵、新兵的对立"④而言,"为什么在子弟兵中有这种帮助新战士的光荣作风呢? 没有别的,这是由于每个子弟兵的成员,都具有高度的阶级觉悟和政治认识;他们都知道,同志间的利益是完全一致的,没有丝毫可以引起冲突的地方,大家参加子弟兵是为着一个目的——打倒日本法西斯!"⑤

(三)对荣退军人的态度影响着新战士

荣退军人包括荣誉军人和退伍军人。荣退军人是曾经在战场上流过鲜血的先锋战士,也是中国共产党领导的子弟兵队伍中的重要力量。虽然荣退军人已

---

①　政协河北省委员会编:《晋察冀抗日根据地史料汇编》(上),河北人民出版社 2015 年版,第482 页。

②　张求:《一个新战士给预备兵的信》,《晋察冀日报》1942 年 5 月 15 日。

③　参见《新兵的教育和训练》,《晋察冀日报》1942 年 12 月 27 日;黎军:《矛盾在敌军中增长着》,《晋察冀日报》1942 年 12 月 26 日。

④　《敌军中新兵与老兵的对立　延安日本工农学校访问记》,《晋察冀日报》1942 年 5 月29 日。

⑤　昂:《谈谈子弟兵中的新战士》,《晋察冀日报》1942 年 1 月 11 日。

经离开了战斗第一线,但如何对待荣退军人影响着新战士对参军抗日的态度。"为了加强抗战力量的精干与机动性,以稳定人心、安定社会,维系抗日大局,无论是在荣退军人的供给上,还是在荣退军人的组织与管理上,各地大多结合自身情况制定了相应的安抚策略。"

不管是战斗第一线,还是奋战在生产第一线,荣退军人均身体力行地进行着革命斗争工作。朱德总司令在 1942 年 12 月 30 日新年慰问信中指出:"过去退伍军人是冲锋在前的指挥员战斗员,现在又成为生产工作的积极劳动者,过去在战场上流血,现在又在生产中流汗,这种为国家为民族为革命工作而坚决勇敢苦干的精神,全体军人全世界爱好和平的人,都非常称赞。"①子弟兵荣退军人从战场的第一线退出后,并没有颓废、沮丧,依然保持斗志昂扬,激励着子弟兵新战士抗战到底。以 1941 年 5 月平山残废军人回答灵寿残废军人挑战为例,平山残废军人应战条件主要有三个方面,一是消灭驻村附近村庄的熟荒,"开生荒二十亩,种菜园三亩,组织工厂一个,合作社二个,合作食堂一个,每人养蚕二百条";二是学习上,"保证五月底百分之八十以上能识新文字,百分之五十以上读完民众课本一、二、三册,百分之九十以上能了解抗日救国十大纲领、双十纲领以及新民主主义的内容";三是群众纪律方面,"保证每个残员能与群众亲密团结,没有一点打骂群众和违反群众利益的事情发生"。② 平山和灵寿等县残废军人有高涨的生产积极性、学习主动性,促使子弟兵新战士不敢懈怠,更加奋发图强。有的晋察冀边区退伍军人主动拿出多年的积蓄,送给新战士,希望新战士去完成自己未尽的心愿。除了钱等实物方面的无偿捐赠,荣退军人集体写信给前方将士,告诉前方将士后方的情况避免其分心牵挂。1942 年 1 月 14 日《晋察冀日报》刊登《平山县残废军人给前方战士的信》,就是极具代表性的一封鼓励信。信的全文如下:

> 当我们想到你们正在聂司令员英明领导下,遵照着中共中央的指示,胜利的坚持着敌后抗战,我们个个都感到欣慕,个个都摩拳擦掌跃跃欲试,我

---

① 《解放日报社论 号召退伍军人学习杨朝臣》,《晋察冀日报》1943 年 3 月 11 日。
② 《平山残废军人回答挑战 提出应战条件》,《晋察冀日报》1941 年 5 月 22 日。

们真恨我们因了肢体的毁伤,而不能同着你们并肩作战,共同参与日本帝国主义的葬仪,我们只有祝你们更英勇更安心的作战,不要牵记我们,也不要挂念家属,其实,当把我们和抗属的情形告诉你们的时候,你们一定是不但不再有什么挂虑,而且会放心的微笑的!

我们在这里是受着政府的关心,和老百姓的爱护,在这几天来,我们不断的收到政府的团体的老乡的慰劳品、慰问信、贺年片……你们的家属也是一样的收到贺年片、光荣匾、优待粮……并得到数不尽的人力上的帮助,被邀去赴光荣的宴席,这样你们还用分心牵挂吗?最后,以无限的热忱,敬祝你们新春胜利!

平山县残废所全体残员一九四二元旦①

荣退军人群体给子弟兵战士包括新战士一种鼓励,通过陈述自己和抗属受到的尊敬,勉励子弟兵战士英勇作战。1943 年,由平山伤残军人组成的平山荣誉军人学校,用实际行动践行坚持抗战的诺言,在生产节约方面获得了惊人的成绩:"农业生产中,收获的实物已值洋万余元。又帮助老乡种地达千余亩,帮工一千六百余。节省粮食将近一千斤,服抗战勤务二百余工。"②刊登荣退军人个体的心声,是《晋察冀日报》激励子弟兵新战士前进的常用方法。比如不惜版面报道退伍军人杨朝臣,"他不仅用自己的劳力改善了自己的生活,而且时时想到党,想到政府,想到周围的群众。他帮助政府和人民解决困难,去年曾送了一千斤白菜给公家和邻居,并时常挑水送给劳动力不足的人家。他很谦虚地说:'这没有什么,帮助解决困难,是八路军的传统,退伍军人也不应该忘记这个……'"③还比如一只胳膊的罗纪财同志每次都背七八个麦捆儿,一条腿的魏永祥同志帮助老乡做零星活。④ 退伍军人个体的先进行为,较能刻画出退伍军人响应党的号召继续发挥先锋模范作用,把在子弟兵中塑造的作风带到后方生产中来。为此,《晋察冀日报》报道着模范退伍军人的事迹,例如《退伍军人陈宝先 勤劳生产

---

① 《平山县残废军人给前方将士的信》,《晋察冀日报》1942 年 1 月 14 日。
② 《各地荣誉军人报道》,《晋察冀日报》1943 年 7 月 31 日。
③ 《解放日报社论 号召退伍军人学习杨朝臣》,《晋察冀日报》1943 年 3 月 11 日。
④ 参见《积极帮助老乡麦收 荣誉军人永远光荣》,《晋察冀日报》1943 年 7 月 10 日。

做模范》一文,记录了退伍军人陈宝先为开展生产,为积肥不怕天寒到马驿集上来拾粪,在他的带领下,他们村里已没有了游手好闲的人,他有一句劝人律己的信条:"有赖地,没赖粪。"①

抗战时期,中国共产党和边区政府对荣退军人的态度,影响着子弟兵新战士的行为取向和价值判断。《晋察冀日报》通过刊登大量荣退军人的自身感受文章来完成叙事。例如赵伟的《我接到了贺年片——一个退伍军人的记述》,记录了一位退伍军人在旧历年前接到分区首长送给退伍军人的贺年片后,想起了在八路军的生活,又联想到退伍后生活矛盾冲突如"与村长闹别扭""为不值得的一句话和旁人打架"等,最后"我不再悲伤地感到寂寞,因为我没有忘记战斗,我拿起镐,举起铣,我要一镐一铣地加紧生产。我战斗在首长的号召的音波里,我仍然和八路军共同作战在一块土地上"。② 分区首长给退伍军人的贺年片,唤起了退伍军人在子弟兵队伍中生活的美好回忆,离开部队并没有代表战斗的结束,后方大力发展生产也就是对抗日增加一份力量。又如刘矢的《退伍军人赵宝山》一文,讲述赵宝山因肺病退伍回家,当时回家时十分沮丧,后来村里民兵请他给上军事课等,赵宝山慢慢发生变化,从沮丧到积极,再借助村长对赵宝山退伍回村参与各方面的工作的好评,呈现出一个模范退伍军人形象。③ 通过一个个退伍军人的自述,勾勒起即便退出子弟兵战斗队伍也要为抗日贡献自己的力量的远景,更为重要的是为子弟兵新战士描述了日后的奋斗方向。抗战期间,子弟兵的荣退军人有着如此之觉悟,还与中国共产党对荣退军人的有力组织密切相关。一方面,制定编委会荣誉学校组织办法,边区各地相继建立荣誉军人学校,这些荣誉军人学校的创建,是"为了提高他们文化政治水平,发挥他们对抗战的贡献"④,也为提高其"谋生技能"⑤提供了平台;另一方面,运用党报党刊向荣退军人表达慰问和号召。比如1943年1月1日,十八集团军总司令朱德、副总司令彭德怀与野战政治部主任罗瑞卿、副主任陆定一发表《十八集团军总部

---

① 左阳:《退伍军人陈宝先 勤劳生产做模范》,《晋察冀日报》1943年5月6日。

② 赵伟:《我接到了贺年片——一个退伍军人的记述》,《晋察冀日报》1943年3月2日。

③ 参见刘矢:《退伍军人赵宝山》,《晋察冀日报》1943年3月25日。

④ 彬:《专区成立荣誉军人学校》,《晋察冀日报》1941年12月20日。

⑤ 杨兴华:《平西成立荣誉军人学校》,《晋察冀日报》1942年12月9日。

慰问荣誉军人及退伍军人》，在对荣誉军人和退伍军人表示慰问后，向荣退军人提出三项任务："第一，努力生产和工作""第二，帮助地方武装的物质与训练，积极参与民兵的教育与指导工作""第三，与军队、与政权取得密切联系，宣传抗战道理和政府法令，帮助群众切实执行法令的模范"。① 对荣誉军人的组织，落实到实践中就需要切实确保荣誉军人有保障。为此，各专署各军分区政治部组织荣誉军人检查团，对荣誉军人抚恤办法的正确认识以及荣誉军人归属等问题进行检查，确保"有的归还原籍，有的从事生产，有的参加各军政机关工作，至于既不能回籍，又不能生产工作之少数一二等外籍荣誉军人，政府仍继续予以长期抚恤"②。这些具体办法和实实在在的抚恤，有助于解决好子弟兵新战士思想上的某些顾虑，使其在战场上更加英勇战斗。

三、部队对新战士的塑造

新战士来到子弟兵部队，接受军事训练、政治教育、文化学习等多方面的锻造，成为党领导下的模范抗日战士。1938 年 1 月 7 日，陈赓在其日记中曾这样记载："肖永智率新兵 830 余人来补充 772 团。新战士像潮水一样涌到我们部队来。现在的问题是：一、怎样巩固。二、怎样能使其在最短期间成为熟练战士，参加作战。这是我们部队目前最重要的工作，当与叶、谢关于此事谈甚久。"③ 1940 年 7 月，聂荣臻的《在晋察冀军区高级干部会议（娘子神会议）上关于军事问题的报告提纲》中指出："有的由联庄会来，有的由旧军来，有的由地方斗争中来，经过不同的步骤、不同的方式而变成我党领导的武装。如三纵队，初期部队很大而党的基础很薄弱，八路军的各种制度与工作作风不能全部实现，经过相当长时间的教育整理，打下了党的基础，逐渐变为坚强的党军。"④ 对新战士的教育，需要时间长，关键是要始终保证党的领导，注重提高新战士的政治质量，改造旧的

---

① 《十八集团军总部慰问荣誉军人及退伍军人》，《晋察冀日报》1943 年 1 月 1 日。
② 卫川：《荣誉军人检查 各县已陆续完成》，《晋察冀日报》1942 年 9 月 12 日。
③ 《陈赓日记》，解放军出版社 2003 年版，第 50 页。
④ 政协河北省委员会编：《晋察冀抗日根据地史料汇编》（上），河北人民出版社 2015 年版，第 510 页。

品质,在斗争中不断锻炼、培养、淘汰与教育。

(一)军事训练锻造其体魄

子弟兵战士晨起锻炼身体。四分区战士李步田的《战士谣》第四段:"天光亮,起了床,稍息立正学习忙,气势壮,兵威强,追赶日本回东洋。"①从侧面展现出子弟兵战士早起训练的情形。战士张渥民用更详细的文字记录了子弟兵早晨的训练场景:"从早上起,当着司号员刘高基吹出了第一个号音,大家便骨碌碌地起床,虽然天气是那么冷了,但是没有一个睡懒觉的。不一会,西操场上已经飘流着雄壮的歌声和那高亢的一二三四的跑步声,我们的各股长也都参加跑步,绕着大操场,一圈一圈地跑。"②《创造青年大力士》一文对战士们生龙活虎的操场生活这样记录:"他们嚷着'创造青年大力士''锻炼成铜筋铁骨的壮汉',到现在已有半数以上能上杠子、跳过木马,有五分之四跳高在一米以上、跳远在三米以上了。"③另外,从抗属与子弟兵会面情形来看,抗属对自己的子弟身体变壮实十分满意。例如杨岑的《王振华和父亲》一文,讲述父亲抬担架路过儿子王振华所在连的防地,"看见儿子长得那样壮实,心里真有说不出的高兴"④。

子弟兵战士军事技术提升显著。例如"去年靶场射击可以说是枪弹落空,中环者简直稀奇。而今年仅就二连来说,他们都是年岁幼小的青年,却能每人三枪平均在二十环,超过二十六环的有三名,出现了特等射手五名。这种进步该是多么快啊!"⑤军区青年支队第三连张武香在写给武贵哥、淑贵哥的信中谈到其在军事上的进步,"很不错的学会了前进法,侦察法等动作"⑥。有的子弟兵新战士成长为优秀的军事指战员。例如冀中来的新战士才18岁,已经能熟练地指挥一个班进行战斗,"他极熟练而迅速的指挥着他的班,发着射击口令:'上半班前进,下半班掩护,每人三发子弹快放!敌人动摇了,冲啊!'"⑦军事训练中开讨论

---

① 李步田:《战士谣》,《晋察冀日报》1941年7月17日。
② 张渥民:《我们的生活走向了紧张活泼》,《晋察冀日报》1941年12月14日。
③ 《创造青年大力士》,《晋察冀日报》1942年12月22日。
④ 杨岑:《王振华和父亲》,《晋察冀日报》1941年12月14日。
⑤ 飞起:《打靶》,《晋察冀日报》1941年5月21日。
⑥ 张武香:《寄给武贵哥淑贵哥的一封信》,《晋察冀日报》1941年5月16日。
⑦ 炎田:《一个年轻的副班长》,《晋察冀日报》1941年7月3日。

会强化学习效果,从思想上提高运用军事技能。战士张瑶芝用简短的文字记录一次关于瞄准的讨论会。"星期一的晚上,开讨论会,讨论'瞄准的要领'。每个同志都争先恐后的发言。正在热烈时候,我们的排长走进来,参加讨论。他说:'会瞄准才能打倒敌人,会瞄准才能节省子弹。那么每个同志对瞄准的要领一定要认识清楚。'排长问我:'你说:瞄准的要领。'我答:'两腿挺直,小腹收回,胸部挺出,右臂和肩平,左臂往下弓,闭左眼,睁右眼,用缺口找中心,两线并一线,瞄成水平线,瞄于目标中央的下端,这就是瞄准的要领。'"①正是因为有着平时训练的严格和牢牢抓军事技术提升,所以成绩提升相当显著。例如"根据××团统计,在全体特等射手中青年占了百分之七十八,在投弹方面,也是每天练习三次,每周总结一次。在×团里,抽测了一五二人,其中四十米以上者,占三分之一以上"②。上战场前的现场训练是每个新战士的必修课。战斗前,"大家又讨论枪支手榴弹的使用法使新战士增加了不少的军事常识,在接火时,把刚讨论的理论实际应用起来,杀伤了敌人"③。实战中对新战士的历练也十分重要。在雁宿崖战斗中,有一个"新战士使用武器还不熟练,打手榴弹没有五米远而落下了,顺着山坡滚到了自己的脚边,副排长赵炳芝敏捷的拾起来,掷到敌人的阵地"④,有过这种实战经历,新战士日常训练中会更加注意。

(二)政治教育铸造其思想

加强子弟兵队伍的政治教育,把子弟兵战士铸造成具有无产阶级意识的钢铁般战士。红军时期,朱德对新战士进行艰苦的政治工作有充分的认识,指出:"各军团必须依靠现有的或新创办一个短期的教导营,征调三百至四百名积极战士其中多数为党、团员,来接受如何在新战士中进行政治工作和管理教育的训练,训练后即分配去做新战士的工作。"⑤左权在《新战士的军事教育》一文中指出:"要使大批的新战士在短期内训练成为熟练的战士,参加作战,单靠军事教育是不可能的。而必须有紧张的深入的政治教育工作,有恰当的军事政治工作

---

① 张瑶芝:《开讨论会》,《晋察冀日报》1941 年 5 月 16 日。

② 《提高军事技术　战斗中顽强英勇》,《晋察冀日报》1942 年 12 月 22 日。

③ 光:《作战的时候》,《晋察冀日报》1941 年 5 月 16 日。

④ 《雁宿崖的战斗小景》,《抗敌报》1940 年 1 月 1 日。

⑤ 中共中央文献研究室编:《朱德年谱(新编本)(一八八六——一九七六)》(上),中央文献出版社 2006 年版,第 333 页。

之联系。"①在抗战时期,《总政治部关于大量吸收知识分子和培养新干部问题的训令》(1939年6月25日)中要求:"用一切方法逐渐提高他们的组织观念纪律性与坚定性,虚心的接受本军光荣传统。"②沿着"加强政治教育—传承光荣传统"的逻辑理路,中国共产党确保有不断增加的新战士加入的部队始终保持过硬的政治本色,主要分为入伍时期教育和部队中教育,"入伍时期的教育,着重于说明民族的危机,国民的责任,参加抗日军是中国人民的光荣事业;而后继续说明八路军的制度,纪律,内部的生活等等;最后说明要怎样做一个模范的战士。目的在于使一个初入伍的老百姓成为革命军人";"在部队中的教育,目的在于培养全体战士成为有政治觉悟、政治知识的、忠于中华民族与中国人民解放事业的革命军人。因此,其内容便是首先说明中华民族与中国社会,日本侵略中国的原因与经过;然后说明我们的民族自卫战争是正义战,是革命的战争,最后胜利必定是属于我们的,以及怎样来争取抗战之最后胜利等等;最后分析各阶级对抗战的立场和态度,国民党与共产党,三民主义与共产主义,抗战之前途等等"。③最终要靠子弟兵中党员干部的阶级觉悟、政治觉悟及实际表现来影响整个子弟兵队伍,"要在日常生活中、闲谈中,在一起走路、吃饭的时候,用自己的一举一动、一言一行去影响他们"④。《子弟兵》则通过一个个新战士的"变身"记来表现子弟兵队伍政治教育的效果。例如李珂平的《牧羊出身的李速之》一文,讲述牧羊出身的李速之在党的教育下,参加了中国共产党,成为一名模范的共产党员,"记得有一次在南庄战斗时,敌人的兵力超过我们两倍以上,战斗打得非常激烈,那时正是九月的天气,天又无情的下着雨,还夹着冰雹,附近村里的老百姓都逃光了,大家饿着肚子,熬着风吹雨打的寒苦,跟敌人长久地战斗着,有一些战士感觉有点受不了,表现了情绪低落,他们提出意见要剥老百姓的玉米棒子,要挖老百姓的山药吃,但李速之同志深深懂得这是违反群众纪律的事情,在任何情

---

① 军事科学院《左权军事文选》编辑组编:《左权军事文选》,军事科学出版社2005年版,第117页。

② 中共中央宣传部办公厅、中央档案馆编研部编:《中国共产党宣传工作文献选编(1937—1949)》,学习出版社1996年版,第65页。

③ 萧向荣:《八路军的政治工作》,《八路军军政杂志》1940年第2卷第10期。

④ 中共中央文献研究室、中央档案馆编:《建党以来重要文献选编(一九二一——一九四九)》第二十册,中央文献出版社2011年版,第612—613页。

况下都是不允许的,因为八路军是维护群众利益的,经过他耐心的说服和解释,和他自己的模范行动的影响,才消除了这种不正确的意见,没有发生侵害群众利益的现象。他因为看见有些身体弱的同志怕冷得不行,便把自己的被子解下来让他们披着,发扬了八路军中同生死共患难的阶级友爱精神,团结群众,帮助了别人的进步"①。子弟兵新战士经过政治教育,更加明白抗战的道理,体现在更加奋发学习、更加关爱战友、更加密切联系群众等方面。

子弟兵新战士不仅在政治学习测试中获得好成绩,而且在实践中践行着他们所学的内容。例如一个穿着敌军衣服的中国兵被子弟兵九连的战士捉住,"这个同胞是饱受了敌人的压迫和欺骗的。他一被俘虏,心里非常害怕,所以便把他自己身上的钞票、钢笔、纸烟和其他东西都掏了出来,送给九连的战士,可是我们忠诚的战士们,不但不拿他的东西,而且劝他好好收起来,并给他许多安慰和解释,告诉他不要害怕"②。优待俘虏成为子弟兵战士践行政治教育思想的重要方面。还比如1938年1月23日,陈赓在日记中这样写道:"新战士很活泼,情绪甚高,与老战士的关系很好。许多党员(老战士)均能将自己的衬衣、鞋袜……等自动送给新战士。老战士对新战士的帮助,均有具体分工。新战士在连上毫不感着生疏,学习以及日常生活均能得到老战士的帮助。班里被毯虽不够,因为分配组织很好,大家不感着寒冷。这完全是支部领导的作用。"③新老战士的团结友爱,也正是党的思想政治教育发挥作用的重要结果。

(三)识字学习提升其水平

识字是加强子弟兵新战士政治教育的基础,"良好的政治素质和军事技能是建筑在一定的文化水平上面的"④,"由于八路军的战士和干部,大多数是从工农分子出身的,文化水平一般的很低;而提高文化水平,又是提高政治水平的一把钥匙。因此,必须把文化教育提高到与政治教育同等的地位(从它的实施与对它的注意来说),反对任何轻视与放松文化教育的观点"⑤。子弟兵部队中有

---

① 李珂平:《牧羊出身的李速之》,《晋察冀日报》1941年6月11日。
② 杨文献:《战场纪律》,《晋察冀日报》1941年5月28日。
③ 《陈赓日记》,解放军出版社2003年版,第57页。
④ 张家口XGNO广播稿选辑:《八路军的文化生活》,《北方文化》1946年第1卷第4期。
⑤ 萧向荣:《八路军的政治工作》,《八路军军政杂志》1940年第2卷第10期。

无时不在的识字课。例如行军识字课。"在出发以前,就预备好了,每个人的背包上都贴了几个生字,给后面的人来认,当歌声和说笑的声音一静下来,大家便把眼睛望着背包上的字,口中轻轻的念着。在小休息的时候,各班的'小先生'(认字较多的战士)便马上召集全班进行五分钟的识字课,四班有一个战士说:'八路军真好,行军还能学识字!'在大休息时,各个班都能抽出时间来开讨论会。因为他们一边行军,一边学习,文化娱乐工作又能适当的开展,所以一天八九十里的行军中,大家都忘记了疲劳,而且学到了好多东西。"①新战士于江"对于个别不爱学习、或是学习情绪不高的同志,他总是耐心地帮助他们,给他们解释:——同志,你也知道学习的重要,那么为什么不努力学习呢?你想,一天学会一个字,一年还能学会三百多字呢,你看我,参加八路军才三个月,已经学会二百五十多字了,我相信自己最多不用两年,就能看报写信作文章……我们一道努力吧!这样,学习不起劲的同志也就加起油来了。他对别的同志的帮助,影响真是不小的"②。通过新战士切身感受和身体力行,传达子弟兵队伍对新战士文化素养的提高有着重要的影响,于江的话讲出了新战士的心声,在新战士当中产生了积极的影响。归结而言:"有很多同志,本来不识字,可是在八路军里工作不久就能识很多的字,能写文章,并且能讲出许多大道理,这种情形,在别的军队里,根本不会有也不可能有的。"③

新战士中学习典范层出不穷。新战士于江生病躺在炕上,"可是病了他也没有忘掉学习。每当下了识字课的时候,他总是支持着在炕上坐了起来,问别人今天教了什么字,请求别人教会他。这样,虽说他几天没有上课去,可是和去上课一样的把该学的字都学会了。前天测验的时候,他的病还没有好,可是他去参加了,指导员说:'于同志,你的病没有好,而且你也没有上课,不要参加测验吧!'他怎么说呢,他说:'不要紧的,指导员!我虽说没有上课,可是那些字我都向别的同志学了;而且测验也不是为了分数,就是测验的不好也没有关系,只要

---

① 张力群:《行军识字课》,《晋察冀日报》1941 年 5 月 16 日。

② 刘君生:《于江的文化学习》,《晋察冀日报》1941 年 5 月 16 日。

③ 亦一:《八路军是一个大学校——子弟兵文化生活的一面》,《晋察冀日报》1942 年 1 月 18 日。

今后更加努力就行了。'结果他参加测验了。得了一百分"①。新战士韩景明"认字不多,但他能做课堂笔记,他是用暗号或用几个字来记事的,别人看他的笔记,可是莫名其妙,但他自己对于任何一段都能看得很懂,他一面使用暗号,一面加油学识字,每个生字在他的暗号注明之下,像刻在他心里一样,再也不会忘掉"②。

此外,连队俱乐部是子弟兵新战士学习的好组织,被称为"不说话的老师"。俱乐部里不仅有"常识栏""军事学习栏""墙报"等,还有像象棋、军棋等娱乐玩具,还可以到游戏场上打篮球、跳高等,为子弟兵新战士提供丰富的文化生活。正所谓"八路军不仅仅是一支武装的部队,而且是一支有创造性的文化部队,这正是人民的军队的一大特色,是的,人民的军队,不仅可以有文化,应该有文化,而且能够创造文化的"③。值得关注的一点是,部队对新战士的塑造,并没有完全割裂新战士与家乡的联系,反而更加注重社会风俗和文化来巩固新战士思想。例如年关将至,战士离家近,需要归家探亲,或因亲属病殡,要求躬身举办丧葬等,"我们便尊重社会风俗,置备礼物,赠送战士家庭,甚至用首长名义,给战士家属,庆祝年喜,或派人吊丧,赠送挽联等等"④。有的子弟兵部队还发动新战士向老战士举行祝寿,表扬其成绩战功,使战士们精神获得兴奋和安慰,建立起其乐融融的人际关系。

四、新战士中的楷模及其影响

全面抗战时期,晋察冀边区子弟兵新战士能迅速成长为熟练的抗日战士,在战斗、学习、劳动等方面成为楷模,这是在其他旧式军队不可能发生的事情,可恰恰在中国共产党领导的武装力量中实实在在地存在,而且不少新战士既是战斗模范又是劳动楷模,成为子弟兵部队中亮丽的风景线,增添部队整体的生机

---

① 刘君生:《于江的文化学习》,《晋察冀日报》1941 年 5 月 16 日。
② 张清汰:《我的心可真年轻!——一个三十多岁的青年队员的故事》,《晋察冀日报》1942 年 1 月 11 日。
③ 张家口 XGNO 广播稿选辑:《八路军的文化生活》,《北方文化》1946 年第 1 卷第 4 期。
④ 傅钟:《八路军抗战中政治工作的经验》,《八路军军政杂志》1939 年第 1 卷第 5 期。

活力。

（一）新战士中的楷模类型

1. 新战士动员新战士的楷模

子弟兵扩兵的通常做法,是通过政治动员和党群组织带头的办法进行。董逸风的《完县的武装动员热潮》一文,对完县(今顺平县)创造新颖的动员方式进行报道,这种新颖的方式就是新战士动员新战士的方式。丁风的《大沙河畔的欢送会 抗属新战士都发表动人讲演》一文,记录一位新兵在台上的激昂演说:"我们为了保卫家乡,保卫边区,响应聂司令员的号召,自动的入伍,今天,我们已经开始过着部队的生活,很快就要到八路军里去了。到了八路军,绝对加紧工作,努力学习,坚决打日本! 都做八路军的模范战士,用咱们的实际行动,来回答同志们对我们的希望。"①边区青年积极参加八路军变成新战士,再由新战士来动员新战士,这种传导效应是巨大的。晋察冀日报社特派记者林采在考察灵寿从军运动时写道:"新战士被动员来之后,马上把他们编成小组,分头到各村去进行动员工作,这样,以新战士动员新战士,发生了很大的作用。"②《晋察冀日报》对新战士动员新战士的楷模进行了大量报道。例如王积太,村模范队的队长,自己报名参加志愿义务兵,还动员本村模范队中十余名也都报名入伍,"大家这次都是志愿来的,打破家庭观念,三年以后回家是最光荣!"③即便在部队中,新战士的动员说服能力也不可小觑。例如,"正在遇着敌人六路围攻的时候,在十二月十八日,第七七二团第三连里有三个新战士,坚决要请假回家。陈赓就吩咐把第五、第八连的进步的新战士组织好,在新战士大会上起来发言,说服这种落后倾向。那次大会开得很好。一个年龄较大的新战士站起来发表了许多可贵的意见,结果这种苗头被克制了"④。

2. 新战士中英勇杀敌的楷模

新战士在战场上不怕牺牲,表现出顽强的斗争精神,最值得钦佩。例如新战

---

① 丁风:《大沙河畔的欢送会 抗属新战士都发表动人讲演》,《晋察冀日报》1942 年 3 月 20 日。

② 林采:《从军运动在灵寿》,《抗敌报》1940 年 6 月 30 日。

③ 郑志□:《新战士的火车头》,《晋察冀日报》1942 年 5 月 29 日。

④ 中国抗日战争军事史料丛书编审委员会编:《中国抗日战争军事史料丛书·八路军·参考资料(5)》,解放军出版社 2015 年版,第 113—114 页。

士刘亮参加奋勇组,自告奋勇去破坏敌人围墙大门,敌人发现后向门框开枪,但刘亮同志"并没有为这繁密的机枪射击而恐怖,相反,他毫无畏惧地连续地又砍了两下"①。新战士中也有勇猛机智型。例如新战士陈顺国同志绕过敌人的火力网和障碍物,摸到敌人堡垒顶层,用力顿了顿脚,大喊着:"警备队的弟兄们,我们为了保全你们的性命,所以不肯打枪,我们已经夺下炮楼了,我们已在你们的头顶上了,你们要投降就快缴枪。"②最后,伪军把枪一支一支扔到炮楼外面的空地上。新战士在战场中表现出担当精神。例如"战斗的时候,袁廷武的班长,已经负了伤,这时候他为了和敌人继续的进行战斗,就奋勇出来指挥全班,向敌人猛烈冲去。同志们呀——你们说,他怎么样呢? 他还是从来没有经过战斗的呢! 他还是个新战士呢!"③

3. 新战士中努力学习的楷模

新战士大多由边区青年组成,大多数文化素养不高,在部队浓厚的学习氛围熏陶下,产生了一大批努力学习的模范新战士。例如陈清海,担架排三班的新战士,由于学习上的努力,获得很大成绩,被指导员安排给大家上识字课④;"×分区医卫连李林,周就两同志,两月内便将四则都学会了,他们自动提出保证每天认三个生字,他们克服了学习上的困难,自制木笔在沙地上写,以废纸代好纸用"⑤。为了学习,子弟兵新战士可以把一切都排后,例如双江口一中队四连王金堂同志,结婚后三个月就入伍,后他妻子专程来看他,他知道后说:"我先上识字课先和生字谈谈然后再去看她吧!"⑥

4. 新战士中爱枪护枪的楷模

枪是子弟兵杀敌的重要武器,因为子弟兵的武器供给不足,通常是通过战场的缴获才能获得补充。为此,新战士涌现出善于从敌人手中缴枪的模范。比如柳杞的《×××支队的新战士们》一文,讲述边区青年放下锄头拿起枪,但是现成的枪支不够,"在六月八日定兴景安庄战斗的时候,参加战斗的一队,每班都有四

---

① 齐桌屏:《北巷战斗中的新战士刘亮同志》,《晋察冀日报》1942 年 6 月 19 日。
② 滑廷汉:《新战士初上战场　夺下堡垒八面威风》,《晋察冀日报》1942 年 6 月 26 日。
③ 《跳出来指挥冲锋班》,《晋察冀日报》1942 年 7 月 17 日。
④ 参见张治忠:《新战士成为新教员》,《晋察冀日报》1942 年 5 月 29 日。
⑤ 《加紧学习,学了一点用一点》,《晋察冀日报》1942 年 12 月 22 日。
⑥ 杨文选:《先和生字谈话再和老婆会面》,《晋察冀日报》1942 年 5 月 29 日。

个空手的",战斗结束后空手的新战士都统统武装起来。① 新战士缴获新枪的典范举不胜举,例如"胡同桂同志,是新入伍的志愿义务兵。在一个多月以前,他还是两手空空的一个土布织工,昨天在东洼的一次伏击战,打了胜仗,他用敌人的套筒枪把自己武装起来了"②。从天津鞋工厂跑回来参加八路军才五天的刘六儿,在中河流战斗中一人缴了两条枪。③ 正因为枪支的紧缺,新战士中出现了一批爱枪护枪的模范。例如赵恒风同志是新战士,才18岁,在这次镇家店战斗中,他光荣负了伤,而且伤得很重,他便匍匐地持着枪艰难地转移,忽然又有一颗无情的子弹,把他的枪的托底板和托子簧打坏了,这时他的右手上又负了伤,滴着鲜血,但是他很沉着地又用左手拿着枪前进了,结果把这支革命的武器带出了险恶的战场。④ 正因为战场中战士们爱枪护枪,所以在一些文学作品中常常歌颂战士与枪,例如《枪和子弟兵》有一段这样写道:"敌人终于在你的刺刀下倒了,不屈的战士啊! 你还紧抱着边区自造的枪,钢铁的光芒上,渲染着血液的殷红……"⑤

5. 新战士中热爱劳动的模范

战斗中,子弟兵扛枪上战场杀敌,平常里,子弟兵拿起农具劳动。毛泽东说:"我们有打仗的军队,又有劳动的军队。打仗的军队,我们有八路军新四军;这支军队也要当两支用,一方面打仗,一方面生产。"⑥这也是子弟兵部队与其他旧式军队的不同点。《晋察冀日报》在展现子弟兵新战士中的热爱劳动模范时,通常以热爱劳动的新战士言行来阐述子弟兵要当劳动模范的意义。例如王芸的《向劳动的模范王中同志看齐》一文,新战士王中带病在细雨中坚持劳动,同伴张凤亮诉苦手上都起泡了,要求休息一下,王中一面掘土,一面向他解释说:"要知道,开渠是为了增加生产,充实咱们抗战力量,怕吃苦,不卖力气,那才丢人哩!"⑦在众多子弟兵新战士劳动英雄的言论中,既可以看到中国共产党政治教

---

① 参见柳杞:《×××支队的新战士们》,《晋察冀日报》1944年8月11日。
② 一石:《新战士获新枪》,《晋察冀日报》1942年4月17日。
③ 参见史立成:《五天的新战士一人缴了两条枪》,《晋察冀日报》1943年4月15日。
④ 参见佑之:《负伤的人保卫着负伤的枪》,《晋察冀日报》1942年7月17日。
⑤ 仓夷:《枪和子弟兵》,《晋察冀日报》1942年1月30日。
⑥ 《毛泽东选集》第三卷,人民出版社1991年版,第928页。
⑦ 王芸:《向劳动的模范王中同志看齐》,《晋察冀日报》1942年5月29日。

育的效果,又能直接知晓新战士热爱劳动的初衷。例如新战士苏士安在给村抗属送粪时,与同行者发起挑战比赛,鼓动其他新同志说:"我们在这里干,咱家也有的是人帮助咱们,一面学习,一面工作,一面劳动,八路军里真是我们幸福快乐的学校呀!"①这段言语把新战士热爱劳动的本意,以及心里的真实想法反映了出来。

(二)新战士中楷模的示范效应

1. 新战士先锋模范形象是一面重要旗帜

子弟兵新战士形象极具风向性,一方面作为新鲜血液加入子弟兵队伍,直接影响到部队质量,新战士的塑造是关系部队生死存亡的大事;另一方面,作为与边区人民群众有着千丝万缕关系,以及与更多准备加入子弟兵队伍的青年有着莫大关联的新战士,其发展关系边区人民对中国共产党领导的军事力量的支持。虽说平时学习工作能展现新战士入伍以来的进步,但是战场却是锻炼新战士的重要场所。《晋察冀日报》对新战士上战场以及他们的英勇表现有着详细的报道。例如李河平的《一个初次上阵的新战士》一文,对新战士杜树田第一次参加战斗这样描述:"新战士杜树田同志也自动参加了奋勇队,他是去年冬天才参加八路军的,还没有打过一次仗。指导员劝阻他,让他跟大家在一起,防卫自己的阵地。可是他不听,定要参加冲锋的奋勇队……新战士杜树田同志,熟练地射出枪火,打出自己的手榴弹,敌人一个一个的倒下了。"②新战士杜树田战斗归来带着两杆大枪,在军人大会上受到指导员特别表扬。战场是一个以命相搏的地方,新战士的勇敢不仅保证了自己的生命安全,更重要的是获得了抗日武器,这都来源于新战士接受子弟兵队伍锻造,才能有勇有谋地参加战斗。战场也是考验新战士是否融入部队的地方。新老战士平时相处的团结友爱,要经受住战争的考验。《晋察冀日报》对战场斗争生与死抉择的地方有着感人的报道。例如战友黄平负伤,新战士王子云在枪林弹雨中把他背下来③;新战士李英龙背受伤的指导员,面对困难也不抛弃指导员。④ 在战场上,新战士为救战友,把生死置之度

---

① 王长酉:《生产线上的生力军》,《晋察冀日报》1942年5月29日。
② 李河平:《一个初次上阵的新战士》,《晋察冀日报》1942年4月12日。
③ 参见张志新:《伟大的友爱》,《晋察冀日报》1942年3月1日。
④ 参见周奋:《李英龙——记朱食战斗中的一个新战士》,《晋察冀日报》1942年6月12日。

外,已经体现了这支子弟兵部队具有真正团结友爱的凝聚力,新战士在短短的从军时间内,在生与死选择的时候保持大无畏精神,这必将在子弟兵战士中产生巨大的感染力。

2. 宣告新战士成长经历可以复制和超越

子弟兵新战士大多数来自边区农民,可能有的新战士曾经做过一段时间工人。新战士参军大体处在同一起点上,如果硬讲新战士之间有明显差别,可能最大的差别就是有的新战士在参军前已经参加过本村或本乡自卫队,曾经与八路军正规军一起打过日军。尽管部分新战士有一些战斗经验,但是在实际与日军硬碰硬的战场上,新战士集体所存在的问题还是明显的。例如七班战士马兆发曾与鬼子遭遇的时候,很慌张地把枪上的撞针摔断了;还有的新战士对武器操作不熟练,扔手榴弹不够远;追击敌人时不懂得散开分组前进,不懂得利用地形等。《晋察冀日报》是通过对新战士曾经的"丢丑"到变成勇士的描述,宣告新战士成长经历不仅可以复制还可以超越。还以新战士马兆发为例,曾经因紧张把枪上的撞针摔断,到后来在战斗中发生了翻天覆地的变化,指导员表扬他说:"攻堡垒的时候,敌人的机枪打得比刮大风还急,他跑在大家的前头,冲上去,刺倒两个日本鬼子,夺了一支'三八式',真呱呱叫,值得大家来学习……"①新战士在战场上英勇杀敌,还得益于平时的刻苦练习和学习。《好一个杜二牛——新战士生活片断》一文,对新战士杜二牛射击不熟练、识字少等问题进行真实反映,课后杜二牛即便在背粮的路上还在思考射击技巧,还在想着生字的笔画。② 晋察冀子弟兵部队中像杜二牛一样刻苦学习、练习的战士数不胜数,加之子弟兵部队"就抓取在这学习运动中,超过计划的,最有创造的,最成功人物来教育大家,号召大家向他看齐"③,新战士在这样你追我赶的环境中,自然进步很大,并且新战士同志在新的生活里,创造出他们自己的歌,整天快乐地唱着:"我们有三种宝:就是我的枪,我的笔,我的日记本,我不离开她,他不离我,再过几年,说拿枪就拿

---

① 大兵:《马兆发》,《晋察冀日报》1942年3月1日。
② 参见曼蒂:《好一个杜二牛——新战士生活片断》,《晋察冀日报》1942年5月8日。
③ 张家口 XGNO 广播稿选辑:《八路军的文化生活》,《北方文化》1946年第1卷第4期。

枪,说拿笔就拿笔,拿起枪打日本,拿起笔来学习!"①

3. 新战士气节一定要继续弘扬

"宣传方式天然不是典型报道,但典型报道天然是宣传方式,因为典型报道通过'用事实说话'的方式,具有无可辩驳的劝服力量。"②《晋察冀日报》就是善用新战士的典型来发挥其无可辩驳的劝服力量,同时赢得老战士点赞和喝彩。据不完全统计,《晋察冀日报》副刊《子弟兵》所刊载的战士写作的文章,绝大部分是以写新战士为主题,从此可见新战士在战斗和学习中所表现的豪情万丈的热情已经深深感染到子弟兵部队中的每一个战士。例如姚达方的《炮火中涌现的子弟兵英雄——东线随军纪实》一文,这样写道:"有些新战士也是何样的刚强,好比我们的仁连喜同志,他入伍才七个月,在神仙山跑马梁战斗,枪枪都沉着的瞄准敌人(不容易呀! 初上火线的战士!)杀伤了不少的敌人,终于伤重被俘,受尽敌人百般威胁毒打,他仍然破口大骂,直至牺牲。"③这样一位杀敌勇猛的新战士,才在子弟兵部队中生活了 7 个月,为抗日战争流尽了最后一滴血,这种感人至深的情节,激起广大子弟兵战士继承勇于杀敌、威武不屈的精神。

① 冯善祥:《在快乐的生活里成长——新战士入伍后生活介绍》,《晋察冀日报》1942 年 7 月 17 日。
② 熊国荣:《中共党报典型报道源考》,《现代传播(中国传媒大学学报)》2016 年第 10 期。
③ 姚达方:《炮火中涌现的子弟兵英雄——东线随军纪实》,《晋察冀日报》1944 年 1 月 24 日。

第三章　话语核心

——"子弟兵"的将领、共产党员和英雄

著名学者福柯非常重视话语的体制位置(institutional localtion),认为应当找出产生那些特定陈述的社会地点,并用陈述人的社会权威来帮助定位,因而来自权威来源的陈述以及权威通过何种方式确立就比来自边缘社会位置的陈述更具备生产力。毫无疑问,子弟兵的将领、共产党员和英雄处于话语生产的中心,不论是他们的组织地位,还是他们的先进模范行为,对边区子弟兵队伍产生了极其重要的影响,更能体现"子弟兵"话语生产的核心动力。

一、子弟兵将领群体呈现

子弟兵将领在子弟兵部队中有着崇高的地位,获得广大战士最真诚的敬意。聂荣臻在缔造晋察冀边区子弟兵的过程中发挥了重要作用,被称为子弟兵"母亲"。《晋察冀日报》真实报道子弟兵将领群体,悼念铭记牺牲将领,展现子弟兵将领群体像母亲般爱护着边区子弟则百姓放心,文武双全的子弟兵将领群体带领边区子弟则胜利在望、子弟兵将领群体所凝聚的精神力量则反映出党的光辉等意蕴。

(一)以聂荣臻为代表的将领群体写实

《晋察冀日报》于1941年2月11日在第一版报头右上方刊登聂荣臻同志画像,画像左侧写有"领导敌后抗战的聂荣臻同志",报头的左侧写上:"当前挽救危亡的中心关键,则惟彻底驱逐恶贯满盈的亲日派份子",第一版还刊有署名聂荣臻的社论文章《解决皖南事件的关键》。这是《晋察冀日报》一改之前的文字或漫画的表达方式,尝试使用聂荣臻画像。《晋察冀日报》最早把聂荣臻司令员

比喻为子弟兵"母亲"进行的报道,还是《晋察冀日报》副刊《子弟兵》创刊号刊登的聂荣臻像,标题为"我的'母亲'聂司令",并配以《子弟兵歌》,诗歌如下:

我是光荣的子弟兵

我的"母亲"聂司令

聂司令

聂司令

他叫我,学打枪

我就背着枪,上高山

他叫我,学骑马

我就骑着马,到平原

我走到了哪里

哪里有我的弟兄

我走到了哪里

弟兄们和我,打跑了鬼子兵

我有马,我有枪

保卫我们的家乡

我是边区人民的子弟兵

我的"母亲"聂司令①

此篇报道足以表明聂荣臻司令员在创建晋察冀子弟兵过程中的作用,并以此来表达对边区子弟兵队伍主要缔造者聂荣臻的敬意。《子弟兵》(第三期)在1941年5月4日出刊,该期用大量版面刊登聂荣臻半身照和其创作的《边区子弟兵与边区青年——为纪念五四中国青年节而作》一文。该文开篇指出:"边区子弟兵是边区人民的优秀子弟,是边区青年的革命武装队伍,是八路军中一支有力的青年队伍。"②开宗明义地表明边区子弟兵与边区青年的关系,以及边区子

---

① 布直琴:《子弟兵歌》,《晋察冀日报》1941年4月17日。

② 聂荣臻:《边区子弟兵与边区青年——为纪念五四中国青年节而作》,《晋察冀日报》1941年5月4日。

弟兵与八路军的关系。该文还客观分析了边区青年积极参加部队的原因,在于"边区子弟兵是八路军的组成部分,是共产党领导下的军队,所以子弟兵对于青年,完全是给予马列主义的教育立场,给青年以真理,使青年能够充分发挥其天才,在各方面能够不断的发展与进步,使每个青年都有远大光明的前程"①。该文在最后对边区青年提出四点希望:"加紧学习,战胜敌人的理论与技术,在斗争中学习,虚心的向别人学习,以提高军政文化及一般知识水平,以提高自己的政治觉悟与工作能力,一切学习中的自满现象,顽固态度,都是障碍自己进步的敌人,必须坚决纠正";"注意卫生清洁";"不沾染烟酒嫖赌等一切恶习";"努力完成战斗、工作、学习任务,三者不可偏废"。② 子弟兵和广大边区群众特别是边区青年在阅读此文章后,能进一步知晓军区司令员的思想、立场和态度,并在密切边区子弟兵与边区青年关系上作出自己应有的贡献。

为进一步满足子弟兵对子弟兵领袖的学习期望,《晋察冀日报》刊发《聂司令底简略生平》一文。该文介绍聂司令员的少年时代、国外学习工作经历、大革命时代,重点介绍聂荣臻亲手创造了抗战中首先插入敌寇腹地的抗日民主根据地——晋察冀边区,创造与抚育了一支坚韧的八路军——边区子弟兵。该文开篇一小段是这样描述的:"关于我们的聂司令员,他的生平,是和中国近二十年的革命历史胶在一起的。战斗,像一条红线一样,贯注着他的全部生活。他的钢铁般坚毅的无产阶级的意志与布尔什维克的品质,他的清澈的,具有最强组织性的头脑和思想,他的丰富湛深的策略路线的准确性,等等"③。正如该文作者所指出的,介绍聂司令员的这些优秀特质,是十分有意义、能满足大家的学习希望的。此外,还通过子弟兵战士与聂司令的密切互动,展现子弟兵领袖聂荣臻司令员对子弟兵的期望。例如《看见聂司令》一文,记录了边区子弟兵在"献枪"和"演习"中与聂司令的近距离接触,"聂司令的双手抚在他们拿着武器的手上,说:'同志们,拿回去吧! 拿着它再去打敌人。'"④

① 聂荣臻:《边区子弟兵与边区青年——为纪念五四中国青年节而作》,《晋察冀日报》1941年5月4日。

② 聂荣臻:《边区子弟兵与边区青年——为纪念五四中国青年节而作》,《晋察冀日报》1941年5月4日。

③ 永毅:《聂司令底简略生平》,《晋察冀日报》1941年7月10日。

④ 小尹:《看见聂司令》,《晋察冀日报》1941年5月16日。

在"子弟兵"将领群体系列报道中,如果说聂荣臻形象铸造着边区子弟兵"骨架",那么一系列子弟兵将领形象则是为子弟兵增添了"血肉"。《冀热察子弟兵领袖萧克将军》一文,讲到萧克的好学、勤读,是个才子,还虚心向老百姓学习;在生活上,萧克"是那么简朴,常穿着洗过多少次的缝过补丁的旧灰布军装";在军事斗争上,萧克胸有成竹,应对自如,例如"去年(笔者备注:1940年)秋季反扫荡时,一个同志告诉我:当敌人三面夹攻时,前后左右都只差七八里,飞机又在上空低飞扫射,大家都慌了,但我只看萧司令员的脸,他的脸孔使我的心平静,我什么也不怕,听着他的分配,他指给我们的路子走,离敌人占据的村庄才一里地,可是我心有底,我们几百个没武装的人便平安的过去了,遵守着他指给的时辰和路线"①。这篇文章传递出跟着善于学习的子弟兵领袖,子弟兵才能在根据地"生根发芽"。周而复的《邓华断片》一文,把邓司令员文雅、勇猛、热情、沉着、坚韧、平凡和伟大刻画出来。特别是对邓司令员指挥战斗的情形着墨较多,例如"敌人只离司令部十多里了,他还是若无其事,命令非战斗部队向指定的方向移去,他和几个警备员同作战参谋留在后面,得到最后情形以后,才叫电话员拆了机子,就这么几个人从敌人侧翼插过去"②。肖藏的《我们的政治委员刘道生同志》一文,讲述刘政委关心老百姓生活和生产,坚持不懈地认真学习,爱护着部队的每一个战士。总之,《晋察冀日报》给子弟兵领袖"画像",让边区群众和子弟兵领略冀热察子弟兵领袖萧克将军的勤学和布尔什维克作风;击毙日寇阿部中将的杨成武师长的威武;赤脚与战斗员一起行军的分区司令员邓华的文武双全;关心老百姓生活的政治委员刘道生的舍身忘我;等等。

(二)悼念铭记牺牲的将领

借助《晋察冀日报》发表文章追悼革命同志,是传承历史记忆的重要方式之一,"文字书写使记忆或是经验在时空上得到延续和扩展;在时间上延长了记忆,而在空间上则把经验范围扩展至了另外人"③。例如,边区歌唱艺术工作者闫三妮看到晋察冀边区四分区司令员周建屏的碑文,"内心澎湃,思绪翻滚,马

---

① 金肇野:《冀热察子弟兵领袖萧克将军》,《晋察冀日报》1941年5月21日。
② 周而复:《邓华断片》,《晋察冀日报》1941年6月11日。
③ 刘燕:《国族认同的力量:论大众传媒对集体记忆的重构》,《华东师范大学学报(哲学社会科学版)》2009年第6期。

上编出了《默读碑文起歌声》《人民怀念周建屏》。歌声唱出,人们听了泪如泉涌,歌声让边区军民把悲痛化成了力量,把思念凝成了坚决抗战的行动"①。

最早在《抗敌报》发表悼念子弟兵将领的文章是,王震的《悼贺营长云生同志》一文。该文介绍彭云生同志自参加红军以来的革命斗争经历,重点讲述彭云生营长带领二十四名英雄阻击日寇增援部队,不幸遭敌机枪射击,中弹三发而牺牲,强调"贺营长及其他牺牲的同志们,是中华民族优秀的子孙,为祖国为民族为世界和平为人类幸福而忠勇的作了光荣的牺牲!这忠勇壮烈的牺牲的精神,将与我伟大的中华一样永垂不朽!"②有战斗就有牺牲,每当党报上有悼念文章时,必是前不久我子弟兵与敌寇进行过一场殊死战斗。追悼牺牲将领中,有在战场上杀敌牺牲的,有为革命事业积劳成疾因病去世的。纵观《晋察冀日报》刊登的悼念子弟兵将领的文章,其具有以下特点。

第一,对战友牺牲的深切怀念。一般而言,撰写悼念文章的人都是逝者的亲密战友,与牺牲的人有着深厚的感情。以悼念左权同志为例,朱德、周恩来、聂荣臻先后发表纪念文章,从不同侧面表达怀念铭记之情。例如朱德的《悼左权同志》一文,认为左权同志对民族对人民对革命的无限忠诚,十几年来从未有过一句怨言和要求过一天的休息③;周恩来的《左权同志精神不死》一文,细数左权求学湘军讲武堂和黄埔军校以及苏联陆军大学经历,十一年奋战在战斗第一线,彰显革命军人自我牺牲的精神④;聂荣臻的《祭左权同志》一文,追忆与左权同志的交往点滴,战斗经历,高度评价左权的参谋工作⑤。纪念文章中所记录的共同的奋斗和战斗历程,表达对逝者的无限怀念,能促使读者产生共鸣。例如《祭左权同志文读后感》中这样写道:"只有从这篇文字里,我才第一次最真实地接触到伟大的死者和活着的人之间的血肉相联的丰富的革命的感情与斗争的脉搏。这决不仅仅是一篇纪念文,而且,更有重要意义的地方是在于它给了活着的同志们以一种伟大的启示,让人们知道在当前历史重大时期的空前残酷的斗争中,应该

---

① 胡小平主编:《闫三妮民歌选》第 1 集,河北美术出版社 2015 年版,第 7 页。
② 王震:《悼贺营长云生同志》,《抗敌报》1938 年 9 月 8 日。
③ 参见朱德:《悼左权同志》,《晋察冀日报》1942 年 6 月 19 日。
④ 参见周恩来:《左权同志精神不死》,《新华日报》1942 年 6 月 20 日;后被《晋察冀日报》1942 年 8 月 6 日转刊。
⑤ 参见聂荣臻:《祭左权同志》,《晋察冀日报》1942 年 7 月 3 日。

怎样准备自己,迎接一切行将到来的新的苦难与艰苦。"①

第二,再现牺牲将领的卓绝经历。奋战在晋察冀边区的子弟兵牺牲将领,大多在 30 岁左右,年轻的将领勇挑重担,所经历的磨炼值得传颂。正值中国共产党成立 19 周年纪念日,《抗敌报》刊登周建屏、李衡、王平陆等 7 位同志传略,显得特别有意义。从这 7 位同志的传略来看,均是老共产党员,在带兵打仗、进行革命斗争方面有着丰富的经验,例如周建屏同志"曾经在红廿军当连排长,继而担任了更重要的职务,营、团、师、军长"②,是八路军中最老的干部之一;王平陆同志"领导发动了历史上有名的迁安反日游击战争","秘密组织家乡子弟兵"③,是冀东人民的领袖。《晋察冀日报》1941 年 8 月 1 日发表《我怀念着那颗殒落了的红星——追忆战友彭光炳同志》一文,该文讲述彭光炳营长"是一个工人出身的老粗,可是在十年的斗争过程里,他能看一般的革命理论书籍,写通俗的文章了",他身上有三处伤痕,"伤痕鼓舞着他的革命意志更加坚强,伤痕光辉地记载了他在江西五次的反'围剿'中,二万五千里长征中的战斗史",他"重视政治工作,他并不差于他的军事工作","在战场上他是一个英勇的指挥员,也是一个战斗情绪的鼓动者"。④ 像彭光炳营长这样在党的教育下和中国革命事业斗争中实现了蜕变,成长为坚定的革命者,为抗日战争的胜利流尽最后一滴血的将领,比比皆是。

第三,追忆牺牲者最后的战斗场景。子弟兵牺牲场景让追忆者难忘,因为这些牺牲确实伟大,为革命、为掩护战友绽放着自我牺牲精神。聂荣臻的《祭朱大队长仰兴文》一文,这样描述朱仰兴牺牲的场景:"高门的战斗,你奔驰于敌人的弹雨枪林,冲下了山沟,你高呼要生擒那敌寇官兵,你不幸而中伤,鲜血沥在胜利的战场,孰知那不幸的创伤,终于劫夺了你的宝贵的生命!"⑤大牛的《我们要为他报仇呀》,以诗歌形式记载支部书记徐全同志牺牲前的场景,"他把心爱的枪

---

① 温洲:《祭左权同志文读后感》,《晋察冀日报》1942 年 7 月 5 日。

② 同:《周建屏烈士史略》,《抗敌报》1940 年 7 月 1 日。

③ 《王平陆同志传略》,《抗敌报》1940 年 7 月 1 日。

④ 埋:《我怀念着那颗殒落了的红星——追忆战友彭光炳同志》,《晋察冀日报》1941 年 8 月 1 日。

⑤ 聂荣臻:《祭朱大队长仰兴文》,《抗敌报》1938 年 8 月 29 日。

交给了排长,饭包里的许多文件他全部烧掉,他手中紧握着两个手榴弹"①。心中装着党,装着战友,装着人民,危急时刻把自己的生命置之度外,怎么不令人感动。从程子华撰写的《抗战五周年悼冀中反扫荡中殉国诸同志》一文中可见一斑。程子华在文中动情地指出:"军区宣传部长张仁槐同志,八分区司令员常德善同志,政治委员王远音同志,乃至许多其他的青年干部,都是在战场上与敌寇进行最顽强的搏斗,他们有的是拿着白刃而冲杀;有的是几次负伤而尤带着创痛,指挥部队与敌寇作殊死战,直到流尽了他们最后的一滴血。这些噩耗先后传来,令人感到无限的心酸,无限的悲愤!"②最后的战斗场景再现逝者的光辉形象,这一形象将永远刻在人民心里,正如洛灏的诗词写的那样:"没有沉痛的祭文,没有盛大的奠仪,更用不着造一个石像永远纪念,你的生活留下最好的相片在心里,我们永远记忆着你。"③

第四,继承遗志为民族解放奋斗。逝者已去,留给后来者的精神永存,也正是这种高尚的革命主义精神给后来人以继续奋斗的接续力量。例如诗歌《悼周建屏同志》,强烈表达作者"愿继续你的精神,不怕苦,不怕病,不怕牺牲,勇敢的站在最前线,为中华民族的独立自由解放而战"④。朱仰兴安葬时"送殡的人,延到约二里地之长",《抗敌报》号召大家"用自己的热血和生命,去继续争取祖国的光明,以完成其未尽的事业"⑤。然而,对于熟悉子弟兵牺牲将领的老百姓来说,最直接的是为战死的子弟兵们报仇雪恨。比如《冀鲁边军区副司令员黄华同志殉国》一文中,指出黄华同志"为党为国十五年奋斗如一日!""从未计及个人私利,他领导作战处世,均具刚毅气魄,富于政治远见,并不断学习以求上进,边区人民闻黄华同志战死,义愤交集,誓为黄华同志报仇"⑥。广大边区群众在听闻子弟兵将领奋勇杀敌、勇于牺牲的事迹,无不肃然起敬。例如行唐宣委会为子弟兵某连战斗中壮烈殉国的指战员献的挽联上写着:"是真八路军,杀贼骂

---

① 大牛:《我们要为他报仇呀》,《晋察冀日报》1942 年 7 月 9 日。
② 程子华:《抗战五周年悼冀中反扫荡中殉国诸同志》,《晋察冀日报》1942 年 7 月 7 日。
③ 洛灏:《当季候走上春天的时候——纪念我们的支部书记袁颖贺同志》,《晋察冀日报》1942 年 5 月 15 日。
④ 舒同:《悼周建屏同志》,《抗敌报》1938 年 7 月 3 日。
⑤ 《军区群众含泪悼忠魂 朱故大队长遗骸安葬》,《抗敌报》1938 年 8 月 29 日。
⑥ 《冀鲁边军区副司令员黄华同志殉国》,《晋察冀日报》1943 年 8 月 1 日。

贼,勇挫寇仇凶焰;不愧共产党,沙场刑场,血浇胜利鲜花!"①正是有子弟兵将领们以身作则、勇于拼搏,不仅在战场上筑起血肉长城捍卫着家园不受侵犯,而且在精神上也凝聚成一股抗击日寇侵略的不可战胜的力量,加速了抗战胜利的到来。

简言之,追悼子弟兵将领的文章以其特有形式,展现出自己的意蕴范围和边界,并不断吸纳新的个体从而实现自身精神的传承与延续。

(三)子弟兵将领群体呈现的意蕴

由革命斗争中磨炼而成的子弟兵将领群体,由《晋察冀日报》以文字或图片的形式向广大人民推介,向广大边区人民和边区子弟兵们传递以下信息。

1. 子弟兵将领群体像母亲般爱护着边区子弟则百姓放心

把子弟兵将领聂荣臻比作子弟兵"母亲",每支子弟兵队伍的领导者也被称为"母亲",例如在彭光炳营长所领导的子弟兵营中,"当时战士们流行着一句普通的话:彭营长是×营的母亲","是因为他本身克己奉公,屈己从人,视人之仇为己仇,不计地位待遇,而建立了高度的政治信仰"。②"母亲"对参加子弟兵的边区子弟的爱是无微不至的,例如政治委员刘道生,"他比对兄弟手足更亲切地爱护着部队,他时时刻刻关心每个干部,每个战士,以及勤务员们",具体表现为他希望每个战士能有很好的营养,他为了防止部队的病疫发生,亲自开列药单派人去买药,他给每个战士做一块蚊帐,免得被蚊子咬了打摆子等等。③ 还比如"沙岭战斗中,战士李金桂受伤了,王政委亲自背他下来,让张排长和八班长去继续执行战斗任务"④等等。相反,敌寇认为,"在日军重重包围扫荡之下,仍能坚持四年间的抗日战争,这就是中共对共产军的训练特重思想战的效力"⑤,于是采用卑劣手段诋毁边区子弟兵,如"子弟兵就是八路军的新兵","子弟兵只吃小米不打仗","当子弟兵苦得很,倒不如参加'民军'去,每月还有十几块钱"⑥;"八

---

① 《某连获"光荣连"称号》,《晋察冀日报》1943 年 6 月 10 日。

② 埋:《我怀念着那颗殒落了的红星——追忆战友彭光炳同志》,《晋察冀日报》1941 年 8 月 1 日。

③ 参见肖藏:《我们的政治委员刘道生同志》,《晋察冀日报》1941 年 6 月 26 日。

④ 《英雄的晋察冀子弟兵》,八路军留守兵团政治部 1944 年版,第 14 页。

⑤ 《共产党军与大东亚战争——(五)思想战线之前》,《东亚晨报》1942 年 5 月 24 日。

⑥ 裴世昌:《晋东南子弟兵的创立及其经验》,《八路军军政杂志》1941 年第 3 卷第 4 期。

路军是辈子兵"①等,试图打赢他们所谓的"思想战"。殊不知,"思想战"背后需要实打实的支持,其中子弟兵将领群体像母亲般爱护自己的子弟兵,与此同时,子弟兵战士们以最高的革命热情的回敬,这是最有力的支持。边区老百姓把自己的子弟送来参军,时刻惦记着自己的子弟有没有受苦和受气,能不能保住性命,子弟兵将领们能像母亲般爱护边区子弟兵,确实让边区老百姓放心,这也是参军热潮能在边区涌现的重要原因。例如"隘峪口有位老太太送她的十六岁的孤孙参加子弟兵,村长因见他家只有两口人,乃劝她带回去,她坚决不肯,还说:'子弟兵是保家乡的,他在家也保不定要教鬼子杀了,我叫他去打鬼子,保住家乡吧!'"②并在老百姓当中广泛流传着:"八路军抗日也不为名不为利,为的是赶走鬼子咱们老百姓享太平。八路军的兄弟不是从天上来,好多都是咱们这里的好样儿的后生,打死八路军,也是打死了自家人。"③

2. 文武双全的子弟兵将领群体带领边区子弟则胜利在望

日本鬼子把边区首长都画成大烟鬼,以此贬低子弟兵,而一位敌占区的老先生在北岳区抗日大会上看到了聂司令,说道:"依我看人家聂司令员可真是文武双全的圣人,不愧人家能指挥得队伍粉碎了敌人历年的'扫荡',把边区整理的这么好。"④事实胜过谣言和诡辩,在《晋察冀日报》刊登的子弟兵领袖群体的文章中,还有牺牲子弟兵将领的文章中,不同程度地展现着他们的文武双全。例如周而复的《邓华断片》一文,讲到邓华知识渊博,"连一些著作的古文,拿滕王阁序来说吧,他可以一字不遗的背诵出来",同时在"火线上却狮子一样的勇猛,睿智,望见从他那双眼睛里发出具有摧毁一切力量的光芒"。⑤子弟兵将领人物的文武双全最终要到战场上去体现,能带领子弟兵获得胜利,能把活生生的子弟兵们平平安安地带回来,子弟兵以较小牺牲换来胜利的战役就是最好的体现。率部在1939年击毙阿部规秀的杨成武将军,《新华日报》记者袁勃这样写道:"杨

① 河北省社会科学院历史研究所等编:《晋察冀抗日根据地史料选编》(下册),河北人民出版社1983年版,第137页。

② 裴世昌:《晋东南子弟兵的创立及其经验》,《八路军军政杂志》1941年第3卷第4期。

③ 《打倒破坏抗日的份子 拥护咱们八路军》,《抗敌报》1939年9月3日。

④ 侯亢:《一位敌占区的老先生畅谈对边区的观感》,《晋察冀日报》1942年3月24日。

⑤ 参见周而复:《邓华断片》,《晋察冀日报》1941年6月11日。

将军不仅是勇猛果敢冲锋陷阵的名将,并且具有军事的、政治的、文化的丰富知识","杨将军指挥作战可以不用地图,因为这一带差不多的山沟小道,他都走过,他可以知道从这个山沟翻到另一个山沟,那里有几条出路"。① 战争中对地理地貌了然于心,自然排兵布阵不在话下,伏击杀敌则是必胜。李公朴先生在他的著作中写道:"关于晋察冀军事胜利的战报,每个报纸上都有着记载。扫荡敌伪政权,奠定边区基础的是子弟兵团;打死阿部中将、水源旅团长、田中大佐……的是子弟兵团;粉碎日寇一度又一度的进攻和扫荡,在战斗中壮大边区的也是子弟兵团。"② 跟着优秀的子弟兵将领,积小胜为大胜,最终的胜利必定属于我们。为此,新加坡《星洲日报》特派记者黄薇到华北敌后抗日根据地后写下:"使得许多小孩子和青年们,愿意离开温暖的家庭、离开亲爱的父母,投身到八路军部队里面来的,究竟是怎样的一种'魔力'? 除了辉煌的真理和真挚的同志爱之外,还有领导者的才能。这就是'魔力'。"③

3. 子弟兵将领群体所凝聚的精神力量则反映出党的光辉

子弟兵将领群体不仅是带领子弟兵与敌拼杀的军事将领,更重要的身份还是一名共产党员,"大家把共产党员的称号看得无比的尊贵"④。高德功为纪念中国共产党诞生 20 周年创作的《妈妈的生日》一文中指出:"因为有了你,民族挺身立。因为有了你,人民能呼吸。因为有了你,抗战能坚持。因为有了你,大家有主意。因为有了你,子弟兵能胜利。"⑤ 在中国共产党的指引下,子弟兵将领群体以身作则,带领着子弟兵与日寇斗争,以伟大的自我牺牲精神汇聚成强大的精神力量,影响着子弟兵和边区群众。邓拓的《八路军永远和我们在一起》(写于 1942 年 8 月 1 日)记载:"最近一年间,我们边区的八路军,仅就北岳区的部队来说,在作战中光荣牺牲的也有一千六百九十七位民族的英烈,英勇负伤者有二千五百零六人","边区八路军优秀的指挥员周建屏、魏大光、陈锦绣、朱仰兴、白

① 袁勃:《记杨成武将军》(续),《新华日报》1940 年 6 月 27 日。
② 李公朴:《华北敌后——晋察冀》,生活·读书·新知三联书店 1979 年版,第 161 页。
③ 中国抗日战争军事史料丛书编审委员会编:《中国抗日战争军事史料丛书·八路军·参考资料(5)》,解放军出版社 2015 年版,第 21 页。
④ 朱牧:《八路军中的共产党》,《晋察冀日报》1941 年 6 月 4 日。
⑤ 高德功:《妈妈的生日》,《晋察冀日报》1941 年 7 月 3 日。

乙化以及其他团级以上的将领,都在过去五年间的血战中英勇的牺牲了"。① 无数文献记载着子弟兵为抗战流血牺牲,此英雄壮举为后人敬佩,子弟兵至死不离开敌后抗日根据地,决心将沦陷的山河从日寇手中拿回来,这绝对是对"游而不击"谣言最好的抨击,践行中国共产党宗旨最生动的回答。正如周恩来悼念左权时指出:"他参加共产党在黄埔时代,成为他以后近十年政治生活中的准绳,以他之牺牲证明,他无愧于他所信仰者,而且足以为党之模范。"②这些子弟兵将领正是用自己的行动折射出中国共产党的伟大、正确和光辉。

二、子弟兵中的共产党员

中国共产党对子弟兵的绝对领导,是通过政治委员和政治机关来实现的,最终要通过部队中的共产党员来落实,体现在巩固队伍、政治质量和模范作用等三个方面。

(一)子弟兵中的共产党员在巩固队伍上不可缺少

晋察冀边区各种抗日武装的兴起以及对杂色武装的收编等,能否真正承担起"子弟兵"应有的作用考验着中国共产党对军队的领导能力和改造能力。晋察冀边区在吸收杂色武装时还是十分谨慎的,当政治色彩不清楚时,"统统吸收到八路军中来,以后也不好办"③。从聂荣臻收编王溥部队来看,即使王溥听从党和军区的指挥,但是不经过严格的政治训练和军事训练,最终因他"缺乏进行游击战争的经验"④,在"扫荡"中牺牲了。许多杂色武装慕八路军名而来,因而这种改造数量是巨大的,据吕正操回忆:"截至一九三八年底,我军在冀中争取改造了大部分联庄武装,编入我军的共约两万余人。"⑤对此,中央也明确表态,例如1938 年10 月15 日,《毛泽东等关于长期艰苦奋斗创造冀热察根据地致冀

---

① 《邓拓文集》第1 卷,北京出版社1986 年版,第185 页。
② 周恩来:《左权同志精神不死》,《新华日报》1942 年6 月20 日;后被《晋察冀日报》1942 年8 月6 日全文转刊。
③ 《聂荣臻回忆录》,解放军出版社2007 年版,第334 页。
④ 《聂荣臻回忆录》,解放军出版社2007 年版,第335 页。
⑤ 《吕正操回忆录》,解放军出版社2007 年版,第88 页。

热区委并宋时轮、邓华电》中指出:"大量的发展党,吸收进步分子入党,建立连队的支部和生活,使之成为领导连队斗争的核心。一切忽视党的发展与工作,是目前巩固部队提高战斗力最有害的。"①1939年2月19日,《毛泽东等关于新编部队各级主要政治工作者必须是共产党员致八路军总部等电》中指出:"部队不断扩大,新的杂色部队被收编,可能有许多政治干部不是党员,如此将使八路军优良政治制度的传统难于保持,党的领导及其政策的执行更无保证。以后无论何项性质之部队,一经编入八路军建制,必须从中建立党的组织,其指导员、教导员及各级政治机关的主要工作者必须是党员,关[并]接受党的领导,否则宁缺毋滥。"②彭真总结道,群众、武装组织等这样快的发展起来是很庞杂混乱的,党如何来领导掌握呢? 这里有两个重要环节:第一个环节是干部,"第二个重要环节是支部,支部是党在群众中的堡垒和群众核心,要选定好的真正革命分子发展为党员,协同干部在各种组织,入农会、工会、妇救会、青救会,特别是联庄武装及各种武装中发展党的组织,建立支部——这是可靠的堡垒"③。只有坚持党的发展与工作,部队才真正有战斗力,才会出现子弟兵中的共产党员打仗时"冲锋在前,退却在后,轻伤不下火线,重伤不哭叫",工作时"永远不知休息","绝不问自己牺牲多大",对待战友是"团结友爱的模范"。④

为确保党对子弟兵队伍的领导,1939年2月14日,《第十八集团军政治部关于在整军中的政治工作致各兵团等电》中指出:"健全支部工作,使支部真正成为领导群众的堡垒和核心,发展组织,保障战斗连队[中]百分[之]四十以上党员,以团或营为单位集中轮流训练新党员,实现党内适当民主。"⑤子弟兵战斗连队共产党员占比在40%以上,这不仅仅是停留在数字上,还需要做比较细致的工作,确保党员的质量和发挥应有的作用。朱良才的《晋察冀一年来创造模范党

① 中国人民解放军历史资料丛书编审委员会编:《八路军·文献》,解放军出版社1994年版,第242页。
② 中国人民解放军历史资料丛书编审委员会编:《八路军·文献》,解放军出版社1994年版,第303页。
③ 彭真:《关于晋察冀边区党的工作和具体政策报告》,中共中央党校出版社1981年版,第139页。
④ 秀华:《子弟兵中的共产党员》,《晋察冀日报》1941年7月3日。
⑤ 中国人民解放军历史资料丛书编审委员会编:《八路军·文献》,解放军出版社1994年版,第298—299页。

军铁军工作概述》(1941年6月25日)一文对此有较为详细的说明。该文指出子弟兵中发展党员的成绩可喜,发展党员严格按照手续,"吸收党员手续都按军区规定。经过小组讨论与支部大会通过,批准党员,能经党的一定机关在会议上讨论决定,一般的纠正了个人批准党员的现象",并且对一年来不合格党员进行洗刷,"被洗刷开除的共有四百二十三名"。① 这样,虽然子弟兵党员人数占比没有达到40%以上,但"过万名新战士补充入部队之后,党员数量的百分比仍能保证一定数量,去年六月份为百分之三十强,而今年五月份则为百分之三十三强"②。

(二)强调子弟兵中共产党员的政治质量十分重要

1939年6月25日,《中共中央军委关于加强部队党内教育致晋察冀军区转萧克电》中指出:"两年来部队因忙于扩充发展,党的教育一般的缺乏有组织计划的进行,因此,决定于三个月内将党龄一年及一年半以内之新党员举行一个有计划大规模的训练","训练的目的,是解说共产主义最初步的知识,说明共产党员的责任,以提高军队中党的组织之质量","内容应着重阶级教育,说明三民主义与共产主义,国民党与共产党,八路军、新四军与其他军队性质上之区别,并解说目前的形势中投降的可能是最大的危险,反共就是准备投降的步骤等问题,就政治生活之实践中许多具体问题,作浅显之解答"。③ 1939年7月13日,《中共中央军委总政治部关于加强党的工作的训令》中指出:"积极培养党的下层基础,把党的工作重心放在健强支部、建立领导骨干、大批培养党内积极分子[上],使之在分散作战与艰苦复杂情况下,不为外界影响而损害党的独立性或停止党的活动。"④从党中央和中央军委的指示和训令中可以看到,子弟兵队伍中仅仅有数量上的共产党员是远远不够的,必须要加强对共产党员的政治教育,不断提高其政治质量,才能发挥其应有的模范作用。晋察冀边区子弟兵在这方

---

① 河北省社会科学院历史研究所等编:《晋察冀抗日根据地史料选编》(下册),河北人民出版社1983年版,第92页。
② 河北省社会科学院历史研究所等编:《晋察冀抗日根据地史料选编》(下册),河北人民出版社1983年版,第92页。
③ 中国人民解放军历史资料丛书编审委员会编:《八路军·文献》,解放军出版社1994年版,第355页。
④ 中国人民解放军历史资料丛书编审委员会编:《八路军·文献》,解放军出版社1994年版,第362页。

面既坚持党中央的英明决策,又在实践中不断探索新的有效路径,例如建立群众党课制度,"新党员入党后,全部以总支或分支为单位举行入党仪式,对其教育作用很大,加强新党员教育也引起注意,除分组上课以外,更能决定优秀党员去帮助解决其工作上学习上各种困难"①。锤炼过硬的共产党员,离不开良好的制度和战斗的支部,为此,晋察冀边区子弟兵部队中已建立起严格的党的生活制度,"'特殊党员'已经不复存在。党内民主得到适当发扬,在党内对干部批评无谓顾虑,一天一天减少下去,'一切通过支部'的口号能够正确执行,'支部包办一切'、'支部决定一切'的偏向已经克服,对各种任务之执行,各级干部的调动","支部周围问题的处理,都能经过党的讨论,而今年又在团以上部队普遍建立起军政委员会,能经[够]讨论各种事项,因此党的堡垒作用大大加强,党在部队的领导更坚固起来"。②

锻造过硬的政治战士,要不断加强思想政治教育。1939 年 7 月 13 日,《中共中央军委总政治部关于加强党的工作的训令》中对其中的问题和困难有清晰的认识,"由于新的农民成分占党内成分的绝大多数,因此,旧的宗族的地域的各种落后观念都反映到党内来,这是党的退步和巩固的最大障碍,必须尽力克服。主要依靠艰苦积极的教育,而应避免公式化的开展斗争","在新的部队中加强党的工作成为新部队之基本条件。应当立即充实各种政治制度,打稳基础,逐步发展,而不应只求形式上的发展"。③ 1939 年 12 月 6 日,《军委关于军队吸收知识分子及教育工农干部的指示》中强调:"不识字和无知识绝不是共产党员和八路军的光荣,而且不识字和无知识便不能成为很好的共产党员和八路军的好的干部。"④中央认为,"提高抗日人民抗日军队与抗日干部的文化水平与理论

---

① 河北省社会科学院历史研究所等编:《晋察冀抗日根据地史料选编》(下册),河北人民出版社 1983 年版,第 92 页。

② 河北省社会科学院历史研究所等编:《晋察冀抗日根据地史料选编》(下册),河北人民出版社 1983 年版,第 92 页。

③ 中国人民解放军历史资料丛书编审委员会编:《八路军·文献》,解放军出版社 1994 年版,第 362 页。

④ 中央档案馆编:《中共中央文件选集》第十二册,中共中央党校出版社 1991 年版,第 214 页。

水平"①,是为总的抗日斗争相配合的。中央军委在军队教育方面有严格、细致的规定,如"在中级干部读本未出版前,规定连、营干部在一定期间内(由各级按具体情况决定之),识两千字,读熟并了解'抗日战士读本'及'战斗条令';团、旅干部,规定在一定期间内,识五千字,读熟并了解'新民主主义论'、'战斗条令'与'野战条令'(这些条令均应择其适合中国情况者读之,不适者舍之)。对上述课目,应定期测验与考试,并以学习成绩为考核的标准之一"②。1942 年 2 月 11日和 26 日,中央军委和军委总政治部联合发布关于军队干部教育的指示(1942年 2 月 11 日发布第一至四号指示,26 日发布第五号指示)。该指示共有五号,第一号为总的指示,第二号为军事教育,第三号为政治教育,第四号为文化教育,第五号为各种干部的业务教育。其中第二号军事教育指示中,对军事教育内容、军事教育的正规制度与课程(分在校的、轮训的、在职的)、教材和实施注意四个方面进行了详细的规定。晋察冀的子弟兵按照中央的指示认真开展学习,效果比较显著。从高敏夫于 1939 年 1 月 10 日的战地日记中记录的一堂政治课可窥一斑:"听到给杂务人员的一堂政治课。教员讲的很得法,很受小同志们的欢迎。想不到这些小鬼们对目前全国战局了解这样全面,应该向全世界宣布,冀中区小同志们的抗战阵容十分可观,应写作题为《会餐室中的政治课》的文章。"③而李公朴在《华北敌后——晋察冀》中以"战斗的学校"来讲述晋察冀子弟兵的学习,他是这样描述的:"晋察冀的子弟兵就象是一座学校","在这个学校里武装了的人们,也武装起他们的头脑,成为最前进的,民族解放的战士,他们不仅在实际上担负起民族革命的神圣的战斗任务,而且在他们的头脑里还有着伟大而正确的理想,有着一个光辉灿烂的光明的前途!"④

(三)突显子弟兵中的共产党员的模范带头作用

首先,共产党员率先带头参加子弟兵。本来共产党员带头参加边区子弟兵

---

① 中央档案馆编:《中共中央文件选集》第十二册,中共中央党校出版社 1991 年版,第263 页。

② 中央档案馆编:《中共中央文件选集》第十三册,中共中央党校出版社 1991 年版,第203 页。

③ 申春编:《高敏夫战地日记》,中国文史出版社 1988 年版,第 98 页。

④ 李公朴:《华北敌后——晋察冀》,生活·读书·新知三联书店 1979 年版,第 39 页。

已成常态,各地均要求党员首先参加基干自卫军领导群众保卫边区,有的地方在新战士入伍大会上,共产党员带头入伍,并登台号召,青年应声入伍的场景散见于《晋察冀日报》相关报道中。第二,子弟兵中的共产党员在战斗中起先锋模范作用。子弟兵的共产党员在战斗中的先锋模范作用主要体现在不怕牺牲,勇于牺牲。例如"在子弟兵团中党员才占三分之一,但是在战斗中牺牲的,共产党员却占十分之六"①;"党员战斗伤亡比例数超过党员在部队中比例数很大,个别战斗党员伤亡竟占全体百分之八十以上"②;"共产党员占部队不过百分之四十,而每次战斗党员伤亡平均占百分之六十以上,少数的战斗,竟在百分之九十以上"③。萧向荣总结:"每次作战的伤亡,共产党员一般的总占半数以上……这就是说,在每次的战斗中,共产党员会是以自己最英勇,果敢的牺牲精神,来作全体战士之表率,起着先进的模范的作用。因此,这就提高了八路军的战斗力,保证了战斗胜利的基本条件。"④第三,子弟兵中共产党员在工作上,"永远不知休息,不知疲劳,人类伟大的爱,在他们心中燃烧着炙热的火,只问对人民对革命有怎样的利益,绝不问自己牺牲多大"⑤。共产党员工作是快乐的,毫不觉得痛苦,即便他们因劳致病,躺在病床上也不断地恳求着参加工作。例如"十一连王起生同志,正在病员室休养,当他听到秋收的消息以后,立刻从床上爬起,向部队追上去。王指导员说:'同志! 你有病在家好好休养吧! 不要去了!' 他很慷慨的回答道:'你不是讲过吗? 秋收秋耕就是战斗任务,我怎能不参加呢?' 于是他就很勇敢的跟部队参加秋收去了"⑥。第四,子弟兵中共产党员对待群众,"不是高傲自大,盛气凌人,而是更虚心向别人学习,更积极帮助别人,要成为部队中团结的模范"⑦。比如"×××团第三连第三班战士张长近,是一个非党员同志,他得了临时传染病,不能自己外出解大小便。党员们清楚认识了自己有责任帮助他。是

---

① 李公朴:《华北敌后——晋察冀》,生活·读书·新知三联书店 1979 年版,第 167 页。
② 河北省社会科学院历史研究所等编:《晋察冀抗日根据地史料选编》(下册),河北人民出版社 1983 年版,第 93 页。
③ 秀华:《子弟兵中的共产党员》,《晋察冀日报》1941 年 7 月 3 日。
④ 萧向荣:《第八路军　第二部分　抗战三年来八路军的英勇战绩》,《八路军军政杂志》1940 年第 2 卷第 7 期。
⑤ 秀华:《子弟兵中的共产党员》,《晋察冀日报》1941 年 7 月 3 日。
⑥ 王治国:《从病床追到秋收战场》,《晋察冀日报》1942 年 11 月 13 日。
⑦ 《温暖的家庭　共产党员处处体贴群众》,《晋察冀日报》1943 年 1 月 1 日。

的,他们党员和群众的关系弄得很好。张长近同志要解大小便时,党员们背着他出去;出操上课前,打下开水准备他喝"①。还比如炊事班的同志也要背伤员上山,因为"他深知道:这是一个共产党员的责任,他不能看着自己的同志被敌人打死,他流着泪,咬着牙,继续地向上爬"②。第五,子弟兵中共产党员在学习方面模范表现在,"一定要挤出时间来学习,一天不学习,就要感到不好过,如同少吃了饭或者全没吃饭一样"③。例如《特等模范青年——占国》一文这样写道:"朱占国学习成绩突飞猛进,已被选为特等模范青年。今年十九岁,贫农出身,入伍前系一文盲,于一九三八年自动加入八路军,一九四零年部队加紧进行教育,朱占国一年中即识字八百余,且学会了国音字母,能查字典,打下文化学习基础。此后在指导员帮助下,抓紧学习,深入专研,现已识三千余字,并能阅读《解放日报》及许多通俗书籍,对于整风文件及一般宣言也能领会。朱占国同志是学习小组长,每天除自己学习外,还帮助文化低的同志。今年开荒中便乘休息机会努力读书,并于每晚睡眠前争取时间看书,他不仅阅读报纸和一些文艺书籍,最近还学习自然科学知识。在学习中,朱占国已深切体验到'文化不提高政治就学不好'。"④

三、子弟兵的英雄模范

子弟兵的英雄模范,主要是指子弟兵战斗英雄和战斗模范,可以是个人或集体。1939 年 3 月 18 日,毛泽东、王稼祥、谭政、萧劲光给八路军、新四军各政治机关发电报:"在抗战中,从我们八路军、新四军的干部与战士中涌现出许多民族英雄。表扬这些英雄及其英勇行为,对外宣传与对内教育均有重大意义,各政治机关应注意收集这些英雄的事迹,除在各部队报纸上发表外,择其最重要者电告此间及广播。军政杂志今后专设八路军、新四军抗战英雄一栏,望各级政治部供给材料。"⑤此后,《八路军军政杂志》专门开设专栏宣传抗战英雄,影响甚广。

---

① 《温暖的家庭 共产党员处处体贴群众》,《晋察冀日报》1943 年 1 月 1 日。
② 《炊事班长刘林明》,《晋察冀日报》1944 年 1 月 24 日。
③ 秀华:《子弟兵中的共产党员》,《晋察冀日报》1941 年 7 月 3 日。
④ 《特等模范青年——占国》,《晋察冀日报》1943 年 6 月 16 日。
⑤ 中共中央宣传部办公厅、中央档案馆编研部编:《中国共产党宣传工作文献选编(1937—1949)》,学习出版社 1996 年版,第 37 页。

以晋察冀边区通过通令嘉奖、嘉勉、群英大会等形式表彰在抗敌战场上立有战功的个人或集体为例,分析英雄在中国共产党对"子弟兵"话语体系建构中的作用。1943年12月30日,晋察冀边区行政委员会公布《晋察冀边区反"扫荡"战斗英雄奖励办法》,该办法对何谓战斗英雄,战斗英雄的标准、级别、选拔、评选以及奖励等进行了规定。该办法明确部队中的英雄,"战士以神枪射手、模范弹手,反'扫荡'中杀伪敌在三十人以上者为合格,指挥员以英勇机智指导有方,反'扫荡'中领导战斗胜利在五次以上者为合格"①。晋察冀边区子弟兵英勇斗争,奋勇杀敌,即使在战斗中只剩下个体时仍坚持战斗直至牺牲。对此,日方有关文献也有记载,例如日寇总结1942年5月至6月冀中作战时写道:"其战斗意志相当强,特别是在村庄的防御战斗尤其坚强,战斗到最后一人仍然顽抗到底的例子屡见不鲜。"②笔者大致把英雄分为个人英雄和集体英雄,探究建构"子弟兵"话语体系这一基本路径——英雄的内涵。

(一)个人英雄

晋察冀边区把战斗英雄分为三个等级,一等、二等和三等。基于《晋察冀日报》在1944年2月23日至25日三天报道"子弟兵英雄们"为考察中心,探析子弟兵中的战斗英雄的事迹以及对建构"子弟兵"话语体系的路径作用。

表3-1　晋察冀边区子弟兵部分一等战斗英雄一览表③

小标题	事迹
死里得生的张福仁	被伪军包围,拉响手榴弹与伪军同归于尽(未牺牲)
宁死不屈的郑有年	掩护主力撤退,拉开手榴弹与敌同归于尽(未牺牲)
负伤跳崖的崔昌儿	为侦察而被包围,武器打光,肉搏,战友杨明和、郭文华牺牲,崔负伤多处,跳崖(未牺牲)
坚定顽强的王化三	抢修电线遭遇敌人,以一敌三,多处受伤,老乡救了他
视死如归的糜德喜	掩护群众和全连转移,糜德喜、郭满福、张三娃被包围,打光所有武器,三人齐跳崖,郭、张牺牲,糜负重伤

————————

① 《晋察冀边区反"扫荡"战斗英雄奖励办法》,《晋察冀日报》1944年1月3日。

② 日本防卫厅战史室编:《华北治安战》(下),天津市政协编译组译,天津人民出版社1982年版,第162页。

③ 根据李荒的《子弟兵英雄们——一等战斗英雄》(《晋察冀日报》1944年2月23日)整理而成。

表3-2　晋察冀边区子弟兵部分二等战斗英雄一览表①

小标题	事迹
爆炸专家谭宝楼	埋的地雷命中率高,拉雷后勇敢和机智
带病擒敌的邢树林	带病坚持抓特务和汉奸,抓住伪军小头目,不费弹药解决战斗
人民热爱的李喜亭	在敌人点线中穿插作战,俘虏和缴获均不少
英勇善战的阎福元	担任班长善于组织战斗,毙死敌伪近百名
掩护群众的高树棠	面对敌人绝对优势兵力,排长牺牲,高代理排长组织战斗,掩护群众和伤员转移,带队伍脱离危险

表3-3　晋察冀边区子弟兵部分三等战斗英雄一览表②

小标题	事迹
只身奏捷的胡凤刚	带三名战士袭击敌方据点,杀敌4人,缴大枪3条,安归
不避艰险的邢竹林	医救伤员,医治百姓,救死扶伤
扫射敌人的权新法	老机枪射手,毙伤敌人40名以上
缴获大炮的秦萝兰	缴获迫击炮,独自一人把缴获的迫击炮拉回驻地
以少胜多的马兆棠	坚决执行任务,坚持一个半钟头,击毙敌20多人
炸车能手史德成	成功炸毁货车(×辆)、铁甲车(一辆)和毁路轨
沉着勇敢的赵媚槐	击退敌冲锋,掩护主力转移,以7对50多敌人打3个钟头
机枪射手钟全福	有奇妙的射击技术,创造了杀伤敌人最优越的纪录

　　从表3-1、表3-2、表3-3来看,获得战斗英雄称号的子弟兵都十分优秀,在奋勇杀敌方面走在前列,为抗日敢流血、敢牺牲。从上述表中也看到了子弟兵评选战斗英雄的内在标准和价值导向。获得一等战斗英雄称号的子弟兵,常表现为顾全大局,在被包围下不投降,敢于拿命与敌人相搏。获得二等战斗英雄称号的子弟兵,常在与敌斗争中有过人之处,组织战斗能力强。获得三等战斗英雄称号的子弟兵,在杀敌上往往在某一方面有专长,独立斗争能力强。由此可见,子

---

①　根据李荒的《子弟兵英雄们——二等战斗英雄》(《晋察冀日报》1944年2月24日)整理而成。

②　根据李荒的《子弟兵英雄们——三等战斗英雄》(《晋察冀日报》1944年2月25日)整理而成。其中,三等战斗英雄钟全福,是根据永芳的《机枪射手钟全福》(《晋察冀日报》1944年2月1日)整理而成。

弟兵战斗英雄三个等级实际上把中国共产党对"子弟兵"话语体系建构的导向透析出来,即为抗日敢于牺牲生命,组织对日寇作战消灭对方,为杀敌要苦练本领。尽管黑格尔指出英雄"内在的'精神'","关联着'世界精神'意志"①,卡莱尔认为英雄的本质可以概括为"'真实'、'神圣'和'永恒'"②,但英雄必然是时代性与普遍性的结合,英雄不但顺应时代发展以丰功伟绩改变历史的进程,而且以其强大的精神主体表达为人们所普遍接受。

再从1944年《晋察冀日报》单篇介绍战斗英雄的文章来看,每位战斗英雄在奋勇杀敌和拥有核心杀敌技能等方面,都有着过人之处。例如《机枪射手钟全福》一文,原文如下:

> 钟全福同志,是×团一连的机枪班长,同时也是党内的模范小组长。他在去年空前残酷长期的反"扫荡"斗争中,都能在节省弹药的原则下,从不放过任何有利机会,给敌人以最大的杀伤,他在战斗中创造了杀伤敌人最优越的纪录,比如:在阜平苇子沟门南山战斗时,三发子弹,打死了敌人的重机枪射手。在石塘伏击战斗中,他更高度地发挥了惊人的射击技术,连发三梭子弹,打死敌人十多名;第一梭十粒子弹,杀伤敌人五名;第二梭五粒子弹,把敌人的机枪射手击毙;第三梭十一粒子弹,瞄准了敌人的密集队形,杀伤了六名敌寇。在北陈侯战斗时,他英勇地抱着机枪,跟随在突击队的后边,掩护部队转移,在他猛烈的射击下,连房顶上的一座土堡垒,也被他打垮了。他这样精妙的射击技术,真可以当"模范的射击英雄"的荣誉头衔而毫无愧色。③

该文对机枪射手钟全福射击技能有较为全面的介绍,在节省子弹的情况下,能压制住敌人火力,对敌人进行致命的射击,不愧是模范的射击英雄。抗战时期,人们喊出"再没有比这个大时代——更正确地说,我们这个民族的这个大时

---

① [德]黑格尔:《历史哲学》,王造时译,生活·读书·新知三联书店1956年版,第69页。
② [英]卡莱尔:《英雄与英雄崇拜》,何欣译,辽宁教育出版社1998年版,第177页。
③ 永芳:《机枪射手钟全福》,《晋察冀日报》1944年2月1日。

代——更需要英雄的了"①,中国共产党对"子弟兵"话语体系建构过程中,借助个体英雄传达出"子弟兵"能挑起时代对英雄的呼唤,把个体英雄中能打日寇、能杀日寇和巧杀日寇列入关注点,以个体英雄强大的精神力量以示号召,积小胜为大胜,扭转抗日敌我力量对比。

　　子弟兵部队不仅产生战斗英雄,在持久战中获得更为持久的战斗力,而且还产生劳动英雄。许大一的《把沙滩变成肥田——高副司令员和徐参谋长也是劳动英雄》一文对子弟兵领袖人物也是劳动英雄有过这样的描述:"沙滩上,已经有几个人干得很起劲了,我认得:那个身体又胖又高,戴着淡黄色军帽,鼻梁上架着一副眼镜的,是我们的高副司令员;旁边那个短个子,穿着一身深绿色军装的,是我们的徐参谋长。从前,我光知道他们是指挥子弟兵消灭敌人的能手,却不晓得他们也是生产战线上的劳动英雄啊!"②这也是子弟兵部队的光荣传统,要战士变成劳动英雄,干部们要率先垂范,"干部以身作则特别是在艰苦危险的时候,是有重要的作用的"③。与老百姓一起参与劳动、劳动果实与老百姓共享的军队最光荣,也最能获得老百姓的支持和认可。并且,子弟兵战士成长为劳动英雄有着天然的优势。例如秋收战线上的劳动英雄王云龙,"在家里下过地,收过庄稼,有的是经验!"能吃苦耐劳没有半点形式主义,做农活"快到这样,但一点也不表面化,由始至终总是这样"。④ 当有些子弟兵战士对参军后怎么还要劳动产生困惑时,子弟兵中的劳动模范用自身的实践来破解疑问,例如劳动英雄寇善卿在面对旁人"军人还背粪拾粪,有点丢人"时,带头拾粪积肥并说:"咱们开荒为老百姓,拾粪为老百姓,你说丢人,我看是光荣。"⑤子弟兵中劳动英雄有着一个共同的特征,在于坚持不懈地劳动和比常人要做得好。不管是背粮劳动英雄吕股长,是"背粮的模范,背了六十三斤","挑的至少有八九十斤,光着脚,比我

---

　　① 孙晋武:《论英雄主义》,《新意识》1938 年第 5 期。

　　② 许大一:《把沙滩变成肥田——高副司令员和徐参谋长也是劳动英雄》,《晋察冀日报》1943 年 4 月 6 日。

　　③ 中共中央文献研究室、中央档案馆编:《建党以来重要文献选编(一九二一——一九四九)》第十九册,中央文献出版社 2011 年版,第 395 页。

　　④ 《秋收战线上的子弟兵》,《晋察冀日报》1942 年 1 月 29 日。

　　⑤ 姚远方:《从一个战士看人民的军队》,《北方文化》1946 年第 2 卷第 5 期。

们穿鞋的走的并不慢"①，还是生产劳动英雄刘玉杰战士，好生看管二三亩菜园子，"他的肩膀被晒得起了一层白泡，脱了一层皮，但他没有讲过辛苦，更没有向别人说过没衣服穿"②，都是对子弟兵劳动英雄特征的诠释。

（二）集体英雄

集体英雄是个体英雄的集群，战争年代的集体英雄是改变现实、拯救危难最好的明灯。集体英雄更具有榜样凝聚作用，也必将成为战争动员和精神改造的重要载体。

晋察冀边区子弟兵确实演绎了一段段舍生取义的经典传奇，至今广为流传。《晋察冀画报》曾描述狼牙山五壮士的事迹。这一个晋察冀边区子弟兵英雄般事迹一经披露，迅速在根据地各部队与村镇中传播开来，产生了巨大的影响力。据孙福田回忆，"这样的英雄事迹就发生在自己身边。看了五壮士跳崖的通讯后我震撼，同时非常感动！"③狼牙山五壮士的事迹越是传播，越是振奋人心，不少部队学习狼牙山五壮士的精神，在打光弹药后毅然跳下悬崖。狼牙山五壮士精神已成为晋察冀边区子弟兵光荣传统的浓缩与象征，激励着后来者不断前行。

晋察冀边区还以"群英大会"的形式选出集体英雄。1944 年 2 月 10 日至 14 日，晋察冀边区党政军民联合在阜平召开了第一届群英大会。大会决定："赠予邓世军以'晋察冀边区子弟兵战斗英雄'，赠予李勇以'晋察冀边区爆炸英雄'，赠予戎冠秀以'北岳区拥军模范——子弟兵母亲'的光荣称号。"④2 月 17 日，晋察冀边区党政军民领导机关共评定和公布了北岳区战斗英雄与模范工作者名单："（一）地方战斗英雄：李勇、康元等 9 名。（二）地方模范：武装斗争模范李黄土等 23 人；模范工作者崔锡珍、吴玉亭等 15 人；模范劳动者周二、安国成等 6 人；模范公民贾德高等 3 人；模范拥军戎冠秀 1 人。（三）部队战斗英雄：杨世

---

① 实平：《麦收场上的吕股长》，《晋察冀日报》1942 年 6 月 19 日。

② 吴柱石：《刘玉杰 贾福有 一个生产劳动英雄 一个互助友爱模范》，《晋察冀日报》1943 年 8 月 8 日。

③ 谭琦、行路：《〈狼牙山五壮士〉："往事"背后的"往事"——孙福田先生创作忆事》，《大众电影》2011 年第 6 期。

④ 《晋察冀抗日根据地》史料丛书编审委员会编：《晋察冀抗日根据地 第三册（大事记）》，中共党史资料出版社 1991 年版，第 236 页。

明、邓世军等 23 人。(四)部队模范:赵彬等 20 人。"①1944 年 12 月 21 日至 1945 年 1 月 30 日,晋察冀边区第二届群英大会也在阜平举行,大会选出了 90 个边区英雄模范人物。由此可见,战斗英雄与爆炸英雄、劳动模范、道德模范等融在一起,构建起新集体英雄的内涵。这时的英雄,不仅仅包括战斗英雄或集体战斗英雄,其内涵更加广泛,还包括了支持抗战的拥军模范、"子弟兵母亲"、劳动模范等。正如《晋察冀北岳区战斗英雄暨战斗模范大会宣言》中所说的:"战斗英雄和模范要争取作劳动英雄,劳动英雄又要争取作战斗英雄","子弟兵里的战斗英雄和模范,要成为拥政爱民与生产的模范"。②

建构集体英雄,用集体英雄崇高的精神铸造起坚持抗战到底的价值体系,与此同时,通过建构集体英雄,让老百姓进一步重新审视他们的子弟兵。凌亢的《从雁翅村英雄选举来看群众的发动》记录了一些群众的审视心声,如"以前咱们脑筋糊涂,认不清这个世道,总以为八路军不叫人有。谁有就打击谁。今年提出大生产,这才一下清楚了,这个世道正是叫人有哩,有穿的,有吃的,谁劳动好,谁的生活就改善,这就是八路军的政治"③。正因为此,毛泽东曾说:"我看最近开劳动英雄大会、劳动英雄与模范工作者大会、劳动英雄与战斗英雄大会,就是一种好的工作方法"④;"从军队中、农村中、工厂中及政府机关中,用群众民主选举的方法,选出优秀分子,充当战斗英雄、劳动英雄及模范工作者,给予奖励与教育,经过他们去鼓励与团结广大的群众,这种制度,对于提高军队的战斗力,提高农业及工业的生产力,提高政府机关及一切其他机关的工作能力,数年来的经验,已经证明是极有效果的,各地应该普遍地推广这一运动"⑤。

(三)书写英雄——《英雄的晋察冀子弟兵》评介

1944 年 3 月,八路军留守政治部出版了《战士小丛书之十七 英雄的晋察

---

① 《晋察冀抗日根据地》史料丛书编审委员会编:《晋察冀抗日根据地 第三册(大事记)》,中共党史资料出版社 1991 年版,第 236 页。

② 河北省社会科学院历史研究所等编:《晋察冀抗日根据地史料选编》(下册),河北人民出版社 1983 年版,第 419 页。

③ 凌亢:《从雁翅村英雄选举来看群众的发动》,《晋察冀日报》1944 年 12 月 15 日。

④ 《毛泽东文集》第三卷,人民出版社 1996 年版,第 97 页。

⑤ 中国人民解放军历史资料丛书编审委员会编:《八路军·文献》,解放军出版社 1994 年版,第 1046 页。

冀子弟兵》一书。这本书由两大部分构成,第一部分是"英勇的晋察冀子弟兵",这部分内容曾以"晋察冀通讯"署名,标题为《英雄的晋察冀子弟兵》在《解放日报》1944年3月7日第4版刊登;第二部分是"晋察冀北岳区战斗英雄介绍",共计介绍了十位英雄人物的事迹,十位英雄分别是杀敌英雄邓世军、炸车英雄杨世明、神枪手钟全福、爆炸大王李勇、光荣的子弟兵母亲戎冠秀、民兵神枪手李殿永、缴枪英雄阎清才、青年游击小组长贾玉、爱护伤员的医生邢竹林、一夜五次抬送伤病员的护士吕俊杰。

该书第一部分由"一、百炼成钢""二、坚强不屈的革命意志 奋不顾身的自我牺牲""三、舍己救人的革命美德""四、狼牙山的勇士并没有死""五、全部奇迹的秘密"这五部分组成,高度概括了晋察冀子弟兵的特点。在"一、百炼成钢"部分,主要介绍敌人千方百计要消灭晋察冀边区,晋察冀子弟兵先后打响了涞源黄土岭战役、灵寿陈庄战役、李员子村战役、宋庄战斗等,创造了无数的英雄人物,如狼牙山五壮士、副连长庚治国等。在"二、坚强不屈的革命意志 奋不顾身的自我牺牲"部分,列举了七个真实事例进行论述,具体见表3-4。

表3-4 《英雄的晋察冀子弟兵》英雄子弟兵英勇事迹表①

时间	地点/战役	子弟兵英雄	战斗事迹
1942年10月底	三分区玉石岭高山	×连一个班(班长李增义与八个战士)	班长李增义模范带头,带领战士们在高山上克服寒冷、饥饿等不利条件,成功完成警戒任务
未知	未知	雁北×团×连的青年战士刘兰玉	百里以外背菜回来赶上战斗,一气爬了十八个山头,三次狙击敌人;第二天战斗中,与本班失了联系,自动找到其他班参加战斗,在部队转移中背上伤员张思荣同志,鞋磨破了,没有片刻休息,打着赤脚走了五里路
1941年秋季	□胡里战斗	×连一个班长王凤山	带着一个班和七八百敌人遭遇了,二次负伤后仍坚持战斗,背着其他同志的四支长枪走下火线
未知	界安附近战斗	五连的青年班长邢云济	率领全班冲锋,左臂、腿和右臂先后受伤,仍鼓励全班斗争,在敌人机枪扫射中牺牲

---

① 根据八路军留守兵团政治部出版《英雄的晋察冀子弟兵》一书整理。

续表

时间	地点/战役	子弟兵英雄	战斗事迹
1943 年 2 月 6 日	东寺强攻战	模范青年邱玉书	冲上房子后被敌人射倒仍不愿意下火线,被连长劝导救急后,又拿着五个手榴弹重上战场,获得战斗胜利
未知	敌人某一据点附近	疟疾刚好的刘德山	病刚好的刘德山执意参加掩护公粮任务,回来路上遇到敌人,刘德山第一个冲上高丘抢占有利地形,后与敌人进行肉搏
未知	×团特务连驻地	秦连英同志	敌人优势兵力入侵,我部重机枪来不及架起,这时机枪班战士秦连英把五六十斤重的重机枪放在肩上,班长打着。战斗结束后,秦同志吐了几口血,仍觉得这是他的光荣

从这些光荣事迹来看,晋察冀子弟兵拥有坚强不屈的革命意志和奋不顾身的自我牺牲精神,该书的这段结尾这样写道:"血写的故事太多了,人们试想一想:有些所谓装备精良的部队,他们在作战的时候,还必须在突击部队的后面,架上机枪,用死来威胁战士们去冲锋!而我们八路军的战士却是在连长的劝阻之下,硬要从病床赶到战场,去冒流血的牺牲!"①在"三、舍己救人的革命美德"部分,英雄子弟兵人物光荣事迹有:齐树勋同志牺牲自我保护首长和营指挥部的安全;担架班贾文华同志中弹多次仍救下副政指;齐文栋同志背着伤员下火线后才知道自己也是一个伤员。"当生死关头,不计自己的安全,舍己救人,这是人类最崇高的美德。而新的人民的英雄,正是这种美德的化身。"②在"四、狼牙山的勇士并没有死"部分,列举子弟兵战士继承狼牙山五壮士的壮举,这些子弟兵烈士有:沙岭战斗中第四班班长耿玉华带领全班掩护主力转移,被敌人截断撤退的道路,与敌进行殊死搏斗后,弹药打尽跳崖身亡;1942 年 10 月,十一连的朱礼、潘印、王永、刘庆、葛新年五位同志为掩护主力安全转移,向敌人进行冲锋,枪毁重伤,从摩天岭跳下;1942 年底,×团副班长李进山率一个班掩护主力撤退,被敌人逼到悬崖峭壁的绝地,踊身跳下二十几丈的高崖!"狼牙山的勇士们,并没有死,他们活在子弟兵的心头。"③在"五、全部奇迹的秘密"部分,道出"优秀的共

---

① 《英雄的晋察冀子弟兵》,八路军留守兵团政治部 1944 年版,第 7—8 页。
② 《英雄的晋察冀子弟兵》,八路军留守兵团政治部 1944 年版,第 8 页。
③ 《英雄的晋察冀子弟兵》,八路军留守兵团政治部 1944 年版,第 12 页。

产党员……他们团结着从人民中生长的子弟兵战士,为人民而浴血战斗！这就产生了许多古今罕有的奇迹"①。

该书第二部分"晋察冀北岳区战斗英雄介绍"重点介绍了十位战斗英雄,在这十位战斗英雄中,引人关注的是拥军模范"子弟兵母亲"戎冠秀、爱护伤员的医生邢竹林、一夜五次抬送伤病员的护士吕俊杰。不仅仅介绍战场中产生的战斗英雄,而且还重视在战场中做必不可少服务工作的英雄,这体现出该书作者的精心安排。医生邢竹林在反"扫荡"中想尽办法隐蔽伤员、医治伤员和改善伤员伙食等,保证了伤员的安全和健康,与此同时,他所住的××村有三分之一的老乡病倒了,"敌情紧急的时候,村里人们都跑了,留下大多病人没有人照管,他协同全体工作人员冒着极大的危险,一个一个的照管了他们"②,当地老乡对邢医生评价很高。护士吕俊杰对待伤员很细心、很有耐心,并能在工作中进行研究确保伤病员伤口尽快好起来,她在工作中没有怨言能吃苦耐劳,"有一次天下着大雨,她发着疟疾,仍然照常的爬着蜿蜒的山路给伤员换药,送饭,一天跑好几次;为了伤病员的饭食,不论刮风下雨,她都去背粮食,每次最少四十斤,有一次被雨淋透了棉衣,回来后她脱去棉衣围着棉被看书,有事来了,又披上冰冻了的棉衣去干,没有表示过不高兴"③。她是一名共产党员,她在任何时候想着"一切为了伤病员"这一理念。④ 像吕俊杰这样的看护员边区子弟兵中还有很多,周云化的《感激的掉出眼泪来》一文,讲述看护员高炳海对伤员的极宝贵的友爱精神,使得伤员同志感激得掉出了眼泪来。⑤

基于以上,《英雄的晋察冀子弟兵》一书的主要特点有:在写作方法上,列数子弟兵战斗英雄的事迹,通过还原真实战斗场景,宣扬子弟兵英雄人物的革命精神;在选取典型上,以战斗英雄为主,把支持子弟兵战斗的先进人物列为英雄,展现边区子弟兵由优秀的边区青年组成和有着边区人民群众衷心的支持。抗日战争时期,在一个博弈胜与负、考验生与死的战场上,晋察冀子弟兵涌现了众多的

---

① 《英雄的晋察冀子弟兵》,八路军留守兵团政治部1944年版,第14页。
② 《英雄的晋察冀子弟兵》,八路军留守兵团政治部1944年版,第25页。
③ 《英雄的晋察冀子弟兵》,八路军留守兵团政治部1944年版,第26页。
④ 这里重点介绍医生邢竹林事迹和护士吕俊杰事迹,戎冠秀事迹在下一章有专门介绍。
⑤ 参见周云化:《感激的掉出眼泪来》,《晋察冀日报》1943年1月13日。

个体英雄和集体英雄,《英雄的晋察冀子弟兵》一书中所列举的只是其中的一小部分,这些人是推动抗战胜利前进的骨干,至今仍是我们应该好好学习的榜样。

此外,除以书籍文本形式展示子弟兵英雄人物外,有关子弟兵英雄人物和普通士兵的戏剧,对于塑造子弟兵形象也有重要的作用,其更加真实、全面地反映了子弟兵的状况。例如刘萧芜的《李殿冰》(1944年),主要描述了晋察冀边区民兵英雄李殿冰带领民兵在反"扫荡"的游击战中运用"麻雀战"打击敌人,掩护群众转移的故事。《李殿冰》是以现实中的李殿冰为原型进行艺术加工的作品,该剧通过李殿冰掩护群众转移出村的故事,表现了李殿冰神枪手和勇敢机智的一面,同时也揭露了"脓包货"的投敌和敌寇"恐雷"的丑态,最后描写李殿冰是如何以事实教育、启发群众觉悟,带领民兵连队发扬英勇无畏的战斗精神胜利前进的。子弟兵个体英雄形象的戏剧建构,更好地把子弟兵与老百姓的血肉联系、子弟兵如何战胜强敌、子弟兵个体思想斗争和影响力等展现了出来。《李殿冰》为替子弟兵英雄塑像的新闻报道剧开了先河,艾思奇(署名崇基)在《解放日报》发表评论文章,赞扬《李殿冰》的创作演出是"毛主席所指示的文艺方向的前方实现的一个重要表现"①。子弟兵中普通人物的建构,恰恰从另一层面更好地反映出了子弟兵的真实。例如杜烽的《李国瑞》(1944年),讲述李国瑞参军六七年来,思想上仍然十分落后,当时部队开展的整风运动,促使干部作风的转变,也使得李国瑞放弃了离队的想法,检查了自己的错误,转变为英勇杀敌的先进战士和军分区"坦白运动"的模范。该戏打破了子弟兵部队中完美无瑕的思维定势,反映了部队内部的矛盾和士兵的思想问题,揭示了人民军队是一座革命大熔炉的深刻主题意蕴。《晋察冀日报》评论文章指出:该剧是"几年来反映子弟兵的少有的成功作品"②。看过此戏的有过这样的评论:"这戏有看头,又娱乐人,又教育人,又整干部的风,又整战士的风,看一回顶上一期训练班。"③杜烽谈及写作《李国瑞》时的想法对我们理解《李国瑞》有一定的帮助:"看到了《子弟兵》报的社论《开展李国瑞运动》。社论就李国瑞的'落后—转变',论述了如何做好落后战士的思想工作——只能说服,不能压服,当前之大敌乃是军阀残余作风。读

---

① 崇基:《前方文艺运动的新范例》,《解放日报》1944年4月23日。
② 《短评〈李国瑞〉的创作》,《晋察冀日报》1945年3月27日。
③ 王匡:《〈李国瑞〉看后》,《解放日报》1946年10月24日。

后,我的思想豁然开朗,使我认识了事件的本质——领导与被领导的关系,也使我鸟瞰到生活的全貌——人物与环境的关系。"①可见,子弟兵与环境的关系,对子弟兵个体塑造有相当大的关系,也是建构"子弟兵"话语体系的重要要素之一。不管是子弟兵英雄人物还是普通人物,这些戏剧反映了真实的子弟兵形象,对建构"子弟兵"个体角色话语体系有着重要的推动作用,让更多的人理解了子弟兵的真实。

另外,对英雄成长经历的介绍或报道,也是中国共产党对"子弟兵"话语体系建构的途径之一。如毛泽东在同英国记者斯坦因的谈话中指出:"就拿今天的《解放日报》来说吧,有一篇长文章占了整整一个版面,它详细讲述了八路军的一个连如何改正缺点成为一个最好的连队。我们军队的每个连的干部和战士都要阅读、研究和讨论这篇文章。这是一个简便易行的做法,利用一个连队的好经验对五千个连队进行政策教育。"②至此,英雄作为中国共产党建构"子弟兵"话语体系的基本途径之一,已经有了充分的展现,英雄创造战绩,战绩成就英雄,共同推动着"子弟兵"话语体系建构的丰富和发展。

---

① 中国人民解放军文艺史料编辑部编:《中国人民解放军文艺史料选编　抗日战争时期》第2册,解放军出版社1988年版,第171页。
② 《毛泽东文集》第三卷,人民出版社1996年版,第189页。

第四章　话语方位

——军民一家亲

军民亲如一家人,这是中国共产党对"子弟兵"话语体系建构的凝聚升华。子弟兵像亲人一样尊重、善待老百姓,才能最终赢得老百姓的信任、爱护和全心全意的支持。群众有双锐利的眼睛,善于察觉军队的好坏,也根据自己的判断,做出支持还是对抗等行为。一位山西老乡的话道出真谛,他说:"八路军吃喝都给钱,不打骂百姓,打日本鬼子比晋军强,比骑一军强。从陕西过来的八路军没有一个当汉奸,当汉奸的都是晋军里面的人。这里有很多人都当八路军了,村子里的人都说:'迟早要当兵,早一点当八路军,免得给晋军拉去当兵。'"①老百姓建构"子弟兵"话语体系的元素似乎就这么简单,对老百姓好、不当汉奸,但其中道理却又是那么真实和实在。

一、军民大生产及反抢粮斗争

争利导致军民关系恶化,让利、共同创造利益则会促使军民关系更加亲密。子弟兵战士不爱财,平时拾物送还原主,在老百姓遭灾后,抱着"这年头,咱们要钱干什么,公家给吃给穿,军队老百姓是一家人,有了困难就该互相帮助"②的念头,开募捐大会募捐钱财来帮助老百姓渡过困难;在边区群众受到日寇欺压损失财物时,子弟兵打击日寇把失物夺回来还给老百姓,日寇烧毁的房子,子弟兵帮助老乡把房子重新盖起来,例如军区××部帮助灵寿×区×庄九天完成一百二十一

---

① 《王恩茂日记——抗日战争(上)》,中央文献出版社1995年版,第463—464页。
② 文基、杨帆:《捐出零用钱不让受灾同胞饿肚子》,《晋察冀日报》1943年5月5日。

间,解决了老百姓因被日寇烧毁房屋没有住房的困境。① 毛泽东指出:"一切空话都是无用的,必须给人民以看得见的物质福利。"②敌寇的暴行,战争的消耗,无情的灾荒袭击,使得本来生活艰难的老百姓更加"雪上加霜"。毛泽东提出"自己动手,丰衣足食"的口号,让军民拿出更大的力量进行大生产运动,战胜一切困难。在军民大生产运动中,"子弟兵"与群众亲如一家人更加体现出来了。

中央明确提出精兵简政政策,要求晋察冀"全区域党政军民学脱离生产者之人数与全区人口(不固定的游击区和敌占区不在内)之比例,不能超过3%"③。与此同时,开展大生产运动。晋察冀子弟兵在1940年"共收获粮食453328.8斤,还帮助群众春耕并收获粮食24472530斤"④。子弟兵与群众进行大生产,还不仅仅包括春耕。以北岳区子弟兵为例:"1940年帮助农民修滩11万亩,春耕183余亩,开渠150道,掘井160眼。1941年帮助秋收5万余亩。1942年助耕助收13万余亩。1943年出工4万个,帮助农民收麦2.42万余亩,另有35%的人力帮助群众运麦、打麦、收藏,帮助运肥料、播种耕田,帮助修渠、灌溉及除草等。"⑤"经过1944年的大生产运动,机关和部队的生活均有所改善,同时也减轻了农民的部分负担。"⑥还是以北岳区为例,据北岳区38个村庄的统计,到1944年不够吃的农户减少了58.3%。⑦ 就连晋察冀边区最贫困的阜平县,也"消灭了长期存在的吃糠、吃树皮的现象"⑧,"全县拿瓢要饭吃的没有了,到处飘扬着歌声,讲述着国内外的大事,许多人穿上了新棉衣,个个都是红光满面。穷山恶水一片沙的阜平,现在开始改头换面了"⑨。军民齐生产,部队有组织地帮助老百姓进行生产,收获是巨大的。军民共同应对自然灾害,把灾害造成

---

① 参见采芹:《伟大的团结互助子弟兵帮助老乡盖房子 九天完成一百二十一间》,《晋察冀日报》1933年6月15日。
② 《毛泽东文集》第二卷,人民出版社1993年版,第467页。
③ 中央档案馆编:《中共中央文件选集》第十一册,中共中央党校出版社1991年版,第468页。
④ 魏宏运主编:《晋察冀抗日根据地财政经济史稿》,档案出版社1990年版,第368页。
⑤ 李金铮:《抗日战争时期晋察冀边区的农业》,《中共党史研究》1992年第4期。
⑥ 魏宏运、左志远主编:《华北抗日根据地史》,档案出版社1990年版,第241页。
⑦ 参见郑立柱:《晋察冀边区农民负担问题研究》,《抗日战争研究》2005年第2期。
⑧ 《晋察冀边区的大生产运动》,《解放日报》1944年8月3日。
⑨ 《今年阜平的大生产运动》,《晋察冀日报》1944年12月17日。

的影响降低到最小。例如封崭的《军民一齐挥舞锄头　一早扶救玉茭九亩二分》一文,记录玉茭被暴风雨全部打倒,老乡们心急如焚,子弟兵部队同志们未因昨天开晚会只睡了四个钟头而情绪不高,反而与老乡们从7点钟开始,在一个半钟头内扶起玉茭九亩二分,老乡们说:"这么一帮忙,可多收点粮!"①因为军民奋斗大生产取得如此大的成绩,农民段振华在拥军大会上动情地说:"抗战以来我的生活比过去改善多了,政治地位也提高了。为什么能够这样? 这都是因为八路军来了给我的好处。"②段振华的话代表着当时农民对晋察冀子弟兵的感情,同时也证明了晋察冀子弟兵是真心实意为老百姓利益而奋斗的子弟兵队伍。

另外,子弟兵帮助农民抢秋,进行反抢粮斗争,切实保护了农民的利益,使得军民关系更加密切。陈起的《反"扫荡"中子弟兵帮助抢秋》一文对子弟兵抢收场景有过这样的描述:"有的割谷子、豆子,有的搓穗子、打玉茭子,有的帮助种麦子,每一个战士和老百姓都深刻认识到今年武装保卫秋收的重要意义,在'抢收抢种'的口号下,都以战斗的姿态,在紧张的工作着。"③日寇为抢夺老百姓粮食,手段极其凶残,张帆的《五台敌抢粮失败——敌后的敌后通讯之二》里记载着,上阳村日本军警备队队长令各村村长知:"本军到各村征集杂谷等类(记者按:敌除在五台抢七百万斤粮,尚准备抢六百八十多吨草,及大批羊、马、猫等兽皮),村民一律不能往外跑,如有逃跑的,即以八路军论罪(当时枪决)。"④据不完全统计,仅1944年,《晋察冀日报》中有关反抢粮斗争的通讯报道就多达七篇。见表4-1。

表4-1　1944年《晋察冀日报》通讯中的反抢粮报道一览表⑤

刊登日期	标题	斗争情况
1月15日	五台敌抢粮失败	伪军抢粮"成绩"仍然不大
2月1日	平山的抢秋斗争	日军带回稻草和死尸
2月19日	繁峙平原上的反抢粮斗争	日寇所抢的粮食,不及他原计划的二十分之一

---

① 封崭:《军民一齐挥舞锄头　一早扶救玉茭九亩二分》,《晋察冀日报》1943年8月18日。
② 秋浦:《下关的拥军大会》,《晋察冀日报》1944年2月27日。
③ 陈起:《反"扫荡"中子弟兵帮助抢秋》,《晋察冀日报》1944年1月7日。
④ 张帆:《五台敌抢粮失败——敌后的敌后通讯之二》,《晋察冀日报》1944年1月15日。
⑤ 资料来源:根据1944年《晋察冀日报》通讯报道整理而成。

续表

刊登日期	标题	斗争情况
6月22日	麦收中的杜庆梅	子弟兵一天无代价地帮助收麦十三亩,包麦五亩,担麦子个个都在百斤左右
7月14日	保卫麦收的沟线外	为保卫麦收,子弟兵九天内,一连串打了五次胜仗,毙敌十名,生俘伪军四十九人等
7月29日	武强护麦出击大捷	为护麦,拔掉留寺林临时据点
8月18日	用战斗保护了饶武献的小麦	从4月至6月,子弟兵为护麦多次战斗

反抢粮的胜利,极大提升了子弟兵的形象,粮食为军需民用之命脉,保证了命脉也就保证了抗战的持续力,从而促进了军民关系。正如一首歌谣唱的那样:"子弟兵,保家乡,军民团结钢一样;今年护麦得胜利,有吃有喝乐洋洋!"①对此,伪《庸报》也有相关记载,八路军的"政治、经济、文化诸工作,常谋民众尤以大多数贫农利益之拥护,军方常常与民众谋求融合,于此称八路兵士为'子弟兵'";"八路军为民众如此,使与民众关系良好"。国际友人也曾对此有过评论:"天津之近郊遭共党若干部队之袭击,届兹收获季节,此种战役目的在保护农民,盖敌伪军均欲借物力抢劫农产品也。现在日军给养来源日见困难,故此种战术极有重大之意义。"②子弟兵就是这样做的,不仅要保护好老百姓的粮食,每到一个村就要了解"老乡们对部队有什么意见,以及村里有什么困难需要部队来帮忙解决"③,在了解清楚情况后,及时有效地帮助老百姓解决困难,发现自身问题及时改正,提高服务老百姓的能力。

同是军人,虽然归属不同,也是有荣誉感的,特别是国难当头时,这种被认同感和存在感特别明显。查尔斯·泰勒对此有过精彩论述:"关于内在生成的、个人的、原创的同一性,情况是,它并不先验地享有这种认同。他不得不通过交流来赢得认同。"④散落在民间的各种武装力量找到八路军,要求学习打鬼子的本领,人民群众对八路军的认同普遍上升了。对待"子弟兵"又有别番认识:"'子'

---

① 萧行:《武强护麦出击大捷》,《晋察冀日报》1944年7月29日。

② 中国新四军和华中抗日根据地研究会编:《国际友人笔下的新四军》,解放军出版社2016年版,第64页。

③ 文苗:《子弟兵帮助冬运》,《晋察冀日报》1941年12月3日。

④ [加]查尔斯·泰勒:《现代性之隐忧》,程炼译,中央编译出版社2001年版,第55页。

就是咱们老百姓的儿子,'弟'就是八路军的弟弟,'子弟兵'就是老百姓组织起自己的队伍,让八路军教我们打仗,去打日本鬼子,保卫自己的家乡。"①在上下细腰涧战斗时,"青羊口的一个老人,要给部队带路。当时天气非常冷,我们的部队看到这位老人年高气衰,而且已经带了半天路,所以要找人来代替他,然而他不放心,他要和他们相跟着一块去。他说:'山里的小道路是很难找的,一不小心就会走错。我在这里活了一辈子,哪里都摸得着。我不冷,你们都穿的单衣服,我穿的还是夹棉呢!你看。'后来,快要到达目的地的时候,他在一个山坡上倒了下去,再也没有起来,他是冻死了!这种伟大的精神正是象征着中华民族的自由与解放"②。

基于以上,笔者以《晋察冀日报》一篇社论文章中的两段话来小结:"为了克服困难,坚持抗战,为了减轻边区人民负担,渡过难关,为了进一步巩固六年来边区军民的亲密团结,使拥政爱民、拥军工作获得更加巩固的物质基础,全边区军民就必须认真执行中共中央和毛泽东同志'亲自动手,克服困难'的指示,用最大的力量来开展今年的大生产运动";"边区人民的子弟兵,不仅是身经百战的坚强的战斗部队,而且是刻苦勤劳的劳动军。他们不仅用战斗来保护人民的生产,而且还要参加到大生产运动中去,成为大生产运动中的重要力量"。③

二、团结起来共克时疫

侵华日军不但实行疯狂的"三光政策",而且人为制造疫情,让疫病大流行,直接威胁到晋察冀边区军民生命安全,以达到灭亡中国的目的。虽然边区群众在卫生防疫方面存在问题不少,但日军的恶意制造疫情是晋察冀边区瘟疫流行的主因。

1939年以降,日军在晋察冀边区多次进行残酷的大扫荡,肆意烧杀抢掠,在冀西、冀中、冀东等地施放毒气、细菌弹等,刺激了瘟疫大流行。1939年初冀中大扫荡,1939年冬晋察冀和晋西大扫荡,1941年晋察冀北岳区秋季大扫荡,1942

① 裴世昌:《晋东南子弟兵的创立及其经验》,《八路军军政杂志》1941年第3卷第4期。
② 《上下细腰涧的战斗》,《抗敌报》1939年6月15日。
③ 《开展大生产运动是全边区军民的神圣任务》,《晋察冀日报》1944年2月13日。

年"五一"大扫荡,1943年北岳秋季大扫荡等,连年不止。战乱严重破坏了人类生存环境,大战必生大疫。1940年至1941年间,日军对阜平县进行残酷扫荡时,施放大量细菌武器,导致瘟疫流行,人民群众深受其害。仅阜平县四个区抽查发现,发病3.94万人,发病率达94%,死亡5911人,占地区总人口的14.1%。临床表现多确诊为流行性感冒、痢疾、疟病、回归热、麻疹、天花、水痘等。① 一方面,"敌寇在华北各地的烧杀,在'扫荡'时向我抗日根据地大量散布病菌"②。另外,日军派遣大批汉奸混入我八路军,进行破坏工作。例如在八路军"前线各部曾经数次发觉汉奸在水井中,在粮食中暗放毒药,图暗害我抗战将士,已发觉中毒者不下二百余人",据抓获汉奸供述:"受训数月,后由敌军派遣打入我八路军部队,到各根据地内进行毒杀工作。"③另一方面,"在敌占区,敌人对我同胞健康的损害则更加明显而残酷,到处推销海洛英、鸦片等毒品;到处开设妓院娼寮,使我同胞之意志沉湎,健康消损,敌人不只用炮弹枪刺,残杀我同胞;而且用种种阴谋毒害我同胞的健康,使我中华人民逐渐消灭于不知不觉的灾害病苦中!"④仅《晋察冀日报》所揭露日军制造疫情的典型事例就多达十多种,例如占据应县、涞源的敌人把毒素打入"孝父""幸福"牌卷烟里,以毒害我抗日人民⑤;日军在定兴下发的"居住证"上有毒,毒死居民4人⑥;东崖底附近群众数人,掮敌人米包则肩烂,拿敌人遗弃纸烟则手烂⑦;敌寇盘踞上寨八个月,强奸全村二百余妇女,致使半数以上被强奸的妇女患上梅毒,在敌走后两个月后,全村发现两种新病症,一种是脸手发肿,另一种是肚痛,产生这两种病症的原因均为"被鬼子强迫吃药而中毒的"。⑧ 最为严重和恶劣的还是敌人在边区直接施放毒气瓦斯弹,致我同胞中毒受害者众多。

---

①　参见晋察冀边区阜平县红色档案丛书编委会编:《神仙山下卫生劲旅》,中央文献出版社2012年版,第333页。

②　《消灭春疫预防春瘟》,《晋察冀日报》1941年3月1日。

③　《敌寇阴谋破坏八路军　暗派汉奸到处放毒》,《晋察冀日报》1941年1月9日。

④　《开展清洁卫生运动》,《晋察冀日报》1941年2月19日。

⑤　参见黎明、云波:《"孝父""幸福"牌烟卷有毒　涞源乌龙沟敌放毒瓦斯》,《晋察冀日报》1942年5月27日。

⑥　参见《定兴被毒死四人》,《晋察冀日报》1942年6月11日。

⑦　参见《今春敌扫荡华北　屠戮之外狂施毒攻》,《晋察冀日报》1942年3月28日。

⑧　参见伦:《敌寇淫毒我妇女　上寨妇女大半生浮肿病》,《晋察冀日报》1942年9月2日。

为此,1941 年 10 月 30 日,晋察冀军区政治部的《关于开展卫生运动的指示》中明确指出:"第一由于日军对我边区人民的血腥屠杀后,无法及时掩埋,加之日晒雨淋,尸体浸湿腐烂,毒菌飞散,遂致病疫发生;第二由于敌人的到处焚烧抢掠,使我边区军民被迫露营野外,饥寒之后无力抗拒病菌袭击,于是疾病发生,造成疫病流行"①。随着日寇侵略中国的受阻,更加激起它无恶不作。1942 年 2 月 15 日,晋察冀边区召开的首次军政民卫生联席会议明确指出,敌人疯狂烧杀奸淫与卑劣毒辣的撒毒放菌的政策,是疫病流行的主要原因。②

疫病流行危害极大,突出表现为疫病造成部队减员,严重影响战斗力。例如受 1940 年疫情影响,驻赞皇县的八路军中,有许多干部、战士发生疟疾,3 个连队竟组织不成一个无疟连,严重影响了战斗力。③ 1940 年 12 月,晋察冀军区后勤会议指出:"部队地方传染病流行,今年本军区死亡数惊人增加,冀西、兵站死几十人。"④1942 年,聂荣臻总结道:"自 1940 年以来,在部队中居民中疟疾患者的死亡率相当大。"⑤一些战斗人员没有牺牲在战场上,却倒在病魔脚下。有些战士因患病,失去参战机会。战时,多病倒、病故一个八路军战士,就少一份抗战力量。农村青壮年因病无法入伍、参战,少年因病不能健康成长,直接影响到抗战后备力量的增强。疫病促使群众因病家破人亡,严重影响社会安定。据不完全统计,病发区瘟疫死亡人数严重时占到总人口的 15%左右,平均家家有病人,户户有病故的人,一些村庄出现了绝户人家。特别是少年儿童感染率、死亡率较高,给人民群众带来很大的身心痛苦与精神打击。农村因病伤亡大批劳动力,造成土地荒芜,阻碍了生产力发展。例如 1943 年灵寿县瘟病流行,郝家河、西柏山、东湖社、上下庄、南燕川、北燕川、东柏山等 7 个村子统计,农民因病无法耕

---

① 北京军区后勤部党史资料征集办公室编:《晋察冀军区抗战时期后勤工作史料选编》,军事学院出版社 1985 年版,第 475 页。

② 参见北京军区后勤部党史资料征集办公室编:《晋察冀军区抗战时期后勤工作史料选编》,军事学院出版社 1985 年版,第 509—510 页。

③ 参见河北省地方志编纂委员会编:《河北省志 第 86 卷 卫生志》,中华书局 1995 年版,第 199 页。

④ 北京军区后勤部党史资料征集办公室编:《晋察冀军区抗战时期后勤工作史料选编》,军事学院出版社 1985 年版,第 84—85 页。

⑤ 华北军区后勤卫生部:《华北军区卫生建设史料汇编》(防疫保健类),1949 年 10 月内部印行版,第 8 页。

作,土地撂荒率达 70%以上,其中最严重的南燕川村土地荒芜 2640 亩,荒芜率达
90.82%。① 因土地荒芜,没有收成,则造成新的饥荒。

人为制造疫情又与自然灾害诱发激化疫病相叠加,加重了边区疫情。1939
年 7 月中旬,边区各地连日大雨倾盆,山洪暴发,为几十年一遇,冀中灾情十分严
重。日军乘机到处掘堤放水,致使河流决口达 182 处,受淹地区达 30 多个县,受
灾村庄 752 个,淹没农田 1500 余万亩,极大地增加了边区群众的生活困难。②
大灾生大疫,是年秋天,瘟疫暴发,成千上万的人发病,发病率高达 40%以上。
医疗设施落后,疫情难控,更难根除。晋察冀边区创建时,"当地医疗卫生条件
很差,全晋察冀边区 100 多个县城没有一个像样的医院,有的县城只有几个中药
铺,西药房更是奇缺"③。防疫机构与设施更是凤毛麟角,缺医少药现象普遍存
在。不讲卫生的不良习惯,雪上加霜,增大了危害性。另外,当时晋察冀边区文
化落后,封建迷信流行,再加之医、药两缺,民众有病难找医生,往往听信于巫婆
神汉,致使病人延误最佳治疗时间而死亡。广大农村生产力水平低下,贫困交
加,饥寒交迫,农民体质弱,抗病能力差,疫病一旦暴发,很快流行,药品缺少,价
格又高,无力购买,有病只有硬扛,病亡率一直居高不下。

瘟疫流行严重威胁抗战与民生,加强防疫卫生工作势在必行。晋察冀边区
的人民军队,在全力抗战的同时,同地方党政民团结一致,开展了多管齐下、标本
兼治的防疫卫生运动,其中最有效的办法就是派出医疗队救治边区群众和号召
群众积极参与防疫运动。

第一,下派医疗队的救治效果显著。较早对晋察冀边区医疗队进行报道的
是,《抗敌报》在 1940 年 11 月 1 日第 1 版刊发的晋察冀日报社特约通讯员王烨
的《一个医疗队记述》一文。该文指出易县流行着瘟疫和水肿等疾病,三专署从
易县县城动员了十一位地方上的有名的中医,与专署的一个西医,组成了一个临
时的医疗队,带着约值三百元的药品,在十月一日赴灾区。这个临时医疗队"在

① 参见华北军区后勤卫生部:《华北军区卫生建设史料汇编》(防疫保健类),1949 年 10 月内
部印行版,第 64 页。
② 参见周均伦主编:《聂荣臻年谱》(上),人民出版社 1999 年版,第 285 页。
③ 北京军区后勤部党史资料征集办公室编:《晋察冀军区抗战时期后勤工作史料选编》,军事
学院出版社 1985 年版,第 685 页。

十八天内跑遍了二十多个村庄,治好了的和医轻了的有一千余人!"①老百姓十分感动送去各种物品慰劳医疗队。1941年秋季反"扫荡"后阜平各地疾病流行,军区卫生部组织医疗队携带大批药品进行了为期一个月的医治工作,"民众莫不称赞'八路军真是关心群众痛苦的!'"②有老乡激动地说:"先生,我看了你们,病就像好了一半! 八路军是老百姓的队伍,真是咱们一家人啊!""在阜平所治疗的中心村,计有八十八个,经过治疗的病员共七千零七十四个,治愈的数目,据统计,平均在百分之六十以上,除了因其他原因重犯者外,总共治愈的有:四千五百二十一名"。③ 军区医疗队不仅从事医疗工作,还帮助地方建立"防疫委员会"来领导和开展各村的卫生工作和卫生运动,进行防疫的教育与宣传工作。1941年底,在军区的帮助下,成立"×分区地方医疗队",到平山一、三区进行防疫救治,并根据诊断中的调查和研究,提出这些地方疾病流行的原因有三个:一是群众在反"扫荡"中躲藏到污脏潮湿的地方,整日挨饿挨冻,男女老幼挤在一堆;二是敌寇所到之处大肆杀戮,放毒气,造成瘟疫频发;三是群众本身对卫生的认识很差,没有卫生基本知识。④ 在军区医疗队的带动下,边区各县相继成立群众性医药组织,开展防疫研究和治疗工作,例如平山和唐县等地先后成立医生抗日救国会等。抗战中,晋察冀军区组织医疗队救治疫情重灾区群众,收到较好效果,成为防控疫情最有效的办法之一。1943年秋季,晋察冀军区卫生部派出20多个防疫组,104名医生,到10个县、20个区、384个村,治疗113人,治愈率达71.6%。⑤ 边区医疗队不仅起到治病救人、组织群众等作用,还对宣传子弟兵形象有着重要的作用。例如1943年12月13日,边区医疗队到古洞村进行慰问医疗,到达该村之前二日,为敌寇最后一次包围该村之日,期间仅隔两日即有两种迥然不同的人到达该村,进行两种截然不同的活动,伤病员异口同声地说:"日

---

① 王烨:《一个医疗队记述》,《抗敌报》1940年11月1日。

② 《军区卫生部组医疗队 赴阜平医疗 各村民众均甚感激》,《晋察冀日报》1941年11月21日。

③ 丹霞:《奔驰在阜平的军区卫生部医疗队》,《晋察冀日报》1942年1月11日。

④ 参见吴群:《消灭当前的大敌——病魔》,《晋察冀日报》1941年12月18日。

⑤ 参见《新中国预防医学历史经验》编委会编:《新中国预防医学历史经验》第1卷,人民卫生出版社1991年版,第100页。

本人杀人,八路军救人!"①还比如,1944 年,医疗组刚到行灵时,那里的老百姓说:"病死也不治了,花不起那么多的钱!"因为日本鬼子到乡里治病,要去了五百块钱。不久,又有个流氓土棍,冒充八路军的医生,骗了不少的钱,接着,反共特务分子就造了个谣言说:"日本军,八路军看病,都是一样骗老百姓的钱。"后来医疗组为老百姓免费治疗还送药后,治好群众七千五百人,老百姓观念马上改变,相信真正的八路军。②

第二,号召群众积极参与防疫运动。抗战初期,随着晋察冀边区疫情暴发后,子弟兵部队率先开始防疫工作,要求把反疾病现象看作是目前一种紧急的战斗任务,迅速地彻底地消灭流行病现象,以巩固部队,加强战斗力,准备迎接和粉碎敌人的新进攻。③ 随后也认识到"群众卫生与部队卫生的密切联系性,若只部队卫生做的好,而当地群众卫生运动未开展,则仍置身于病菌包围环境中"④。因此,在加强揭露敌寇制造瘟疫以及与之进行坚决的斗争的同时,针对群众卫生防疫认识弱等问题,加强教育群众,发动群众进行卫生防疫,走一条群防群治道路。"有同志们努力的村,还算整齐,可要是没有机关队伍住的村,东一个茅坑,西一堆臭大粪"⑤,必须全区、全村"都崇尚清洁卫生,对于疾病之免除,方克有济"⑥。通常做法是:"组织了卫生组,到各村去医治,并配合老乡们开展卫生防疫运动,帮助老乡们大扫除,大净街,填厕所,经过几天大突击,就医治好了二百七十三个老乡的疾病。这二百七十三位老乡中,有二十多位是病得最厉害的,结果都经过医治而痊愈了。另外,卫生组的同志还办了一个小小的训练班,告诉受训的老乡一般流行病的预防治疗方法,和几种秘方专方的服用法,经过他们,各村老乡们的卫生知识都普遍的增加了。"⑦一方面,晋察冀边区各地注重卫生防

---

① 杜若:《"日本人杀人八路军救人" 医疗组深得群众拥护》,《晋察冀日报》1944 年 1 月 15 日。

② 参见《医疗小组在行灵 揭发反共特务阴谋 治好群众七千五百》,《晋察冀日报》1944 年 2 月 15 日。

③ 参见北京军区后勤部党史资料征集办公室编:《晋察冀军区抗战时期后勤工作史料选编》,军事学院出版社 1985 年版,第 417—418 页。

④ 唐延杰:《开展清洁卫生运动中的几个具体问题》,《晋察冀日报》1941 年 3 月 6 日。

⑤ 李长工:《切实注意清洁卫生》,《晋察冀日报》1941 年 3 月 30 日。

⑥ 《开展清洁卫生运动》,《晋察冀日报》1941 年 2 月 19 日。

⑦ 瑾:《我们医治好了二百七十三位老乡的病》,《晋察冀日报》1943 年 8 月 31 日。

疫宣传工作,利用党报党刊宣传卫生常识和预防措施,并把一些成功经验及时宣传出去。例如《晋察冀日报》开设卫生常识专栏,由专业人员介绍各种流行病的防治,还从 1941 年 11 月 11 日至 11 月 28 日,不间断出版《冬季卫生教材》(共计八课)。另一方面,针对敌寇毒计如制造鼠疫,我军民合力捕捉老鼠,例如冀中发起捕鼠竞赛,平山全县三万儿童掀起捕鼠打蝇运动等。

三、军民誓约

(一)军民誓约运动的发起

晋察冀边区自建立以来,粉碎日寇多次"扫荡",获得了"华北抗战的堡垒"的誉称。1941 年,日寇接二连三地进行着所谓"治安强化运动",对敌后抗日根据地进行"毁灭扫荡"。日寇残酷"扫荡"增加了晋察冀边区抗日的物质困难,"边区军民、机关、学校不得不以马料(黑豆、高粱)充饥。黑豆虽然含丰富的蛋白,但难以为人体所吸收。广大人民群众也从半年糠菜半年粮改为全部吃糠"①。物质困难进而可能动摇部分人的信心。为破解这种严重危机,进一步从政治上、思想上将全体军民武装起来与敌人斗争到底,《中共中央北方局、八路军野战政治部关于开展军民誓约运动的指示信》中指出:"发动一次全华北的军民誓约运动,是必要的。这不仅在进一步从政治上、思想上武装全体军民有重大的意义,而且在加强抗日民族统一战线、巩固军民合作,一致集中力量来打击敌人,迎接与粉碎敌人的'扫荡',亦有其极重要的意义与作用。"②该指示信要求各级地方党与军队党,在接到这一指示后,建立军民誓约运动筹备委员会,"地方党以县、区、编村为单位,军队党以团、营、连为单位,在山东与晋察冀可以单独的举行"③。规定筹备委员会的两大任务,即"第一,是进行调查统计及动员与组织各地区的全体军民,来参加这一军民誓约运动;第二,是动员全体宣传机关一

---

① 王巨才总主编:《延安文艺档案·延安音乐 延安音乐家》第 11 册,太白文艺出版社 2015 年版,第 187 页。

② 中国人民解放军历史资料丛书编审委员会编:《八路军·文献》,解放军出版社 1994 年版,第 728 页。

③ 中国人民解放军历史资料丛书编审委员会编:《八路军·文献》,解放军出版社 1994 年版,第 728 页。

切宣传力量,配合冬学运动,运用一切报纸、刊物、传单、标语、漫画,编印与出版各民族英雄与卖国汉奸互相对照的各种历史故事教材"①,并指出军民誓约大会举行应注意三点事项,要求"各级军队与地方党对于这一工作应认真领导与推动,对筹备会应经常检查其工作,使之真正成为军民誓约领导运动的核心","地方支部与连队中的党应号召全体党员参加这一运动,在群众中进行深入艰苦的动员,并以党员的实际行动作模范,执行这一工作的决定,来回答军民誓约上的每条誓言,每个共产党员都要发扬自我牺牲的决心,为坚持敌后抗战保卫根据地流尽最后一滴血"②,并附上《军民誓约》的誓词,誓词如下:

军民誓约

我是中华民国的国民、我是中华民国的军人,在日本帝国主义打进我们的国土的时候,为着中国人民的利益,为着中华民族的生存,我愿遵守军民公约,作如下宣誓:

(一)不做汉奸、顺民。

(二)不当敌伪官兵。

(三)不参加伪组织维持会。

(四)不替敌人汉奸做事。

(五)不给敌人汉奸粮食。

(六)不买敌人货物。

(七)不用汉奸票子。

(八)爱护抗日军队。

(九)保护军事财产秘密。

(十)服从抗日民主政府。

以上誓约,倘有违背,愿受军纪法令制裁,此誓。③

---

① 中国人民解放军历史资料丛书编审委员会编:《八路军·文献》,解放军出版社1994年版,第728页。

② 中国人民解放军历史资料丛书编审委员会编:《八路军·文献》,解放军出版社1994年版,第729页。

③ 中国人民解放军历史资料丛书编审委员会编:《八路军·文献》,解放军出版社1994年版,第729页。

晋察冀边区收到这一指示信后,将此指示信分别刊登于《晋察冀日报》(1941 年 11 月 13 日)和晋察冀军区政治部出版的《抗敌三日刊》(第 329 期,1941 年 11 月 25 日),并积极落实指示信的各项要求。

为加强军民誓约运动的宣传工作,1941 年 11 月 27 日,中共中央北方局发布《军民誓约运动宣传大纲》,《晋察冀日报》于 1941 年 12 月 10 日第 4 版全文刊登。《军民誓约运动宣传大纲》总共有三部分,分别是"宣传什么""怎样宣传""口号"。该大纲把敌寇当前遇到的困难以及为了克服这些困难将会对边区进攻愈加残酷毒辣进行分析,提出"军民誓约运动就是这样一种从思想上政治上武装边区广大军民的伟大运动"①。在"怎样遵守军民公约"这部分里专门有要爱护边区子弟兵的理由说明,具体如下:

> 边区子弟兵是边区人民的救星,有了子弟兵,才有今天的边区,才有今天的和平自由的生活,才有我们的田园庐墓生命财产。没有子弟兵,要想我边区广大人民不被敌人奴役是不可能的,要想粉碎敌人今后对边区的毁灭政策是不可能的,所以我边区人民必须踊跃参战参军,积极协助子弟兵,保证子弟兵的给养充足,高度发扬爱护边区子弟兵的热忱,要像爱护自己的亲兄弟一样。而边区子弟兵亦必爱护人民保卫人民像爱护与保卫自己的亲兄弟一样。因此我们必须遵守军民公约中所规定的"爱护抗日军队"一条。②

从"怎样宣传"中列举的六条来看,强调用一切宣传力量让边区人民群众从各个方面能懂能诵能背军民誓约,并强调"要发动群众积极自动地参加平沟破路,袭敌扰敌,封锁敌人,反对支应敌人,反对敌人'治安区'等实际的尖锐的斗争,要用这种实际的尖锐的斗争来切实地教育、锻炼与考验群众"③。第三部分"口号"共列 22 条,其中第十六条"高度发扬爱护边区子弟兵的热忱!"、第二十条"巩固军民团结!"直接体现了军与民的关系。

---

① 《军民誓约运动宣传大纲》,《晋察冀日报》1941 年 12 月 10 日。
② 《军民誓约运动宣传大纲》,《晋察冀日报》1941 年 12 月 10 日。
③ 《军民誓约运动宣传大纲》,《晋察冀日报》1941 年 12 月 10 日。

（二）军民誓约大会

1941 年 11 月 25 日，《中共中央北方局、八路军野战政治部关于开展军民誓约运动的指示信》中指出，举行军民誓约大会时应注意三点事项，即"第一，大会的组织与举行，地方以区和编村为单位，军队以营连为单位，各单位以能做到每一个军民都能自动参加大会为标准。部队在团以上，地方在县以上可以斟酌情形，吸收学校、工厂、商店以及附近地区民众参加，举行较大规模的军民联合誓约大会；第二，大会举行的仪式不求华丽，但要热烈隆重，而且为着慎重严肃起见，当军民宣誓大会举行时，军队和政府的上级领导机关，必须派人参加领导及勖勉之词，同时，可于宣誓后举行军民联合的游行示威运动，但在接敌区或游击区的居民誓约运动的举行，则应以隐蔽分散的方式举行秘密小规模的宣誓；第三，军民誓约的日期，定于明年'一·二八'纪念日，各地应一律普遍举行。"[1]中共中央北方局发布的《军民誓约运动宣传大纲》，在军民誓约大会准备和安排上有一定的特色，指出："订于明年一·二八纪念日以前的一周间为军民誓约运动周，一·二八纪念日在全边区各地热烈隆重地普遍举行军民誓约大会，要做到每一个军民都能自动参加大会宣誓为标准，并在这次大会上同时举行追悼各单位（村、区、县……）于此次反'扫荡'中死亡将士的隆重仪式。"[2]1941 年底至 1942年初，晋察冀边区各地陆续开展军民誓约运动的宣传工作和军民誓约大会准备工作，边区掀起了背诵誓词的热潮。

《晋察冀日报》于 1942 年 1 月 10 日和 1 月 14 日连发两篇社论文章，为即将到来的军民誓约大会做思想上的动员。1942 年 1 月 10 日，《晋察冀日报》社论文章《热烈准备参加军民誓约典礼》，高度赞扬"一·二八"纪念日将举行的军民誓约典礼，称其为一个伟大的壮举，"充满了我们民族的正气，它将使我们边区人民过去光荣战斗牺牲的伟大精神更加发扬，更加坚定；它将如一个战鼓，鼓励着我们前进，与敌人进行残酷的搏斗到最后胜利！"[3]1942 年 1 月 14 日，《晋察冀日报》社论文章《积极准备举行军民誓约运动》，重申当前举行军民誓约运动

---

① 中国人民解放军历史资料丛书编审委员会编：《八路军·文献》，解放军出版社 1994 年版，第 728—729 页。

② 《军民誓约运动宣传大纲》，《晋察冀日报》1941 年 12 月 10 日。

③ 《热烈准备参加军民誓约典礼》，《晋察冀日报》1942 年 1 月 10 日。

的重要意义,并对如何做好军民誓约的准备工作进行了详细的部署:"由各级党、政、军、民及名流士绅发起组织军民誓约运动的筹备会,进行各项筹备工作。把一切宣传鼓动力量都组织起来,切实进行宣传鼓动,使每一个边区军民都自觉的参加誓约大会,各冬学应即以军民誓约运动为这一时期的教育内容,各地的岗哨教育,识字牌应以誓约运动为中心。誓约的条文应当做一种宣传鼓动的中心口号写在墙壁上(主要在根据地)。各村并可出墙报,加紧读报工作,各机关团体组织宣传队,各小学及儿童团组织'家庭访问','拜门教育'。一月份的最后一个星期应定为誓约运动周,全力突击。"①临近"一·二八"纪念日,晋察冀边区为加强领导誓约运动,颁布各级政府领导公民宣誓运动办法和各级学校参加宣誓运动办法。② 一般来说,对于边区老百姓最直接的准备工作就是背诵誓词。例如张清的《在民校里——誓约热潮的一角》一文,记录了民校学生背军民誓约的场景,第一、二个青年人均能熟练背诵,到蓝牛子背时却记不住,他很懊恼,回到座位上"手从口袋里伸出来,拿出一张条纸,大声的读着军民誓约"③。在这个时候,民校已经成为讲军民誓约的热闹之地,"墙头上到处写着'军民誓约',使其家喻户晓,深入人心"④。普通群众在背诵军民誓词时都有一种紧迫感,有位四五十岁的老乡这么说:"'一·二八'不是还开军民誓约运动大会吗?到那时候,记不住,落了后,该多么丢人,不特别加点油那怎么行!"⑤在这种紧迫感的促使下,"老乡们在各处三五成群的在讨论准备,见到队员手里的誓词传单,都去争抢,各小组都争着拉扯队员们去讲誓约运动,一时十二人一齐在十二处讲起课来,在老乡热烈的要求下,一条誓约甚至反复解释三遍"⑥。

　　1942 年"一·二八"纪念日前后晋察冀边区军民誓约大会如约而至,规模最大、影响力较大的属晋察冀边区军民联合誓约大会于 1942 年 1 月 26 日下午在

---

① 《积极准备举行军民誓约运动》,《晋察冀日报》1942 年 1 月 14 日。

② 参见《加强领导誓约运动　边府颁布六项办法》,《晋察冀日报》1942 年 1 月 14 日。

③ 张清:《在民校里——誓约热潮的一角》,《晋察冀日报》1942 年 1 月 11 日。

④ 北京师范大学《中国教育制度发展史》编写组:《中国教育制度发展史》(初稿),北京师范大学《教育革命》发行组 1969 年版,第 72 页。

⑤ 胡庭祥:《不怕冷的三个老乡——军民誓约热潮的一角》,《晋察冀日报》1942 年 1 月 28 日。

⑥ 化一:《分直宣传大队在第一个星期日》,《晋察冀日报》1942 年 2 月 1 日。

平山盛大举行,有万人参加誓约大会。大会流程为,合唱《参加军民誓约运动》,选举大会名誉主席团和大会主席团,主席潘自力报告开会意义,共产党北岳区党委代表林铁演讲,士绅代表等演讲,最后在主席的领导下,数千人众一致高举铁拳齐声宣誓,亢奋之情,洋溢全场。① 晋察冀边区各分区陆续在 1942 年"一·二八"纪念日前后召开军民誓约大会,各地军民誓约大会均有各自的特色,例如 1 月 23 日,二专区军政民各界千余人举行誓约大会,会场情绪慷慨激昂。会后组织宣传队,深入各县开展军民誓约运动的宣传。② 1 月 25 日,四专署党政军民在唐县大张合庄村召开军民誓约大会,到会万人,在军乐声中,万人高举枪支、拳头举行宣誓。专员张冲、印度友人柯棣华讲话,最后通过大会通电。③ 1 月 30 日,灵寿县在慈峪举行军民誓约宣誓典礼,与会者达千余人。④ 特别是"灵寿二区参加宣誓的人数,达人口总数的百分之八十五"⑤。

(三)军民誓约运动产生的效果

长期以来,中国普通社会民众认为,誓约具有神圣意义,是人意志上最诚挚的表示。在抗战相持阶段,晋察冀边区成功开展军民誓约运动,成效显著。

第一,誓词背得"滚瓜烂熟"。"在战争的环境下,各种运动与各种动员是很多的,要使群众能够迅速的了解运动或动员的任务和目的,这就依靠于我们的群众鼓动工作。"⑥中国共产党历来在宣传鼓动工作上下硬功夫,这次军民誓约运动的宣传鼓动工作很扎实。例如据刘松涛观察,"把'军民誓约'普遍写在边区所有村庄街头的墙壁上,让边区每个公民诵读","在民校中把这些民族英雄的故事和'军民誓约'作为主要的宣讲教材,在进行识字教学时,先学誓约上的文字"。"这个空前大规模的气节教育运动的影响,烙印在边区人民的心里,永不

---

① 参见《边区千万军民高擎铁拳 隆重举行誓约典礼》,《晋察冀日报》1942 年 1 月 28 日。

② 参见中共山西省委党史研究室、晋察冀革命根据地(山西部分)史料征编组编:《晋察冀革命根据地大事记(山西部分)1937 年 7 月—1949 年 1 月》,1988 年版,第 100 页。

③ 参见河北省唐县地方志编纂委员会编:《唐县志》,河北人民出版社 1999 年版,第 23 页。

④ 参见中共灵寿县委党史资料征集编审办公室编、张孝琳主编:《中共灵寿县党史大事记(1930—1945)》,1987 年版,第 89 页。

⑤ "人民教育"社编:《老解放区教育工作经验片断》第 2 辑,上海教育出版社 1959 年版,第 41 页。

⑥ 中共中央宣传部办公厅、中央档案馆编研部编:《中国共产党宣传工作文献选编 1937—1949》,学习出版社 1996 年版,第 256 页。

磨灭。甚至连五台跑泉厂、阜平下庄子,一些山沟小道的妇女,都能把军民誓约背得烂熟。"①日寇对此有所恐慌,在占领区也采用"誓约"做法,遭到群众抵制。例如"易县敌人配合第五次治安强化运动,在三、四、五各区开始对群众作政治上的欺骗与引诱,曾在村中发出'誓约'书,每人两张、每张五角大洋,强迫老百姓每人必买二张。'誓约'内容是要民众竭诚拥护伪政权,听其宰割。群众非常激□争读我政府发的军民誓约,与敌对抗"②。以日伪在沧州任丘县推行"反共誓约"为例,通常做法为:"一方面由日伪头子散布谎言:'背过来的就是新国民,发给良民证。有了良民证,就是好百姓,皇军见了给打立正。'另一方面通过各据点日伪军威逼百姓背念,不学者就砍头、活埋。"③尽管日伪在任丘县大搞"反共誓约"检查,残害老百姓,但老百姓奋勇反抗,青年纷纷走上了参军抗日的道路。

第二,捍卫誓约的模范辈出。敌人残酷地对待边区群众,采用所谓的"自首政策"欺骗边区人民,在其欺骗行迹败露后,露出凶恶本性,例如"东口南据点前后被敌用各种肉刑后再以刺刀乱挑死,杀害之村干部竟达十六人之多。在典头,敌将干部家属拉到广场上,将其衣服剥得精光,然后令其绑在一块大木板上,身子及大腿两旁均钉着锋利刺刀,然后死劲用皮带抽打,虽痛入骨髓,亦不敢稍动。在这时候敌人一面拷打,一面强迫他们供出自己亲人或逼着他们要自己亲人自首"④。即便在这样情景下,边区人民用生命捍卫军民誓约的模范仍数不胜数,比如平山士绅张伸先生至死不屈;冀中赵县陈县长凛然不屈;河北野场村儿童团团长王璞为了保守八路军的机密,他临危不惧,带头背诵《军民誓约》,最后惨遭日军枪杀;井陉老翁焦福三至死遵守军民誓约;完县野场村村长王三群一家践行军民誓约,完县政府特下令赠予他们"模范家庭"的称号,称王璞同志为"完县的民族小英雄",称张竹子同志为"完县模范母亲",并令全县军民干部经过他们的坟前时,应止步致敬⑤。

---

① "人民教育"社编:《老解放区教育工作经验片断》第 2 辑,上海教育出版社 1959 年版,第 42 页。

② 铁曼:《强迫民众购读汉奸"誓书"》,《晋察冀日报》1942 年 10 月 7 日。

③ 中共沧州市委党史研究室编:《沧州市抗日战争时期重大惨案选编》,河北人民出版社 2016 年版,第 170 页。

④ 儒卿:《诱逼我干部投降》,《晋察冀日报》1942 年 7 月 19 日。

⑤ 参见《王三群同志满门忠烈》,《晋察冀日报》1943 年 6 月 5 日。

第三,促进革命文艺发展。1941 年 11 月 18 日,边区文联为响应开展军民誓约运动的号召,作出五项决定:"(一)立即开展以'军民誓约运动'和对方敌人'三次治安强化运动'为中心的文艺宣传斗争;(二)艺术界立即开展一个创作运动,创作大量通俗、短小的,以上述运动为内容的作品,供各地军民宣传之用;(三)北岳区文救会、冀中区文建会及边区各协会、各研究会、各大剧团、文艺小组在誓约运动中要广泛地举行演出、宣传,乡村剧团及乡村一切文化、文艺组织,也应在此期间活跃起来,参加斗争;(四)边区所有的文化工作者,均应将誓词向居民宣讲,务使每一居民都能背熟记诵于心;(五)把以上这种文化艺术活动与新年、春节文娱活动结合起来,造成一个声势浩大的文艺宣传活动。"①在这五项决定指引下,边区各地革命文艺活动繁荣发展,仅 1941 年冬北岳区军民誓约运动中就创造了大批文艺作品,"出版了歌集二、剧本十六、誓词彩色木刻一套,墙头小说、街头诗、誓约诗、短篇小说各一集,各剧社组织了许多军民誓约晚会"②。很多作品深受边区老百姓的喜爱,比如《王禾小唱》《狼牙山五壮士》等歌曲,被广大边区人民群众所传唱。

四、拥军公约和拥政爱民公约

从总的方向看,边区老百姓在带路、警戒、做饭、救护等方面,常尽力帮助边区子弟兵,"某村三十多个妇女,曾自动给某团造饭两顿,送上山来。至于送信带路,抬伤兵等工作,村民均争先担任"③。我子弟兵战士对待老百姓的真诚也是有目共睹,例如一位老乡赤着脚与子弟兵卫生员袁春林相遇,才知道老乡被敌人追赶,包袱掉了,袁春林送了自己一双新鞋给老乡,老乡执意要给袁春林八毛钱,袁春林断然拒绝说:"没有什么,军民是一家人。"④像袁春林这样的子弟兵战士还有很多,他们谨记八路军的纪律,对待老百姓绝不占便宜,都是真心帮助老

---

① 保定历史文化丛书编辑委员会编:《保定抗战文化》,方志出版社 2005 年版,第 255 页。
② 《加强文艺工作整风运动为克服艺术至上主义的倾向而斗争——胡锡奎同志在中共北岳区党委四月党的文艺工作者会议上的结论》,《晋察冀日报》1943 年 5 月 21 日。
③ 《太行人民爱护军队如兄弟》,《晋察冀日报》1943 年 6 月 5 日。
④ 青山:《袁春林的一双新鞋》,《晋察冀日报》1942 年 3 月 15 日。

百姓解决实际困难。1943 年 7 月 14 日,平山县六区栲栳台村王玉润给《子弟兵》去信,把他们村里老百姓和驻军的关系详细报道出来,具体内容如下:

>　　××团四连住在我们村里,真正和老百姓打成一片了。他们自觉的遵守纪律,帮助我们做事不少。
>
>　　一、战士们在不误操练课的时间,自动的给老百姓担粪,跑的很快,奶了好几亩玉茭子。
>
>　　二、帮老百姓锄玉茭割谷子五六亩,老百姓在地里忙,没人送饭,战士们担上饭担子就去给送饭。
>
>　　三、不管住在谁家的同志,都挺动谨,挑的水缸里的水经常满着。对老百姓的态度,说话都非常好。
>
>　　四、全村老百姓一致拥护他们,他们借东西都是先让他们使,他们也随使随还。军民关系很亲密。
>
>　　五、以上说的都是事实,一方面战士们做的好,一方面干部们领导的好,特别是连长,二十里地担炭他比战士担的都多,扛柴比战士扛的都大,很聪明很活泼,真是无产阶级的干部,和群众打成一片的干部。①

　　抗战时期,中国仍然是一个经济落后的农业国,不管是军队粮饷,还是兵源均与农村密切相关,军人大多数是穿着军装的老百姓,这是子弟兵部队与老百姓有着天然联系的重要脉络,因此军队的战争行动和日常生活,是紧紧与民众的利益密切相关的。然而,抗战以来军民关系并非没有冲突,1943 年 8 月 12 日,毛泽东电示晋察冀边区彻底执行拥政爱民政策,指出:"最近几年各地发生了严重偏向,军队轻视党政民、欺压党政民之事不断发生,晋察冀亦不例外。"②1943 年10 月 1 日,毛泽东为中共中央写的对党内的指示中指出:"为了使党政军和人民打成一片,以利于开展明年的对敌斗争和生产运动,各根据地党委和军政领导机关,应准备于明年阴历正月普遍地、无例外地举行一次拥政爱民和拥军优抗的广

---

　　①　王玉润:《子弟兵和老百姓真正打成一片了》,《晋察冀日报》1943 年 8 月 18 日。
　　②　《晋察冀抗日根据地》史料丛书编审委员会编:《晋察冀抗日根据地　第三册(大事记)》,中共党史资料出版社 1991 年版,第 223 页。

大规模的群众运动。"①并对军队和群众方面如何开展这场群众运动有细致的指导。1943 年 12 月 25 日,《中共中央晋察冀分局关于执行拥政爱民及拥军政策的指示》中指出:"根据地内还存在着某些党政军民关系不够正常的现象。中央所指出的'军队欺压党政民'与'党政民关心军队不足'的现象,在边区或多或少的存在着。"②为解决这些问题和现象,"由边区抗联会发布拥军公约,军区政治部发布拥政爱民公约。这是在全边区范围内适用的原则性的长期的公约"③。该指示以附一、附二的方式公布了《晋察冀边区人民拥军公约》和《晋察冀人民子弟兵拥政爱民公约》。现将两大公约全文摘录如下:

晋察冀边区人民拥军公约④

(一九四四年一月一日)

边区八路军是边区人民自己的子弟兵。边区人民是边区的主人,爱护子弟兵是边区人民的责任。为了加强子弟兵作战力量,战胜日寇,反对中国法西斯主义,实现新民主主义的新中国,我们边区人民坚决履行以下公约:

一、积极参加子弟兵,壮大边区八路军。

二、努力担架运输,执行抗战勤务。

三、作向导,埋地雷,积极配合作战。

四、解决子弟兵困难,保证子弟兵有吃有住有穿。

五、尊重抗日军,爱护伤病员,保护军用资财。

六、优待抗属,解决抗属困难。

晋察冀边区各界抗日救国联合会

---

① 《毛泽东选集》第三卷,人民出版社 1991 年版,第 913 页。
② 《晋察冀抗日根据地》史料丛书编审委员会、中央档案馆编:《晋察冀抗日根据地　第一册(文献选编　下)》,中共党史资料出版社 1989 年版,第 888—889 页。
③ 《晋察冀抗日根据地》史料丛书编审委员会、中央档案馆编:《晋察冀抗日根据地　第一册(文献选编　下)》,中共党史资料出版社 1989 年版,第 890—891 页。
④ 《晋察冀抗日根据地》史料丛书编审委员会、中央档案馆编:《晋察冀抗日根据地　第一册(文献选编　下)》,中共党史资料出版社 1989 年版,第 892 页。

晋察冀人民子弟兵拥政爱民公约①

（一九四四年一月一日）

边区各级政府是边区人民自己的抗日民主政权，边区人民是边区的主人。边区八路军是边区人民自己的子弟兵，拥护政府，爱护人民，是边区子弟兵的责任。为了进一步加强军民团结，战胜日寇，反对中国法西斯主义，实现新民主主义的新中国，我军区子弟兵坚决履行以下公约：

一、坚决执行政府政策、法令，尊重政府工作人员。

二、积极作战，保卫政权，保护人民生命财产。

三、帮助训练民兵，带领民兵作战。

四、帮助人民生产，解决人民困难。

五、爱护人民利益，不拿人民一针一线。

六、爱惜民力，彻底执行抗战勤务条例。

七、接受人民意见，拥护人民抗日团体。

八、对人民要和气，尊重人民风俗习惯。

晋察冀军区政治部

两个公约对塑造军民团结关系有重要的意义。从内容上看，拥政爱民公约比拥军公约要多两条，对子弟兵的要求明显要高于对边区人民的要求。拥军公约旨在要求边区人民为边区子弟兵提供兵源、作战协助、后勤等保障。拥政爱民公约旨在要求边区子弟兵拥护政府、爱护人民。从内在联系上看，站在边区人民角度看，子弟兵保护了边区人民的生命财产安全，群众拥军那是必然。这点在《晋察冀日报》关于拥军的系列报道中表现十分突出。吕朗的《护军模范李满满》讲述李满满拥军的原因是："我是被八路军救活的，我怎能不爱八路军呢?!"②秋浦的《下关的拥军大会》里讲道："六十六岁的老头李征，他历述了他怎样被区警禁闭起来，又怎样被敌人打聋了耳朵，他很愤慨地说：'要是没有八

---

① 《晋察冀抗日根据地》史料丛书编审委员会、中央档案馆编：《晋察冀抗日根据地　第一册（文献选编　下）》，中共党史资料出版社 1989 年版，第 893 页。

② 吕朗：《护军模范李满满》，《晋察冀日报》1944 年 2 月 26 日。

路军,或者今天已经死了。'"①站在边区子弟兵角度看,子弟兵是否真正认识到拥政爱民的重要性,关键要落实在行动上,那么拥政爱民才有效果。《晋察冀日报》中关于子弟兵拥政爱民的通讯报道也是大量存在。如简群的《老乡们很奇怪:锅里怎么有了钱?》里面记载着这么一句话:"老乡,我们用了你们一点柴火,还你们三毛钱。八路军。"②辛毅的《"这才是咱们自己的队伍!"——记×区队三、五连掩护群众突围》是这样描述军民关系的:子弟兵说:"老乡们呀,现在咱们周围都是敌人了,你们跟着队伍走,不要瞎跑,有队伍掩护你们转移。""一个老人感动地说:'这才真正是咱们自己的队伍。'妇女们说:'这才真正是咱们自己的队伍。'整个古月河也都说着:'这才真正是咱们自己的队伍。'"③中央十分重视拥政爱民及拥军优抗工作,于 1944 年 2 月 7 日发布《中央关于检查拥政爱民及拥军优抗工作的指示》。该指示强调利用拥政爱民运动来深入关于革命军队本身的教育,"要做打仗、生产、群众工作三件事",最终目的主要是为了改造战士思想与巩固军民团结,"只有使部队的干部与战士,完全弄通了上述思想,才能彻底扫除从旧军队沾染来的军阀主义倾向;才能自觉地去实行拥政爱民与遵守群众纪律,而不是简单的、形式的服从纪律"④。1944 年,朱德总司令在元旦干部晚会上的讲话中指出:"军民关系如搞不好也要军队负主要责任。因为军队是我党在人民中的一支大旗,人民把八路军新四军看做党的代表,我们军队人员的一举一动,均发生很重要的影响。"⑤这段话恰恰说明推行拥政爱民公约和拥军公约的根本目的所在。

此后,党在子弟兵部队进一步加强拥政爱民运动工作,边区子弟兵态度也进一步得到端正。边区子弟兵向边区参议会、边区行政委员会及各级政权工作同志的信中写道:"由于我们过去教育不足,竟然在子弟兵中产生有轻视政府工作

---

① 秋浦:《下关的拥军大会》,《晋察冀日报》1944 年 2 月 27 日。

② 简群:《老乡们很奇怪:锅里怎么有了钱?》,《晋察冀日报》1943 年 5 月 15 日。

③ 辛毅:《"这才是咱们自己的队伍!"——记×区队三、五连掩护群众突围》,《晋察冀日报》1944 年 1 月 20 日。

④ 中央档案馆编:《中共中央文件选集》第十四册,中共中央党校出版社 1992 年版,第171 页。

⑤ 《展开拥政爱民运动——朱总司令在元旦干部晚会上的讲话》,《晋察冀日报》1944 年 1 月8 日。

人员,忽视政府法令以及违反群众纪律等等放纵行事的某些不应有的现象。"①
"许多干部在反省笔记上写着:'我们军队的枪杆子是用来对付敌人的,并不是
用来对付自己的同志和老百姓的。'战士们都说:'如果我们不拥政爱民,抗战就
不能胜利,革命就不能成功。'某团某营一个班长,在拥政爱民大会演说:'我们
是边区的子弟兵,就是像人民的儿子,我们要做好子弟、做个孝顺儿子,老百姓就
喜欢我们了。'帮人民锄草的战士们说:'给老乡帮一天就要像一天。'"②任何运
动并不是一帆风顺,没有杂音的,拥政爱民运动中某些战士也有不同想法,例如
有人认为"我爱民,可是我不拥政",说地方干部是"土皇上",打骂侮辱区村干
部。冀中军区政治部印《战士政治教育基本教材》第二课对此有这样的解释:
"我们的民主政府是为人民办事的政府,是我们自己的政府,它和地主资产阶级
的政府有根本的不同。因此我们应该拥护自己的政权,尊重政权工作人员,执行
政府颁布的政策法令。同时军队又是政权的一部分,是为政府维持社会秩序镇
压反动势力抗击国内外敌人进攻保卫人民利益而存在的,他是政府管辖下的武
装,因此军队应该拥护自己的政权。"③

与此对应,边区拥军工作更加细致。1944 年 1 月 10 日,晋察冀边区行政委
员会公布《关于拥军工作的指示》,该指示有六条具体工作:"1. 优抗粮要在年
前发到抗属手里,抗属享有的各种法定的优先权应切实保障,高度提高抗日军人
及抗属的荣誉地位,号召群众关心抗属解决其当前的困难,并帮助抗属制定春耕
生产计划,不使抗属生活遭到威胁。2. 派干部在元旦日慰问伤病员解决其困
难,对掉队开小差的问题要主动设法解决。3. 保证部队有吃有穿有房住,牲口
的饲养,燃料的运输勿使有缺。4. 克服干部中对子弟兵的各种不正确的思想和
行为,访问与了解所在地驻军,并在具体问题上,具体行动中帮助部队,改进军政
关系。5. 保证今年各地,武装动员任务的完成。6. 协同部队检查军政民关系,
特别是游击区军民间存在着的具体问题,应彻底解决。凡遇不能解决的关系制

① 《边区子弟兵致边区参议会 边区行政委员会及各级政权工作同志的一封信》,《晋察冀日
报》1944 年 2 月 17 日。
② 贺龙:《军民关系要更密切》,《晋察冀日报》1944 年 1 月 20 日。
③ 冀中军区冀中军区政治部:《冀中军区政治部印〈战士政治教育基本教材〉》,河北档案馆
藏,档案号:004-01-025-002。

度的原则性问题,迅速反映本会。"①拥军指示要落到实处,可以从民兵教材中看到落实的成效。例如冀中九分区武委会编《民兵小册子》第九课这样写道:"边区子弟兵是我们民兵的老大哥,子弟兵的家属也就是我们的家属,抗属的父母兄弟我们应当看作自己的父母兄弟一样,应该尊敬他们,帮助他们,决不能以冷淡与漠不关心的态度对待他们,只有把抗属招待的好才对得起在前方杀敌的老大哥们。"②

因此,随着群众对拥军公约和拥政爱民公约的深入理解以及子弟兵的拥军爱民具体表现,军民团结友爱关系就会不断巩固和发展。日寇认为:"军方常与民众谋求融和,于此称八路兵士为'子弟兵',在教下级兵士之识字课本中,则有'边区子弟兵与边区人民如鱼水,应一致团结扫荡敌人,保卫我等边区,保卫我等祖国'。"著名记者爱泼斯坦对此有过论述:"边区的军人知道,如果他们负伤,他们是不会被抛弃的";"旧时军阀军队的士兵之所以逃避打仗和掠夺老百姓,并不是因为他们生来就是懦夫或土匪,而是因为他们是地球上无依无靠的浪荡汉,受到所有人的敌视";"边区的游击队员是人民的子弟兵","他们为人民而战,为保护他们同全体人民一道共同创造的幸福生活而战。他们不必为自己的家庭操心,如果他们牺牲了,他们的家庭不会没有人管。他们保护人民。他们知道,如果他们自己需要照顾的时候,人民是会照料他们及其家属的。"③

五、子弟兵的"亲人"

晋察冀边区授予在拥军运动中表现突出的边区人民"子弟兵母亲""子弟兵大哥"的称号,以此表彰在拥军运动中的先进分子,彰显军民血肉情,更重要的是挖掘和树立典型,把"子弟兵"的"根"深深地扎在老百姓心中。

"子弟兵母亲"是对爱护八路军、关心救助伤员的女性的尊称。在晋察冀边区,戎冠秀被授予"北岳区拥军模范——子弟兵的母亲"的光荣称号,李杏阁被

---

① 《关于拥军工作的指示》,《晋察冀日报》1944 年 1 月 20 日。
② 《冀中九分区武委会、高阳县政府翻印,冀中九分区武委会编〈民兵小册子〉(基本政治教材)》,河北档案馆藏,档案号:014-01-097-007。
③ 伊斯雷尔·爱泼斯坦:《人民之战》,贾宗谊译,新星出版社 2015 年版,第 228 页。

授予"冀中子弟兵母亲"的光荣称号。她们的主要事迹有:抗日战争时期,戎冠秀曾多次冒着生命危险,"带领全村妇女,积极拥军支前,救护伤员,干部战士都亲切地称她'戎妈妈'"①;李杏阁"自 1942 年冀中'五一反扫荡'以来,先后有 73 名八路军干部、战士伤员在她家养伤,她千方百计掩护,耐心护理,使他们伤好归队"②。"子弟兵母亲"是给予子弟兵特别是受伤子弟兵第二次生命的妇女的尊称,"在那缺医少药的落后乡村里,要调养一个负伤的人,更不是容易的事"③。因此我们党对在抗战中涌现的"子弟兵母亲"十分尊重,以戎冠秀为例,晋察冀军区特别奖给戎冠秀大红锦旗一面,"旗上剪贴着一个老太太的半身像:头上挽着髻髻,脖子上围着白毛围巾,半身像下横写着六个大字:'子弟兵的母亲'"④。军区副政委刘澜涛、政治部主任朱良才亲自搀扶戎冠秀骑上红骡子,并派一个班的战士护送她回到平山县,沿途受到群众热烈欢迎。《英雄的晋察冀子弟兵》一书在第二部分"晋察冀北岳区战斗英雄介绍"专门介绍戎冠秀的光荣事迹,具体如下:

> 戎冠秀同志,是四十多岁的乡村妇女,平山一盘村人,连任六年村妇救会主任,一贯积极工作,爱护军队。……去年秋季反"扫荡"中,一盘村一带常有伤兵过往,她便把看护伤兵当做自己的任务。一个伤兵想吃萝卜,她想萝卜不好,便给他吃鸭梨。敌情紧急了,为了掩护伤员,她亲自站哨。×团一连一个重伤员到她村里,这个伤员已经四天不能饮食,她慎重的亲自看护,连夜不睡觉,怕伤员的脚冻坏了,拿棉花把他们脚裹包了。她给负伤员喂温开水,喂豆腐脑,喂面条。终使奄奄一息的重伤员逐渐恢复过来。戎冠秀现在当选为北岳区的拥军模范——子弟兵的母亲。刘澜涛同志代表全区党政军民向她献旗。群众大会结束后她要回家时,军区送她一匹骡子。政

---

① 《子弟兵的母亲戎冠秀》,《人民日报》2011 年 3 月 8 日。
② 《晋察冀抗日根据地》史料丛书编审委员会编:《晋察冀抗日根据地 第三册(大事记)》,中共党史资料出版社 1991 年版,第 265 页。
③ 中国抗日战争军事史料丛书编审委员会编:《中国抗日战争军事史料丛书·八路军·参考资料(5)》,解放军出版社 2015 年版,第 85 页。
④ 林江:《戎冠秀——子弟兵母亲》,《晋察冀日报》1944 年 2 月 19 日。

治部朱主任扶她骑上骡子。①

以戎冠秀为代表的"子弟兵母亲"形象在晋察冀边区广泛流传开来,影响到边区广大妇女,出现了众多"子弟兵母亲"。杨受迁的《子弟兵的母亲》,认为齐老太太就是子弟兵的母亲,当问及齐老太太"八路军多得很,来一个叫一个吃,你那里来那么多给他们吃……"她回答:"同志们都是辛辛苦苦,够累的,吃顿饭算什么呀!"②《爱护子弟兵的母亲》描述子弟兵谷芬生病后,女房东对他的照顾,谷芬面对女房东如母亲般的照顾,最后说:"房东这样爱护我,我实在没有办法报答,我只有这条步枪,我只能在前线上多多的打死几个鬼子,来报答爱护子弟兵的母亲们!"③

"子弟兵大哥"是对爱护八路军、关心救助伤员的男性的尊称。1944 年 4 月 9 日,《晋察冀日报》刊登了《边区党政军联合决定赠给崔洛唐同志以"北岳区拥军模范——子弟兵大哥"称号》,指出:"易县崔洛唐同志,全家七口人,生活甚为贫苦,一贯爱护子弟兵犹如亲兄弟","崔洛唐同志及其全家,这种舍己为人,忘私奉公,高度发扬了伟大的民族友爱精神,实是北岳区人民拥军的表率"。④《洛唐哥更光荣了》一文描述了"洛唐哥参加了共产党更光荣了!"还有一首歌中唱道:"洛唐哥　真坚强　背着病号反'扫荡'　艰难困苦全不怕。"⑤

戎冠秀、崔洛唐只是边区千百万子弟兵母亲、子弟兵大哥中的典型代表,成千上万的边区人民已把边区子弟兵当成亲人一样。吕正操的《在敌寇反复清剿下的冀中平原游击战争》一文中这样描述:"有些老头、老婆、青年妇女,当敌人抓住干部时,挺身而出,承认是自己儿女,自己丈夫或兄弟,拖住干部,死不放手,干部因此获救的,为数极多";"在冀中群众中有一个普遍的舆论:谁在被打时,供出抗日干部或向敌人告密,就被大家认为最没有人格,最没有骨头的。为家庭

---

① 《英雄的晋察冀子弟兵》,八路军留守兵团政治部 1944 年版,第 19—20 页。

② 杨受迁:《子弟兵的母亲》,《晋察冀日报》1943 年 1 月 22 日。

③ 谷巴:《爱护子弟兵的母亲,《晋察冀日报》1943 年 4 月 15 日。

④ 《边区党政军联合决定赠给崔洛唐同志以"北岳区拥军模范——子弟兵大哥"称号》,《晋察冀日报》1944 年 4 月 9 日。

⑤ 雷行:《洛唐哥更光荣了》,《晋察冀日报》1944 年 5 月 26 日。

社会所不齿,为人民所共弃"①。还比如在罗庄战斗中,战士何俊生腿受重伤,与主力部队失去了联络。村里一个姓侯的老乡恰好拾粪走过那里,看到了他,背着何俊生到山沟的一个洞里,安顿好。找到区公所的一个同志,要他告诉军队一声,直到敌人走后,他和三个老乡一同把何俊生抬着送到连里来。② 印度援华医疗队巴苏大夫的《八路军前线医务工作印象记》也同样记下了当时群众与子弟兵像亲人般的感情:"当敌人接近某个村庄时,村民们就会用担架或车子将伤病员转移到指定的另一个村子去,不便转移的重伤员则仍留在村内,万一敌人发现了他们,村里的妇女,小孩,甚至裹小脚的老太太都会挺身而出,否认他们是八路军,说他们是自己无辜的丈夫、父兄或其他什么亲人,说他们是在田间干活时被流弹或别的什么东西打伤的,这在当时情况下是十分可能的。"③

　　中国共产党借助"子弟兵母亲""子弟兵大哥"话语体系建构,凸显了子弟兵以全心全意为人民服务为宗旨,才赢得了广大人民群众的拥护,并涌现出了许许多多"子弟兵母亲""子弟兵大哥"等。正是有了千千万万人民群众的拥护,才使得我们的子弟兵由弱小变强大,最后赢得抗日战争的胜利。中国共产党领导的"子弟兵"与人民血肉相连,体现在子弟兵保卫家乡、纪律严明、治病救人、救灾捐款和春耕麦收等爱护边区人民的行动上,也表现在老百姓支援战场、救治伤员、慰劳军队等行为中。《子弟兵》在报道子弟兵保卫粮食,军民合力抢收的事例方面不惜篇幅,在抗战中粮食为军需民用之命脉,以此凸显军民血肉相连最具有说服力。在春耕时节,子弟兵们"在警戒线上帮助老乡春耕"④,当有边区人民遭受灾害颗粒无收时,子弟兵为灾民"捐出了自己的一切"⑤,"一年四季,军队总是要尽力帮助老乡的"⑥。与此对应,边区人民对待自己的子弟兵,那是想尽办法帮助军队,例如把房子让给军队住、借家具给军队用、运粮送粮、带路送信,甚至于打起仗来,还给部队探信、抬担架、破坏敌人的交通、扰乱敌人。于是,诸

① 河北省社会科学院历史研究所等编:《晋察冀抗日根据地史料选编》(下册),河北人民出版社 1983 年版,第 383 页。
② 参见郭金钰:《一个老乡眼中的子弟兵》,《晋察冀日报》1942 年 1 月 11 日。
③ [印]比·库·巴苏:《巴苏日记》,顾子欣、王其良等译,商务印书馆 1988 年版,第 304 页。
④ 旬雨:《在警戒线上帮助老乡春耕》,《晋察冀日报》1943 年 3 月 25 日。
⑤ 王烽:《为了灾民,子弟兵捐出了自己的一切》,《晋察冀日报》1943 年 4 月 15 日。
⑥ 殷牛:《军民一家》,《晋察冀日报》1942 年 1 月 25 日。

如"没有边区子弟兵,就没有咱们老百姓;没有边区老百姓,也就没有咱们子弟兵!"①这类话语,已深入每一个边区子弟兵和老百姓的内心当中,不可抹灭。以至于敌伪要冒充八路军才能骗得边区老百姓的信任,例如半夜里,日本人用一部伪军装成八路军,领着日本人去敲打老百姓的大门。"当老百姓在门缝里答话的时候,便由伪军低声的说着:'老乡,别大声嚷,我们是十七团,来打敌人的据点的。你知道他们住的地方吗? 请出来给我们领一下路,行吗?''行,这算我的,我知道得清清楚楚',恨透了敌人的老百姓,心里说不出的高兴,这样满口接应下来。可是一开门,日本人便把他绑住了。""假充的八路军便进了村庄,到处喊着:'老乡们,快起来,八路军打跑了敌人,你们再也不用怕了。'"②这种骗术可能会一时得逞,但老百姓有双火眼金睛,更多时候是用计与日伪军周旋,保存抗战力量。子弟兵对人民群众的真感情、厚深情与老百姓对子弟兵的衷心支持、倾注形成良性循环,"子弟兵"与人民群众血肉相连更加巩固。

另外,还可以从晋察冀边区戏剧来看军民一家亲。早在 1939 年 2 月,晋察冀边区召开第一次创作问题座谈会,聂荣臻就指出:"我们的作品要求与边区的战斗生活紧密地结合在一起",希望作家"深入群众之间,多多了解他们的斗争生活和他们的心理"③。晋察冀边区的戏剧里与"子弟兵"相关的作品数不胜数,如崔嵬编剧的《参加八路军》(1939 年),讲述八路军奋勇杀敌、浴血奋战,把老百姓从水深火热之中解救了出来,鬼子被打跑了,老百姓清楚地认识到八路军是自己的军队,则纷纷报名,要求参加八路军。著名民主人士李公朴对晋察冀边区戏剧有过这样的评述:"不少壮丁,由于看了一出戏,而自觉的,坚决的参加了抗日部队。"④《参加八路军》把老百姓备受日寇侵略的苦与八路军出现赶走侵略者的乐艺术性地结合在一起,以致"演出结束之后,甚至有当场报名参军的"⑤。又如丁里的《子弟兵和老百姓》(1944 年),该剧以子弟兵和老百姓的血

---

①　原戈:《新年新岁话团结》,《晋察冀日报》1941 年 12 月 28 日。

②　欧阳源:《日本强盗血淋淋的刺刀尖　割不断抗日军民的骨肉联系》,《晋察冀日报》1942年 8 月 22 日。

③　《晋察冀抗日根据地》史料丛书编审委员会、中央档案馆编:《晋察冀抗日根据地　第二册(回忆录选编)》,中共党史出版社 1991 年版,第 146 页。

④　李公朴:《华北敌后——晋察冀》,生活·读书·新知三联书店 1979 年版,第 151 页。

⑤　韩塞:《崔嵬同志与歌活报剧〈参加八路军〉》,《人民戏剧》1979 年第 9 期。

肉深情为思想线索,以老汉("老妖精")一家在反"扫荡"前后的遭遇为主干,串联了三个重点场面,首先,以抒情的笔调,描写了军民抢收抢种,共同劳动的欢愉场面;接着笔锋骤转,日寇"扫荡",老百姓为保护子弟兵伤员,临危不惧,壮烈牺牲的情景;最后,子弟兵星夜赶来,打击奸细,消灭日寇据点,为乡亲们报仇雪恨,构成了一个艺术的统一体。该剧被认为是"解放区戏剧创作中很有代表性的一部作品"①。从戏剧内容来看,把日寇、子弟兵和老百姓的关系清楚地描述出来,重点建构了晋察冀边区子弟兵和驻地群众之间患难与共、相濡以沫的军民关系,阐述了子弟兵就是打击日寇的抗日军。从这两部戏剧作品中,日寇侵略造成民众疾苦,子弟兵打击日寇拯救民众成为清晰的主线,在这条主线下子弟兵爱民抗日的话语体系建构就越来越清楚和明晰。

---

① 胡可:《〈丁里剧作选〉序》,《戏剧报》1983 年第 5 期。

第五章　话语重现

——"子弟兵"战斗经历回顾

战斗胜利不仅打响了子弟兵的威名,也是"子弟兵"话语体系的重要生产空间。空间理论代表人物韦尔南认为:"借用空间形象来表达一群人的自我意见,表达他们作为政治统一体而存在的感受,这不只是一个比喻,而且还折射出了一个全新的社会空间的到来。"①战场是生与死考验的地方,也是磨炼子弟兵精气神的场所,这是子弟兵的用武之地。"现场不仅是物质实体存在的地点即新闻报道的人物所处的外部环境,还需要通过现场话语突破时间达成空间性效果,通过语言建构媒介事件。"②子弟兵战士回忆战斗经历,既是对子弟兵这支群众口述中的"神八路"的答复,又是对子弟兵灵活战法的展示,具有极大的影响力。

一、打响"子弟兵"名号的战役——上下细腰涧战斗

追溯抗战时期中国共产党对"子弟兵"话语体系建构的起源,就不得不说起平山团。平山团为晋察冀边区的创立作出了突出贡献。"周建屏、刘道生率领的工作团和小部队活跃在正太路以北山区,在地方党组织的支持下,在平山组建了以平山子弟为主的'平山团',并在井陉、获鹿、正定、平定等县农村组织起若干游击队,打开了晋察冀边区南部的局面。"③然而,真正让平山团成名的还是上

---

①　[法]让-皮埃尔·韦尔南:《希腊思想的起源》,秦海鹰译,生活·读书·新知三联书店1996年版,第19页。

②　史文静:《现场报道话语实践及其转型探析》,《中国出版》2019年第22期。

③　《晋察冀抗日根据地》史料丛书编审委员会、中央档案馆编:《晋察冀抗日根据地　第一册(文献选编　上)》,中共党史资料出版社1989年版,第9页。

下细腰涧战斗。上下细腰涧的血战和以聂荣臻司令员名义发出的嘉奖令,让平山团与"太行山铁的子弟兵"紧紧相连,也是抗战期间中国共产党建构"子弟兵"话语体系的重要开端。

1939年5月28日,晋察冀边区党委机关报《抗敌报》在头版刊登了以聂荣臻司令员名义发出的嘉奖令,其中部分内容如下:

> 平山团全体指战员同志们!你们无限英勇的顽强的战斗精神,在我晋察冀军区的抗战史上已经留下了不可磨灭的光辉的一页。你们不屈不挠的流血战斗的光荣胜利,已经证明了你们是八路军的模范部队之一,是中华民族最忠诚的后裔;你们是平山的子弟,边区的子弟,生长在太行山脉上。你们执行了捍卫你们的家乡,捍卫边区的神圣的任务,这特别证明了你们是平山子弟的优秀武装,边区子弟的优秀武装。你们是太行山上的铁的子弟兵![1]

此外,1939年5月28日《抗敌报》发表社论文章《学习平山团的光荣模范》,文章结尾指出:"今天,我们边区的青年与壮年同胞首先就要高度发扬我们的民族自尊心与自信心,学习平山团的光荣模范,广泛参加和充实边区的子弟兵,驰骋疆场,一显男儿身手,保卫家乡,保卫边区,保卫国家,驱逐进攻的敌人,做个顶天立地光荣的民族英雄!"[2]

到底平山团在上下细腰涧战斗中有怎样的表现能赢得如此高的赞誉,笔者查阅到《抗敌报》1939年6月15日第4版的《上下细腰涧的战斗》一文,从中获得重要信息。根据此文陈述,大体情况如下:日寇以五台台怀为目标,试图打通交通连线,入侵之敌有第二师团、第九师团、第十师团,均受柳下中将指挥,分五路来犯,每路均在1500人以上,均为单独作战支队,且为步骑炮联合兵种,每天均有飞机五架至七架在战斗地点上空飞翔轰炸。上下细腰涧战斗的发起,是由于日军常岗旅团围攻八路军一二〇师三五九旅七一七团引发的。平山团(当时

---

[1] 《军区聂司令员嘉勉平山团　号召平山青年永远保持并发扬平山团的光荣》,《抗敌报》1939年5月28日。

[2] 《学习平山团的光荣模范》,《抗敌报》1939年5月28日。

番号为七一八团)紧急驰援七一七团,经过四昼夜激战,终于将包围圈撕开了一道口子,趁机突围的七一七团与平山团在上下细腰涧对日寇形成了南北夹击之势。平山团战斗员三营十连赵安博的《我是一个战斗员:上下细腰涧战斗纪实》一文,刊登在《八路军军政杂志》上,该文回忆战士们急切要消灭敌人,根据首长的命令急行军 100 里,赶去消灭敌人,在行军中遇到十分恶劣的天气,"那天晚上可是冷呀! 风又大,简直把人吹得起! 你说,见鬼不见鬼,五月里还下大雪"①。"此战役自九日开始战斗至十五日止,共激战七昼夜,计毙敌千余人,缴获迫击炮三门、小炮四门、大炮四门、轻机关枪三挺、重机关枪五挺、长短枪共三百余支、马百余匹,俘敌十一人(因伤在路上死三人,在医院死一人,放回五人,自愿当八路军者一人)及其他军用品无数。"②这样看来,上下细腰涧战役是典型的遭遇战,硬碰硬的血战,再加上五台山正在下雪,子弟兵部队仅穿着单衣,强行军对敌形成包围,忍饥耐寒下进行战斗,并取得了最后胜利。为追悼此次战斗中牺牲的指战员和战士,1939 年 7 月 3 日,《抗敌报》刊登《悼西线战斗中三位烈士》一文,指出:"上下细腰涧的战斗,我曹连长协里、陈连长武吉、王连长加清,浴血抗战,与敌人搏斗的黑夜雪山中,不幸为祖国、为民族、为保卫边区,光荣壮烈的牺牲了。这是中华民族的损失,我们谨向曹陈王三连长致最崇高的民族敬礼。"③当时党报党刊对上下细腰涧战斗多次刊载,可见此战役影响巨大。

中国共产党成功地构建了以嘉奖、社论为中心的话语体系,逐渐把"平山子弟兵"的内涵和精神扩大。"平山子弟兵"已经不仅仅只属于平山了,还属于晋察冀边区,属于保家卫国的符号,代表着中华民族抵御外敌入侵的精神力量。上下细腰涧战斗让平山子弟兵团声名远扬,外界对平山团都很好奇。殷参"会见过陈团长和李政委,除亲见过这一群太行山上的子弟兵外,并承他们简明扼要地告知'平山团'是怎样的成立、战斗和壮大",形成《陕西通讯:太行山的子弟兵》一文,发表在《上海周报(上海 1939)》1941 年第 3 卷第 20 期。该文指出:"平山团最大多数的战士是平山县的老百姓。由于前线的混乱,时常有溃散兵员下来,

---

① 赵安博:《我是一个战斗员:上下细腰涧战斗纪实》,《八路军军政杂志》1939 年第 1 卷第 10 期。

② 《上下细腰涧的战斗》,《抗敌报》1939 年 6 月 15 日。

③ 《悼西线战斗中三位烈士》,《抗敌报》1939 年 7 月 3 日。

我们忠实于抗日民族统一战线的原则,巩固各军团结,把散兵召集起来派遣政治工作人员去归还原来的建制。负责领导这支队伍的都是革命的老战士,严格执行革命队伍的'三大纪律,八项注意',统一和整齐了部队的行进步伐。"①该文在描述上下细腰涧战斗时这样写道:"我们平山团出动了,一天赶一百多里,赶到神堂铺,日柳下旅团二千多已经过那里,我们追上去,在青羊口(台怀西六十里)遭遇了,展开激烈战斗。在上级指挥员正确的判断与作战部署之下,全体指战员英勇作战,逼着日人从台怀退出到大营,迫得没法而走小路,七天七夜的苦斗,日死伤很大。这期间,后方接济因地形限制(完全是悬崖和极深的河沟)和作战的激烈,送不到吃的,最后找到一些生的山药果,叫每人拿两个,指战员一样。被饥饿和疲劳折磨着的指战员,极度高兴地拿了应该拿的两个,没有一句怨言。这情景使俘虏来的一个日军少尉感动地说:'除了共产军和高度民族觉悟的战士是办不到的。'"②最后,该文总结了平山团的三个特点:一是平山团是从战斗中生长的;二是平山团始终保持优良传统;三是平山团是民众武装参加抗战,走向正规化的模范例子。这是一篇较早向外人介绍平山团的文章,这种采访式文章增添了人们对由平山优秀子弟组成的平山团的信任,在一定程度上揭开了晋察冀边区子弟兵的"面纱",让更多中国人知晓还有一群保卫家园故土的优秀的人民子弟兵在敌后抗击侵略。

还可以从相关数据上看到平山团的影响力。1939年七八月间,平山人民又掀起为"平山团"补充兵员的参军热潮,短短一个多月里,又有1000余人参军入伍。平山,抗战时期这个地方一点都不平凡。翻看平山县的史料记载,1937年9月,八路军东渡黄河时仅有几个主力师。短短的几个月里,平山县就为八路军主力部队输入了6000余名优秀子弟。1940年5月27日的《新华日报》以《晋察冀边区的模范县——平山》为题进行了长篇报道,在补充兵员上有这样的描述:"有全县各机关,团体,部队,各派代表所组成的武装动员委员会,为加强动员效率计,全县划分若干区域,制定某一地区专为某一部队补充兵员,不能超越范围。各级动员会建立严密制度,经常巡视,检查工作。动员部队,完全采取政治鼓动

---

① 殷参:《陕西通讯:太行山的子弟兵》,《上海周报(上海 1939)》1941 年第 3 卷第 20 期。
② 殷参:《陕西通讯:太行山的子弟兵》,《上海周报(上海 1939)》1941 年第 3 卷第 20 期。

方式。分个别动员与组织动员两种方式。个别动员是用宣传说服,或召开群众大会,当场号召报名入伍。组织动员系通过群众团队,有计划的号召会员中积极分子参加部队,其中干部特别以身作则,以群众将领资格,率领会员入伍。"①由此可见,平山号召子弟参军的动员工作十分周密。如此之多的优秀子弟加入了子弟兵团,就有了李公朴的描述:"聂荣臻将军,在太行之巅奋臂高呼:'建立铁的子弟兵团!'于是在晋察冀军政民全体有机的配合努力之下,铁的子弟兵团建立起来了。子弟兵团保卫了晋察冀,扩大了晋察冀,把灿烂的国旗,插到山海关,插到东海之滨,插到热河的丰宁城畔。"②

二、灵巧的战法:游击战术不断创新

以军事斗争为中心的根据地斗争的胜利,才能保证最终的胜利。在毛泽东的《论持久战》的指引下,晋察冀子弟兵领悟游击战的真谛,创造性发展了游击战术,在抗日斗争中发挥了重要的作用。因此,斗争方式也是中国共产党对"子弟兵"话语体系建构的重要内容之一。

(一)游击战:保存自己消灭敌人

"子弟兵"的成员大多数是农民,在敌后抗战中实质上是典型农业国的农民抗击工业化程度相当高的日本侵略,反侵略的困难可想而知,也难怪有人嘲讽八路军武器装备不行也敢打鬼子。可是,恰恰是八路军在敌后开辟抗日根据地,与日寇周旋,达到将其消灭之目的。以八路军为基干的"子弟兵"能够生存和发展下来,是与其对游击战的深刻领会和掌握分不开的。

以毛泽东为代表的党中央对游击战的指导与"子弟兵"在实践中灵活运用游击战相结合,开创了敌后游击战的辉煌,实现了打垮日本帝国主义的战略目标。对此,美国军事评论家威尔纳有过这样的评论:"没有一个地方的游击战能够担当游击战在中国将要而且能够担负的战略任务"③。敌后游击战场的开辟,是中国共产党对游击战的理解,是深刻分析敌我友三方情况后的重要决策。因

---

① 陆诒:《晋察冀边区的模范县——平山(一)》,《新华日报》1940 年 5 月 27 日。
② 李公朴:《华北敌后——晋察冀》,生活·读书·新知三联书店 1979 年版,第 22 页。
③ [美]威尔纳:《日本大陆战略危机》,《解放日报》1945 年 7 月 18 日。

为"没有集中最大力量对敌进行消灭战的可能"①,须"分散的游击战争,采取一切斗争方式与敌人周旋,节省与保存自己的实力,以待有利的时机"②,消灭敌人的力量。毛泽东曾多次公开讲,"军事上的第一要义是保存自己消灭敌人"③;"一切军事行动的指导原则,都根据于一个基本的原则,就是:尽可能地保存自己的力量,消灭敌人的力量"④。中国共产党在武器装备上与日本相比处于绝对劣势⑤,相比国民党军队也有较大差距,在获得军饷、军械等物资方面渠道十分窄。在这种背景下,在敌后开展游击战,成为最佳的选择。冀中军区司令员吕正操深有感触,他在介绍冀中平原游击战经验时指出:"在技术贫乏条件下的我们,特别是只有极低劣武器的游击队,为要不当亡国奴,为要取得最后的胜利",必须坚持和开展广泛的游击战争,"若是犯了不服气的毛病,在这种情况下,一定要和敌拼死拼活,免不掉吃大亏,结果未必出了气,倒把抗战力量断送了,这是万万要不得的"⑥。国内学者卢毅在研究中国共产党武器装备后得出的结论更能道出其中真谛:"中共在抗战中长期以游击战为主显然是一种迫不得已的选择,并非是消极避战。这不仅是无可厚非的,而且恰恰充分展示了中共坚定的抗战必胜决心和高明国人的战略战术。"⑦

对游击战理解的深刻度,决定了敌后游击战的有效度。针对敌人装备先进,"子弟兵"运用破坏交通和改造平原地形等办法,建造一个对敌不利和对我便利的战场。仅冀中军民在 1941 年 9 月,"据不完全统计,共炸毁敌火车 4 列,铁甲车 2 辆,汽车 3 辆,破坏铁路 10 余里,铁桥 1 座,公路 100 余里,割电线 5200 余斤"⑧。

---

① 中央档案馆编:《中共中央文件选集》第十三册,中共中央党校出版社 1991 年版,第213 页。

② 中央档案馆编:《中共中央文件选集》第十三册,中共中央党校出版社 1991 年版,第212 页。

③ 《毛泽东选集》第二卷,人民出版社 1991 年版,第 379 页。

④ 《毛泽东选集》第二卷,人民出版社 1991 年版,第 406 页。

⑤ 参见仓夷:《枪和子弟兵》,《晋察冀日报》1942 年 1 月 30 日。

⑥ 军事科学院战争理论部编:《游击战参考资料选编》第 7 册,军事科学院战争理论研究部1981 年版,第 37—38 页。

⑦ 卢毅:《抗战:中共为何主要是打游击战》,《河北学刊》2016 年第 1 期。

⑧ 《晋察冀抗日根据地》史料丛书编审委员会编:《晋察冀抗日根据地　第三册(大事记)》,中共党史资料出版社 1991 年版,第 149 页。

因而出现了，"常常是日军白天抓人修路，晚上就被破坏掉，以至形成日军修路平沟而游击队破路挖沟的拉锯战"①。邹韬奋听刚从河北回到配都的朋友齐鲁先生讲起平原游击战的"破路"情形，在其文章中这样写道："在这样的'沟地'上，只有中国的牛车可以照常通过；敌人的汽车机械化部队就只能大跳其舞，不但打不来战，汽油的消耗要增加四分之三（从截获的敌军日记中知道）！"②如仅认为破坏就是游击战全部的话，那是全然不对的。日寇曾这样总结中国共产党游击战的本质："秘密地将多数民众团结在自己周围，形成一个整体，采取'敌进我退，敌退我进，敌惧我扰'的方针，与民众一道反复进行顽强的战斗。"③毛泽东称游击战是依战地而定，朱德认为游击战也是群众抗战的最高形势④，彭德怀更加精准地描述游击战的打法以及为什么这么打：作战方针是一种运动战，但并不是避免一切正规的阵地战，我们的军事布置，应该是据点式的，而不是线式的，因为线式很容易打破，以少数兵力钳制多数敌人，乃据点式的好处。在战役上，我们主张用速决的歼灭战，因为这样可以减少敌人近代兵器的作用，使飞机坦克车毒气的效能不能充分地发挥，而我们则用疾雷速风的手段，予以袭击。我们的消息灵通，敌人的动作我们都知道，他们却没有这样便利，我们熟悉地形，可以以优势的兵力，击败敌人劣势的兵力。这种歼灭战，可以得到敌人的兵器，补充我们的弹药，打胜了几次之后，敌人不敢再分散，就集中起来。我们这样可以封锁他们，围困他们，这种围困是一种战略上的围困，使敌人消耗力量，使他们没办法。同时在我们的周围组织群众，动员群众，封锁他们，扰乱他们，袭击他们，断绝他们的交通，使其疲于奔命，敌人到处被围困，救援的军队也受袭击，被消灭，使其前无进路，后无援兵，弄得进退维谷。假如敌人不动，定将疲惫不堪，日夜不安，随着时间的延长，愈发增加困难。⑤ 这段对游击战的精彩论述，较全面地回答了

---

① 中共河北省委党史研究室等编：《冀中抗日政权工作七项五年总结（1937.7—1942.5）》，中共党史出版社 1994 年版，第 309 页。

② 中国抗日战争军事史料丛书编审委员会编：《中国抗日战争军事史料丛书·八路军·参考资料（5）》，解放军出版社 2015 年版，第 175 页。

③ 中国抗日战争军事史料丛书编审委员会编：《中国抗日战争军事史料丛书·八路军·参考资料（8）》，解放军出版社 2015 年版，第 159 页。

④ 参见赵轶琳编著：《抗日的第八路军》，上海自力出版社 1937 年版，第 72、77 页。

⑤ 参见赵轶琳编著：《抗日的第八路军》，上海自力出版社 1937 年版，第 71—72 页。

游击战的战法。然而即便是对游击战有如此精准的论述,在实际战斗中也会存在演变,以至于聂荣臻《在中共中央北方分局党代表大会上的报告》(1939 年 1 月)中对游击战术有如此感慨:"所谓由整化零等游击战术实并不易(由零可化为无),如甚易,则八路已不值钱了。敌人把我游击战术作研究而谋歼灭我之对策,但是机械的。游击战术实不易把握。"①

中国共产党在研究和发展游击战上投入巨大精力,因为游击战是否成功关系到军队是否存在,最终关系到抗战成败。实践证明,中国共产党领导的武装力量开展的敌后游击战取得显著效果。1940 年日军第 110 师团作战主任参谋中村三郎对活动在晋察冀边区的八路军的游击战作了比较详细的描述:"使日军最感棘手者,为冀西及冀中军区的共军。彼等以省境及日军作战地区附近,或沼泽、河流等日军势力不易到达的地区为根据地,进行巧妙的地下工作及灵活的游击战。因此,了解和掌握其动向,极为困难。""共军的行动轻快而敏捷,熟悉地理,因而无法捕获。相反,日军却多次遭到共军的伏击。"②敌人的《关于肃清剿匪与警备的方针》对游击战法有更详细的记录:"匪军假使遇到优势的皇军,很灵活的就采取避锐的办法,一直退到很远或者分散及换便衣,等到我们通过或撤退,他很迅速的就归还原来的位置,常常是如此的。其次就是避免我们的正面迂回到我们的背后,或是趁机会攻击我们后方的部署机关,在他们相信绝对优势或有把握时,就埋伏在我们必然经过道路的两旁边或者把一部分放在村庄的正面,担任牵制,而另一部分包围侧翼或背后,而进行攻击我们。"③日寇的描述十分真实,我军在"保存自己消灭敌人"的军事原则下,积极发挥民兵的力量,使得游击战术层出不穷。

(二)游击战术层出不穷

抗战形势的发展促使游击战术层出不穷,或者说抗战的艰苦、残酷创造出源源不断的游击战术。1942 年 8 月 3 日《解放日报》社论《彻底实行精兵政策》文

---

① 《晋察冀抗日根据地》史料丛书编审委员会、中央档案馆编:《晋察冀抗日根据地 第一册(文献选编 下)》,中共党史资料出版社 1989 年版,第 227 页。

② 日本防卫厅战史室编:《华北治安战》(上),天津市政协编译组译,天津人民出版社 1982 年版,第 157 页。

③ 王予野:《日人眼中的中日战争与八路军》,《八路军军政杂志》1940 年第 2 卷第 1 期。

章对当时的抗战局势分析十分到位,指出:"在军事上,对根据地扫荡之频繁,战术之隐秘诡谲;在经济上,对我生产力之恣意破坏,实行惨无人道之'三光政策'与投毒放菌;在政治文化上厉行四次强化治安,据点增多,特务活跃等等","在战略上,敌人由正面进攻转而为敌后扫荡;在战术上,敌人由鲸吞而分期蚕食。敌人'自鸣得意'的捕捉战术与奔袭战术,尤其是以我军主力或指导机关为其进攻目标"。① 在这之前,中国共产党已经意识到抗战斗争的艰巨和残酷,在 1941 年 11 月 7 日的《中央革命军事委员会关于抗日根据地军事建设的指示》中特别重复强调:"群众性落后性武器——手榴弹、地雷、土炮等——之重要性";"只有下决心依靠群众、民兵及部队之抗日坚决性、积极性,依靠全民皆兵,依靠群众性的落后武器,依靠这些武器的数量,使敌人到处因我们的手榴弹、地雷、土枪、土炮而疲于奔命,同时主力军除炸弹外并积极设法修理机械与充实自己的子弹。只有这样,才是在今天坚持敌后艰苦卓绝的斗争之唯一道路"。② 由于有关于时局的正确认识,有主力部队化小作战,有大量手榴弹、地雷、土炮等群众性武器的提供等,"子弟兵"把敌后游击战术发挥得淋漓尽致,真正达到消耗敌人、消灭敌人,不以力取而以智取。归纳起来,由晋察冀"子弟兵"运用和发展的主要游击战术如下:

1. 地道战

据程子华回忆,在运用地道开展斗争时,意见并不是那么统一,"对地道的作用如何看? 在区党委委员中引起了争论。有的同志认为:在敌人面前应该是进攻,而钻地道只能藏,不能打,一旦被敌人发现,只好束手待毙,因此地道是消极的,是右倾思想的反映,主张不用地道。另一部分同志认为:在敌强我弱的情况下,主要是积蓄革命力量,坚持斗争。挖洞正是毛主席说的保存自己是为了消灭敌人的原则,它是积极的,不是右倾保命。受了损失,说明地道不完备,应该设法改进,不能因为受损失把地道否定掉。争议结果,意见还没有统一"③。实践是检验真理的唯一标准,冀中人民利用地道积极打击日寇,让争论戛然而止。冀

① 《彻底实行精兵政策》,《解放日报》1942 年 8 月 3 日。
② 中央档案馆编:《中共中央文件选集》第十三册,中共中央党校出版社 1991 年版,第220 页。
③ 《程子华回忆录》,中央文献出版社 2005 年版,第 154—155 页。

中一首民谣生动形象地描绘了地道战的威力。"地道战,地道战! 村自为战,人自为战,冀中人民战争的一着先! 村村相通,家家相连,地下长城万古传。地道房屋相贯穿,星罗棋布,天罗地网,四面八方,上上下下,明明暗暗,直射斜射,正打倒打,诸种交叉的火力点,真厉害,万恶的日寇,乖乖地进了这个鬼门关!"①

《聂荣臻、萧克、唐延杰关于冀中地道斗争之经验介绍》中列举了地道三大作用:第一,可使我地方工作人员在紧张环境下坚持工作,被敌突然包围时,可以暂时退避;第二,减少群众的损害,以增强群众的斗争信念;第三,可作为民兵游击小组在敌进入村庄后的抵抗阵地,当敌建立据点时,可作爆破之坑道或小部队之出击路。② 可谓利用地道,晋察冀边区子弟兵进可攻、退可守,以应对复杂的斗争形式。

地道战不仅打击了日寇,也保护了国际友人。1945 年 1 月,美国军事观察组成员艾斯·杜伦上尉到冀中皮里村,遭敌人包围,随即进入地道,亲身体验了一次地道战。敌人采用了各种毒恶措施,因地道拥有"五防"功能,使得敌人的一切伎俩均告失败。"杜伦对我地道的威力由衷佩服。连连称赞:'八路军伟大','中国老百姓伟大',他断言'日本必败,中国一定胜利'。"③起源于"蛤蟆蹲"的冀中地道在 1942 年初迅速向以作战为主的地道发展,到 1943 年冀中各地利用地道发展许多灵活机动的游击战术,如"'夜袭'、'三速'、'三击'、'挑帘战'、'顶门战'、'化装袭击'、'院落伏击'等"④,大灭敌人的威风,对抗战胜利有积极的作用。"'地道'是人民智慧的结晶,工程量大、出土量多,没有群众的抗日积极性,是做不到的。人民不仅用劳力挖出了地道,还用鲜血保卫了地道。'地道'堪称名副其实的钢铁长城,为迎接抗日战争的胜利做出了不可磨灭的贡献。"⑤借用国内学者把增强的研究来总结:"地道战所创造出的游击战争模式,

① 《晋察冀抗日根据地》史料丛书编审委员会、中央档案馆编:《晋察冀抗日根据地 第二册(回忆录选编)》,中共党史出版社 1991 年版,第 592 页。

② 参见中国人民解放军历史资料丛书编审委员会编:《八路军·文献》,解放军出版社 1994 年版,第 806 页。

③ 《晋察冀抗日根据地》史料丛书编审委员会编:《晋察冀抗日根据地 第三册(大事记)》,中共党史资料出版社 1991 年版,第 269 页。

④ 《晋察冀抗日根据地》史料丛书编审委员会编:《晋察冀抗日根据地 第三册(大事记)》,中共党史资料出版社 1991 年版,第 213 页。

⑤ 《程子华回忆录》,中央文献出版社 2005 年版,第 158 页。

是军事战争史上的一个奇迹,是一笔宝贵的精神财富。"①从中国共产党对"子弟兵"话语体系建构内容来说,地道战彰显了"子弟兵"的智慧和神勇,突显了"子弟兵"灵活机动的游击能力。

2. 地雷战

在日寇本身兵力不足的情况下,游击战术中的地雷战发挥了削弱和疲惫敌寇的作用,为抗战争取了主动权。爆破训练班和地雷展览等活动的开展,为晋察冀"子弟兵"实施地雷战打下了良好的基础。1942 年 4 月 2 日,《晋察冀军区司令部关于广泛开展民兵地雷战的通报》中列举冀中抗三团工兵队的战果,认为"广泛地雷战确能大量消耗敌人","对民兵进行地雷战的教育是十分迫切的工作,并应大量制造地雷,以应地雷战之需要"。② 为解决实际战争中出现的各种情况,"子弟兵"创造了各式各样的地雷。具体见表 5-1。

表 5-1　"子弟兵"制造的部分地雷一览表③

地雷类别	针对问题
拉雷	日寇把老百姓当人质,让他们在前面踏雷
水雷	敌人想避开陆地上的地雷,在水中走
子母连环雷	日寇派遣大量的工兵排雷
慢雷	敌人想挖地雷回去研究

地雷战中的地雷大多是拉雷,为此"子弟兵"必须选出一名勇敢而矫健的战士担任"拉雷手"。"拉雷手"在离地雷不远的距离控制拉火装置,这样拉雷成功率就很大,但因距离近,"拉雷手"会遭受日寇的反击极易丧失生命。周立波在《战场三记》中记录了人民武装自卫委员会主任介绍地雷战的情况:"中雷的敌人,常常不一定全部炸死。未死的敌人疯狂地报复。他们搜索两边的山坡,如果

---

① 把增强:《地道战再研究——以"五一""扫荡"后之冀中地区为中心的考察》,《河北大学学报(哲学社会科学版)》2008 年第 1 期。

② 中国人民解放军历史资料丛书编审委员会编:《八路军·文献》,解放军出版社 1994 年版,第 787 页。

③ 资料来源:徐焰:《解放军制胜之道 7　地道战、地雷战、麻雀战——运用群众的无穷智慧》,《国防》2013 年第 8 期。

发现了拉雷的民兵,一定穷追。拉雷的民兵牺牲了很多。"①为保证"拉雷手"安全,"子弟兵"在地雷战中又有战术演变。如事先布置各种小组配合与掩护"拉雷手"撤退;或采用"连环拉雷"战术,或"拉雷手"埋伏在地道道口,完成任务后从地道转移等。从表5-2可以看出,小小的地雷不仅让日军伤亡惨重,更形成了巨大威慑力,使日军闻雷色变,因为只需几个民兵便可以把敌寇部队折腾得狼狈不堪。

表5-2　晋察冀"子弟兵"施展地雷战部分情况一览表②

时间	地点	敌伪伤亡人数	我方参战部队	备注
1942年4—10月	北岳区各县	623人	北岳区民兵	俘敌147人
1942年5月29日—6月5日	寒风岭等敌据点附近	炸死炸伤敌伪军百余人	浑源民兵	地雷阵
1943年4月21日	北泉据点	30余人	灵丘县民兵	一天内

再从《晋察冀日报》刊登的有关地雷战的文章来看,地雷战使得日寇丑态百出。例如《张家庄的地雷战》一文,对地雷战中的趣闻进行了详细描写:日寇挨炸变得谨慎,"凡是看到地面泥土松散的地方,就用粉笔在地面画一个圆圈圈,并用石子压上一张红纸条,上写'此处有地雷,小心勿踏'字样,但因为可疑的松土太多了,压纸条也来不及,后来只画上圆圈圈,每个'皇军'都是低着头,小心翼翼地绕开白圈圈走。这事情很快就被游击小组知道了,当'皇军'搜索退去后,便黑夜进村,一面埋地雷,一面在各家门口都画上了白圈圈,第三天'皇军'又来了,但只串来串去,不敢进家。这样张家庄的房子虽然被烧了,但是东西可没有损失"③。《易县的地雷战》一文,有这样的描写:"在地雷的怒吼声中,'皇军'丧尽了威风,敌人进犯的第一天,行动本来很迅速的,但是,后来因为到处挨炸,就惊慌失措了,头前的敌人,弯着腰,瞪着眼,蹑着脚步走,那种可笑的丑态,

---

① 《周立波文集》第4卷,上海文艺出版社1984年版,第230页。
② 资料来源:《晋察冀抗日根据地》史料丛书编审委员会编:《晋察冀抗日根据地 第三册(大事记)》,中共党史资料出版社1991年版,第175、179、212页。
③ 《张家庄的地雷战》,《晋察冀日报》1943年5月18日。

真非笔墨能形容。凡是写着'此处有地雷'的房子,他们都不敢走近,更不要说烧了。"①这些有关地雷战的精彩回顾,为研究子弟兵展开灵活地雷战留下了宝贵的文献资料,也反映出子弟兵善于转化武器上的劣势为战术上的优势的智慧。

3. 水上游击战

白洋淀雁翎队以擅长水上游击战而闻名。这支水上抗日武装的成员多为打雁的猎手,根据这一特点起了"雁翎队"这个响亮的名字,使用的武器是打大雁专用的大型火枪大台杆(扫帚炮)。打敌艇、掐断敌人水上运输线,是雁翎队的主要战斗任务。"雁翎队,是子弟兵,白洋淀百姓最欢迎"②,这支民谣让雁翎队员孙革记忆犹新。另外,子弟兵利用白洋淀地理环境打水上游击属常态。《白洋淀上"荷叶军"》一文描述了安新某小队在白洋淀利用荷叶伏击日伪军,战果丰硕,"当场毙伤日军小队长一名,日兵一名,伪军十五名,生俘日军五名,伪军三十八名。缴获轻重机枪各一挺,步枪三十八支,手枪十支,其余药品,文件无数"③。

此外,子弟兵结合本地地形和特点,还创造出麻雀战、铁道游击战等游击战术。子弟兵善于打仗、能打胜仗,在老百姓口碑中传着"神八路"的故事,"八路军打仗,是'神出鬼没','神兵天降',光打胜仗。干部战士个个能讲国际国内大事,是'神通天下'。……说来说去,都有一个'神'字"④。在老百姓口中的"神",都是子弟兵战士用行动的勇敢和过人的智慧赢来的。恩格斯曾讲过:"人民战争的浪潮不断消耗着敌人兵力,将把一支最大的军队逐渐地损坏和零敲碎打地摧毁"⑤。被俘虏的日本兵说:"边区老百姓的游击战真没办法去对付!"⑥日本华北方面军参谋部编印的日军教育训练用参考资料总结我军的游击战法

① 王□:《易县的地雷战》,《晋察冀日报》1943年6月2日。
② 郎建良、马长仕、杨洪涛:《88岁老民兵英雄孙革忆当年——"淀上神兵"雁翎队》,《中国民兵》2009年第5期。
③ 远千里:《白洋淀上"荷叶军"》,《晋察冀日报》1944年1月14日。
④ 中国人民解放军文艺史料编辑部编:《中国人民解放军文艺史料选编　抗日战争时期》第3册,解放军出版社1988年版,第457页。
⑤ 《马克思恩格斯全集》第17卷,人民出版社1963年版,第224页。
⑥ 朱汉:《"边区老百姓的游击战真没有办法对付!"——从一个俘虏的话看军区南线的群众游击战》,《晋察冀日报》1941年6月5日。

有:分散战法、集中战法、回旋战法、佯攻战法、诱至陷阱法、避实击虚战法、麻雀战法等七种战法,攻击据点时采用五种战法:钓鱼战法、狐狸咬鹤战法、推磨战法、苍蝇战法、炸弹战法。① 日伪军在受到子弟兵奇袭后,落荒而逃时大呼:"大大的八路的神军来了的!"②子弟兵正是运用层出不穷的游击战术,一步步把日寇摧毁。

(三)游击战中的政治攻势

政治攻势在"子弟兵"游击战中占据相当重要的位置。传播学的先驱代表人物拉斯韦尔指出:"现代战争必须在三个战线展开,军事战线、经济战线和宣传战线。"③抗战初期,毛泽东与英国记者贝特兰谈话时就指出:"我们的胜利不但是依靠我军的作战,而且依靠敌军的瓦解。瓦解敌军和宽待俘虏的办法虽然目前收效尚未显著,但在将来必定会有成效的。"④"例如日军现已公开声言要对八路军施放毒气,即使他们这样做,我们宽待俘虏的政策仍然不变。"⑤《八路军告日本士兵书》(1937 年 9 月 25 日)郑重承诺:"我们决不虐杀一个没有武装或解除武装的日本士兵!"⑥1939 年 4 月 5 日,日本华北方面军司令部以一本由八路军政治部出版的宣传手册为例出版了一份绝密备忘录,阐述了中国共产党高超的宣传技巧。绝密备忘录分析了"手册为八路军提供了如何吸引日本士兵加入到他们阵营的详细说明"⑦。《晋察冀军区部队最近政治工作概况》一文中对政治攻势有如此描述,"凡是接近敌人的房屋、树林、厕所、室内外,差不多满布起来了,并相当带艺术化"⑧。在政治攻势方面,我们不仅有手册,还有相应的部

---

① 参见中国抗日战争军事史料丛书编审委员会编:《中国抗日战争军事史料丛书·八路军·参考资料(5)》,解放军出版社 2015 年版,第 150—152 页。

② 刘如秀:《"大大的神军来了的!"》,《晋察冀日报》1941 年 12 月 28 日。

③ [美]哈罗德·D.拉斯韦尔:《世界大战中的宣传技巧》,张洁、田青译,中国人民大学出版社 2003 年版,第 173 页。

④ 《毛泽东选集》第二卷,人民出版社 1991 年版,第 379 页。

⑤ 《毛泽东选集》第二卷,人民出版社 1991 年版,第 381 页。

⑥ 中国人民解放军历史资料丛书编审委员会编:《八路军·文献》,解放军出版社 1994 年版,第 49 页。

⑦ [日]小代有希子:《躁动的日本:危险而不为人知的日本战略史观》,张志清、李文远译,广东人民出版社 2015 年版,第 101 页。

⑧ 中国人民解放军政治学院政治工作教研室编:《军队政治工作历史资料(抗日战争时期)》第 1 册,战士出版社 1982 年版,第 594 页。

门、规划和对策。"部队中建立了自上而下,由下而上的敌工制度,每一连建立敌工小组,设有敌工干事;军分区及军区政治部,都有敌工工作部"①。1942 年 2 月 4 日,《中共中央北方分局关于开展第二期对敌政治攻势的指示》中分析了第一期政治攻势存在的三个主要缺点,即宣传内容的重点不够、对敌一切宣传的反击与驳斥很不够、动作迟缓,并指出第二期政治攻势的基本方针是"继续对敌伪与敌占区人民进行日寇的失败主义的宣传,联系到各种具体事实进行煽动"②。并具体提出"《日军之友》及《实话报》应在形式上、内容上作更多的改进。这两种报纸是我们进行政治攻势的主要武器,我们应有组织的有系统的把它们散发出去"③。根据中共中央北方分局的指示,晋察冀军区在政治攻势方面有较大的发展。1942 年 12 月 21 日,《第十八集团军野战政治部关于晋察冀军区部队对敌伪军工作的意见》中有充分肯定其成绩的话语,如"将宣传品大量的输送到敌占区里去","还未曾间断的坚持出刊《日军之友》,能利用诗歌、问答、报道、统计表、招待状等形式灵活的宣传品","在大多数战斗中都能进行喊话,获得了因喊话而投诚者占俘房中百分之三十的成绩","在敌军尸体中发现我们的宣传品"④等。

晋察冀边区子弟兵在游击战中的政治攻势的成绩显著,还可以从两个方面来看。一方面,各类战役中瓦解日军收效较大。如"大小龙华(易县西)役,我除利用一切机会喊话、唱歌外,并以宣传品约束小捆当手掷弹投向敌方,并取得敌兵回答谓:'八路军好,愿缴枪投诚'。结果是役共俘日[军]官兵十四人,内半数以上是自动缴枪投诚过来";"团山(满城北)战斗,敌粟烃大队被我一击即溃乱,几全失去战斗力,在敌溃乱时,有数名向我举手道:'缴枪',并感谢八路军释放俘房的道义"。⑤ 另一方面,转变立场的日本俘房建立延安日本人民解放联盟,

---

① 《晋察冀军区的敌伪军工作》,《新华日报》1940 年 4 月 29 日。

② 《晋察冀抗日根据地》史料丛书编审委员会、中央档案馆编:《晋察冀抗日根据地 第一册(文献选编 下)》,中共党史资料出版社 1989 年版,第 625 页。

③ 《晋察冀抗日根据地》史料丛书编审委员会、中央档案馆编:《晋察冀抗日根据地 第一册(文献选编 下)》,中共党史资料出版社 1989 年版,第 625—626 页。

④ 《晋察冀抗日根据地》史料丛书编审委员会、中央档案馆编:《晋察冀抗日根据地 第一册(文献选编 下)》,中共党史资料出版社 1989 年版,第 726—727 页。

⑤ 中国人民解放军历史资料丛书编审委员会编:《八路军·文献》,解放军出版社 1994 年版,第 377 页。

其晋察冀支部仅 1942 年 6 月至 1943 年 6 月,制作宣传品 65 种,份数多达 26000 份,办报纸 25 种。① 可见,针对日军作战部队的宣传取得显著效果。

一手拿枪、一手拿宣传品,实行全面的武装宣传,效果方显最佳。1944 年 8 月 15 日,《中共中央晋察冀分局关于秋季对敌政治攻势的指示》认为:"首先必须与武装斗争结合,打击'清剿'、'扫荡'之敌","不仅要加强与发展武工队,要组织军事的、政治的、文化的、公安部门的及日本解放联盟及朝鲜独立同盟的力量,涌入沟线外去,挺进到敌后之敌后去,所有沟线外的武装(从主力军、游击队到民兵),都要学会和实行一手拿枪、一手拿宣传品,实行全面的武装宣传。"②武装宣传才能达到宣传的真正效果,否则,宣传作用不大。随着抗日战争局势明显偏向有利我方方向发展,晋察冀分局对"子弟兵"深入开展政治攻势有新的指示。1945 年 4 月 25 日,《中共中央晋察冀分局关于深入开展政治攻势的指示》指出,"在伪军伪组织人员中应宣传及时回头尚可挽救,重申我党我军与政府的宽大政策"③。这些指示在实际战斗中执行效果也是十分明显的。吕正操《在敌寇反复清剿下的冀中平原游击战争》中写道:"如深南一次战斗,对象为敌伪混合部队,伪军三四十名,分在前后,敌军十八名夹在中间,当敌人进入我伏击圈时,让过先头伪军,截住后尾伪军,向伪军喊话,令其躲开,单打敌军,将敌军全部消灭,伪军全部逃回,以后伪军到处宣传:'八路军真不打中国人'"④。《解放日报》于 1943 年 4 月 13 日刊登《晋察冀伪军数批反正》一文,该文记录了晋察冀伪军反正情况,文中记载"1943 年 3 月初,易县紫荆关伪军杜辛中,把监狱砸开与被敌捕去的 32 个青年一同逃回根据地。2 月 23 日繁峙大营敌据点 7 名伪军,携带全副武器逃走。3 月 19 日王梁敌出扰前,于途中有两个伪军携械逃去。盂县伪军从 2 月 25 日至 2 月底逃亡者达 16 名"⑤。从周巍峙的《晋察冀边区抗

① 参见赵新利:《"抗日"的日本人——抗战时期中共对日军事宣传》,《公共外交季刊》2015 年第 3 期。

② 《晋察冀抗日根据地》史料丛书编审委员会、中央档案馆编:《晋察冀抗日根据地 第一册(文献选编 下)》,中共党史资料出版社 1989 年版,第 940—941 页。

③ 《晋察冀抗日根据地》史料丛书编审委员会、中央档案馆编:《晋察冀抗日根据地 第一册(文献选编 下)》,中共党史资料出版社 1989 年版,第 1000 页。

④ 河北省社会科学院历史研究所等:《晋察冀抗日根据地史料选编》(下册),河北人民出版社 1983 年版,第 381 页。

⑤ 《晋察冀伪军数批反正》,《解放日报》1943 年 4 月 13 日。

日根据地的文艺工作回顾》也可看出晋察冀边区政治攻势取得的效果,他在谈《慰劳》一剧演出后的效果时指出:"这个戏给伪军演出时,每每满座哭泣声。一次有个伪军小队长,看过戏之后,当夜就请求敌工部的同志给他安排任务。"①还比如宣传战士张富忱"在观城史楼一家地主砖墙上画的一幅日本兵家族哭泣的宣传画,据说被'扫荡'根据地的日军士兵看到后,竟然纷纷跪在画前失声痛哭,日本军官用指挥刀赶也赶不走"②。由此可见,晋察冀边区子弟兵所进行武装宣传的政治攻势,对瓦解伪军作用较大。

三、回顾战绩:最好的宣传

战绩最引人瞩目,既能鼓舞士气,凝聚民心,又能提升形象,获得源源不断的支持力量,因此极有必要通过报刊媒介把子弟兵如何取得战斗胜利的场景再现,以进一步说明战绩是如何取得的。子弟兵啃着一个一个生字时,接到作战命令,指导员战前动员,战斗打响后受伤的子弟兵不愿下火线,打败日寇归来老百姓夹道欢迎,这一系列经典战斗经历描述出现在《子弟兵》众多记录战斗场景的文章之中,虽然不同作者表达方式不同,但简短的文字把子弟兵英勇作战的形象充分地表现了出来。胜利,特别是以小牺牲甚至零伤亡换来敌伪大伤亡和缴获大量胜利品,突显了子弟兵战法灵巧,给边区青年积极参加子弟兵以极大鼓舞,也能让边区老百姓安心。例如,经典的宋庄战役被写入了《预备兵政治教材 第九课 灵活巧妙的战法》之中,刊登在《子弟兵》第66期,成为晋察冀军区预备兵们学习的经典战役。深入晋察冀抗战前线的刘荣曾在其日记中写下:"能打仗的军队、常打胜仗的军队到处受人民的欢迎、爱戴;反之,不能打仗的军队,到处受到人民的冷淡、鄙视。"③战场是检验"子弟兵"话语体系能否经受考验的有效场所。武器装备差、武器生产能力有限是子弟兵普遍存在的问题,当通过打日寇

① 晋察冀革命文化史料征集协作组编:《晋察冀革命文化艺术大事记》,花山文艺出版社1998年版,第47页。
② 中国人民解放军文艺史料编辑部编:《中国人民解放军文艺史料选编 抗日战争时期》第3册,解放军出版社1988年版,第198页。
③ 梁山松、林建良、吕建伟编:《烽火晋察冀:刘荣抗战日记选》,中国文史出版社2015年版,第182页。

获得武器装备等战利品,而这种战利品以武器、战马、无线电机、黄呢子大衣等形式不断出现时,子弟兵们已经整天琢磨着该如何打上一胜仗,从鬼子手上夺取武器换成自己的装备了,也即从"要我打战"转变为"我要打战"了。

(一)晋察冀边区子弟兵战绩情况大致介绍

1. 晋察冀边区初创时期子弟兵的战绩(1937—1938)

根据党中央和毛泽东同志制定的游击战以及"保存自己消灭敌人"的作战原则,"多打小胜仗,积小胜为大胜",子弟兵在敌后打了一系列漂亮的伏击战,如平型关大捷,八路军一一五师歼灭日军第五师团第二十一旅团一千余人,缴获大批武器、辎重和车辆等。雁门关大捷,八路军一二〇师配合忻口战役,在雁门关一带歼敌五百余人。火烧阳明堡机场,八路军一二九师三八五旅七六九团夜袭阳明堡日军飞机场,毁敌机 20 余架,毙伤日军 100 余人。这些战役的胜利,极大鼓舞了全国军民抗战胜利的信心,提高了共产党和八路军在全国的影响力,也为晋察冀边区创立和边区子弟兵壮大奠定了基础。

1937 年 11 月 24 日至 12 月中旬,晋察冀边区子弟兵及群众"计进行大的战斗八次,杀伤敌官兵一〇八七名,缴获步、马枪三一二支,轻机枪十挺,步、机枪弹五万发,马十余匹,电台一架,汽车、坦克各一辆"①,为晋察冀抗日根据地奠定了始基。晋察冀边区子弟兵在 1938 年的战绩也十分可喜,这一年的主要战绩见表5-3。

表5-3　1938 年晋察冀边区子弟兵部分战斗情况一览表②

时间	战役名称	战绩
9 月 9 日	南桑干河大捷	击溃来犯之敌,毙伤敌 500 余人
9 月 25—10 月 1 日	冯家沟大捷	毙伤日军二十六师团联队长正亚大佐以下官兵 800 余人,缴获山炮 1 门
9 月 29 日	牛道岭大捷	毙伤敌第四混成旅团联队长清水大佐以下 500 余人

---

① 中国人民解放军历史资料丛书编审委员会编:《八路军·文献》,解放军出版社 1994 年版,第 125 页。

② 参考资料:《晋察冀抗日根据地》史料丛书编审委员会编:《晋察冀抗日根据地　第三册(大事记)》,中共党史资料出版社 1991 年版,第 45、47、48、51、52 页(备注:主要以战役中有"大捷"为选取样本)。

时间	战役名称	战绩
10月4—5日	东西庄大捷	共毙伤日军1300余人
10月17日	明堡村伏击战	毙伤日军大队长原田以下400余人，缴获炮3门，轻机枪12挺，步枪180支，电台1部，毁汽车35辆
10月28日	张家湾大捷	击毙日军独立第二混成旅旅团长常冈宽治少将及以下官兵500余人，缴获炮3门，轻重机枪7挺，步马枪70余支，毁汽车10余辆

2. 晋察冀边区巩固时期子弟兵的战绩(1939—1940)

1939年面对日寇主力回师华北对冀中平原接连发动五次大围攻和对晋察冀核心区进行了三期"治安肃正"讨伐战，晋察冀边区子弟兵在一二〇师主力支援下，先后开展了北曹村战斗、黑马张庄伏击战、庞家洼大捷、长刘庄战斗、上下细腰涧大捷、大龙华歼灭战、东长城大捷、陈庄大捷、神堂村战斗、雁宿崖歼灭战、黄土岭围歼战等，尤其是在黄土岭围歼战中，晋察冀边区子弟兵和一二〇师特务团经过两天激战，歼日军900余人，日寇中将阿部规秀被击毙。

1940年晋察冀边区子弟兵粉碎敌人对根据地进行的多次"扫荡"，冀中发动"护麦"战役、"青纱帐"战役，粉碎敌人抢麦企图，扩大了根据地范围。1940年7月7日，《抗敌报》公布晋察冀边区抗战三年的伟大成绩："主力兵团和地方武装近10万人，民兵和游击小组已发展至50余万人。晋察冀八路军，三年中作战二千多次，毙伤日伪军5万余人，俘虏日军256人，俘伪军4800多人。"①1940年8月至12月，晋察冀边区子弟兵参与"百团大战"，给华北日军以沉重打击，给晋察冀民众以巨大的鼓舞。

3. 晋察冀边区最困难时期子弟兵的战绩(1941—1943)

为粉碎敌人的"蚕食""扫荡""治安强化运动"以及毁灭性的"三光政策"，晋察冀边区采用"向敌后之敌后挺进"的策略，根据中央有关"精兵简政""根据地党的一元化领导"等指示，创造出地道战、地雷战、麻雀战等游击战术，取得了

---

① 《晋察冀抗日根据地》史料丛书编审委员会编：《晋察冀抗日根据地　第三册(大事记)》，中共党史资料出版社1991年版，第104—105页。

多场战斗的胜利。1942年10月至12月,"共作战五百九十三次,毙伤俘日伪军四千二百九十余人,攻克据点三处,摧毁碉堡一百一十三处,平沟破路五十九公里,基本阻止了敌之蚕食"①。据不完全统计,晋察冀边区北岳区军民仅在1943年9月至12月,"3个月共作战5600余次,毙伤俘日伪军1.1万多人,缴获山炮1门,轻重机枪17挺,步马枪800余支;击落敌机1架、毁敌坦克3辆、火车18列、汽车244辆;攻克逼退敌据点碉堡207座"②。

4. 晋察冀边区恢复和发展时期子弟兵的战绩(1944—1945.8)

1944年根据党中央指示,晋察冀军区开始对敌进行局部反攻,到年底北岳区部队作战1384次,歼敌7267人,缴获步马枪2499支、迫击炮3门、轻重机枪37挺,攻克逼退敌据点碉堡333座,为向察北、平绥路两侧发展奠定了基础。冀中军民作战1845次,毙伤日伪军21343人,攻克袭入城市25座38次,攻克逼退敌伪点碉815座,解放村镇3892个,面积与人口均恢复到1941年前的鼎盛时期。③ 1945年上半年,晋察冀边区子弟兵开启了猛烈的春夏季攻势,1—7月,席卷了雁北、察南、热河、辽西,直逼平、津、张市郊,作战2700多次,歼灭日伪军2.8万余人,拔除据点碉堡790多处,收复县城15座,解放人口500多万,扩大解放区面积13.5万平方公里,并夺取了进军东北的前进阵地。④

(二)晋察冀边区子弟兵战绩的宣传效应

战绩的宣传效应是无法估量的。国外学者指出:"中共在战争时期的合法性有赖于其爱国主张,所以有必要采取足够的军事行动以维护其信誉。此外,军事上的胜利对赢得'基本群众'的支持,说服动摇者认清形势,以及使反动派保持中立,都是极为重要的。"⑤国内学者李东朗曾在《八路军宣传活动述论》一文中写道:"战绩最引人瞩目,最具感染力和说服力,是对军队的最好宣传。哪支

---

① 河北省社会科学院历史研究所等:《晋察冀抗日根据地史料选编》(下册),河北人民出版社1983年版,第541页。

② 北京军区晋察冀战史编写组:《晋察冀军区抗日战争史》,军事科学出版社1986年版,第442页。

③ 参见北京军区晋察冀战史编写组:《晋察冀军区抗日战争史》,军事科学出版社1986年版,第503页。

④ 参见罗焕章、高培主编:《中国抗战军事史》,北京出版社1995年版,第535页。

⑤ [美]费正清、费维恺编:《剑桥中华民国史:1912—1949》(下卷),刘敬坤等译,中国社会科学出版社1994年版,第769页。

军队战绩辉煌,哪支军队的社会影响就大,其宣传效应也就明显。"①笔者对此表示赞同,同时认为,战绩最引人瞩目,最能凝聚民心,有了口碑,有了民心,就会有源源不断的支持力量。周游的《冀中宋庄之战——一个新型的平原村落战》,记录了宋庄大捷后,侦察员护送一位眼睛失明的群众突围,当他出村时,"自己的脚曾踩过敌人的尸首,我们的侦察员告诉了他整天作战的状况,他的闭住的眼睛,曾欢喜得流出眼泪。第二天,他到了东内堡,他遇见人就讲说八路军打仗的情形,人们围着他,跟他的感情一起共鸣。他激动的说:'我要做八路军的宣传员,我是他救出来的。'"②子弟兵战绩带来的是老百姓的称赞,因为战绩保证了老百姓的切身利益。老百姓指点着俘虏和战利品,互相谈论着"这可出了一口大气呀!"③"亲眼看到了子弟兵,为护麦所打的大小胜仗"④,战斗后慰劳子弟兵说:"要没有你们,老百姓就过不了啦!"⑤总之,"补充队伍,提供给养,提高群众抗日热情或赢得群众同情,这些不管曾经多么难办,但在打了一场胜仗之后,群众全部热衷于给我们送面粉、馒头、肉和蔬菜。群众的悲观和失败心理烟消云散,许多新的游击战士蜂拥而至"⑥。

子弟兵战绩宣传要带来的是全民皆兵、全民抗战,只有这样才能战胜"强大的"日本帝国主义。《斗争在大龙华火线上的群众——大龙华歼灭战追记之一》一文所描述的正是在抗战时期军民齐力打鬼子的一件典型事例。这篇通讯叙述十分真切,"参加此次战斗的群众据民运工作同志的调查,在两千左右","有一个老百姓叫做张宝贵的,领导着其他六个老乡到司令部,反复数次的到大龙华村中去侦探敌情","有炮火的地方,有军队,也就有人民,无数的群众,活跃在枪林弹雨之中,不间断地送开水、送饭、抬伤兵、运输胜利品"。⑦

---

① 李东朗:《八路军宣传活动述论》,《理论学刊》2012 年第 4 期。

② 周游:《冀中宋庄之战——一个新型的平原村落战》,《晋察冀日报》1942 年 8 月 7 日。

③ 任宁:《夜战东城》,《晋察冀日报》1944 年 7 月 15 日。

④ 王犁:《子弟兵在房涞涿平原上》,《晋察冀日报》1944 年 8 月 12 日。

⑤ 王振华、微星等:《大李丰庄的截击战》,《晋察冀日报》1944 年 11 月 26 日。

⑥ [美]费正清、费维恺编:《剑桥中华民国史:1912—1949》(下卷),刘敬坤等译,中国社会科学出版社 1994 年版,第 769 页。

⑦ 向燕:《斗争在大龙华火线上的群众——大龙华歼灭战追记之一》,《抗敌报》1939 年 7 月 17 日。

子弟兵不仅用战绩凝聚了晋察冀边区人民的民心,也获得了国际友人的称赞和支持。卡尔逊上尉作为美国海军陆战队情报官、罗斯福总统密使在抗战期间考察晋察冀边区子弟兵,他认为:八路军是"我一生中所见到的最能自我克制,最讲自我纪律的军队"①,并决定为八路军争取援助。贝特兰在考察八路军英勇抗日的事迹后,指出"世界上任何军队,如要对抗苏醒中的中国的全部力量,必遭失败"②。

四、战役回顾:再现子弟兵英勇斗争场景

《晋察冀日报》社长兼总编辑邓拓曾指出:"好的战斗通讯,完全不必涉及战斗的部署、指挥的特点等一切有关军事秘密的东西,应该写的是战场上最紧张的场面,战士们的英勇行动,群众帮助作战的情形,胜利的战果,俘虏的表现等等,特别要抓住整个战斗过程的各个环节中那些突出的人们的突出的动作,来表现那战斗的全部过程。"③在边区子弟兵战斗场景报道中,集中在战斗前的紧张动员、战场中的英勇杀敌以及战后的胜利成果。

(一)时常动员鼓舞士气

在战斗场景描写中,有关政治动员片段经常是战士们撰写战役回顾文章的必要组成部分。战斗的政治动员又可分为战前、战中和战后三类。战前政治动员旨在调动战斗热情。"每次战斗之前政治指导人员都要充分地、详细地加以说明,阐述战斗的意义,以及它与整个形势的关系。"④例如1939年雁宿崖战斗前,战士们集合在广场上,"教导员不费力的使全场战士都为之激动",号召全体战士"以胜利来纪念军区的成立两周年"。⑤张帆的《白石口歼敌记》一文,开篇

---

① 《史沫特莱文集:中国在反击　中国人的命运》第4卷,陈文炳、苗素群、孟胜德译,新华出版社1985年版,第223—224页。

② [英]詹姆斯·贝特兰:《不可征服的人们——一个外国人眼中的中国抗战》,李述一等译,求实出版社1988年版,第336页。

③ 中国社会科学院新闻研究所编:《中国共产党新闻工作文件汇编》(下),新华出版社1980年版,第220页。

④ 中国抗日战争军事史料丛书编审委员会编:《中国抗日战争军事史料丛书·八路军·参考资料(5)》,解放军出版社2015年版,第294页。

⑤ 《雁宿崖的战斗小景》,《抗敌报》1940年1月1日。

就写道:"战士们摸着枪和手榴弹,在夕阳斜照的广场上,倾听指挥员富有煽动性的讲话。"①杨启明的《在平原边线上的战斗》一文,对指导员战前动员讲话有详细的记录:"指导员借着这个机会,作有力的鼓动的演讲,要求全体同志发扬过去的勇猛的战斗作风,毫不客气的给敌人一个严重的打击,要求各班排在战场上比赛,青年要和老年比赛打仗。战士们都被他底话所激动,大家气儿更沉不住,好像子弹马上就要出膛了。"②这类文章突出战前政治动员的效果,也有描述如何进行战前政治动员的文章,例如《阵地》一文对指战员的叮嘱有这样的记录:"不要压坏了群众的麦子,也不需要挖掘防御工事。敌人如果出动了,我们不待敌兵展开就进攻突击。我们在战斗中要发扬猛打猛冲的战斗作风,节省弹药,连步枪也尽可能的不要放……"③在这千钧一发的时刻,指战员的鼓励和打仗指导深深地扎根于战士的脑海里,成为战士战斗后久久不能忘记的话语。战中的政治动员,旨在加油鼓劲和克服难题。例如傅克东、齐卓屏的《和敌人机械化部队恶战——五月二十八日岳烟战斗记》一文,文中讲到在子弟兵遇到敌方猛烈火力攻击下,政治战士说:"同志们!只要我们好好利用地形,监视着敌人,大炮也不顶事的,飞机也是不能解决战斗的啊!"④不管战前、战中和战后的政治动员和教育,都是那么细致和有效。

(二)万众一心合力杀敌

克服各种困难,奋勇杀敌,子弟兵的战士,是宁死不当俘虏的。例如"有一次冀东的八路军小分队,在敌众我寡的战斗中,被敌人包围在滦县大平原的苏河岸边,他们把枪捆在自己身上,大家拉着手,高唱着劫夫写的《狼牙山五壮士》歌:'棋盘陀,山崖高,战士们的血花红、血花红,勇敢的八路军五个好英雄',以狼牙山五壮士为榜样,一起跳入苏河牺牲了,宁死不屈"⑤。子弟兵战士为了抗战杀敌,可以经受住各种考验,"烟熏火烧——忍着;肚饿寒冷——忍着","无论是指挥员、战斗员、侦察员、通讯员、炊事员,谁都有他的岗位和任务,为了完成

①　张帆:《白石口歼敌记》,《抗敌报》1940 年 8 月 7 日。

②　杨启明:《在平原边线上的战斗》,《晋察冀日报》1942 年 3 月 22 日。

③　冀中一日写作运动委员会编:《冀中一日》,河北人民出版社 2011 年版,第 62 页。

④　傅克东、齐卓屏:《和敌人机械化部队恶战——五月二十八日岳烟战斗记》,《晋察冀日报》1942 年 7 月 9 日。

⑤　王剑清、冯健男主编:《晋察冀文艺史》,中国文联出版公司 1989 年版,第 24 页。

它,可以忘掉疲劳,可以忍饥耐寒,可以流尽自己最后一滴血"①。子弟兵杀敌的场景,在抗战歌曲中常有体现。在众多以"子弟兵"为主题的抗战歌曲中,描写子弟兵浴血抗日、保卫家园必定是常在的主题。例如《我们的子弟兵》(李光启词,王钵曲)歌词第二段:"抗战的决心我们更硬,好象铁板钉上钢钉,鬼子汉奸不打走谁要放下枪,那可不行。勇敢的向敌人进攻,是我们子弟兵。"②《子弟兵进行曲》(蔡其矫词,罗浪曲)的一段歌词:"我们晋察冀的子弟兵,年青的兵快乐的兵,在敌区与敌人英勇的搏斗,收复了乡村,攻下了城市。"③《当向导》(王子英词,严金萱曲)歌词开头:"子弟兵流血牺牲保家乡,子弟兵英勇杀敌在前方"④。为了歼灭敌人,拯救战友,宁愿牺牲自己,这是在战斗回顾中最感人的一幕。例如在岳烟战斗中,田庚辛率领着部队赶来增援,他们"无比英勇地为我们杀出一条血路,但最后我们的田庚辛同志光荣牺牲了"⑤。受到挫折时,政治鼓动十分有效。"我们已把敌人包围了。同志们,虽然敌人很顽强,但我们无论如何要夺得这块阵地,死了也得夺下,硬要夺下,你们说有把握没有?"⑥当要突破敌人包围时,政治动员话语也是让战士们记忆深刻。例如1942年小牛村突围战中,师政委指出:"……现在情况仍很紧张,四面都有敌人,各要路口都被封锁,但今夜一定要突围,如果打起来要坚决向外冲。……只有前进没有后退……各个指挥员同志一定要很好的掌握部队……全体党员要起模范作用……"⑦

（三）满载胜利品而归来

战斗胜利后老百姓对子弟兵部队的赞赏和谈话,成为战役回顾话语的重要

---

① 姚远方:《炮火中涌现的子弟兵英雄——东线随军纪实》,《晋察冀日报》1944年1月24日。

② 阚培桐编:《救亡之声——中国抗日战争歌曲汇编》卷六,香港星克尔出版有限公司2005年版,第2541页。

③ 解放军歌选集编辑部编:《抗日战争歌曲选集》第3集,中国青年出版社1957年版,第61页。

④ 解放军歌选集编辑部编:《抗日战争歌曲选集》第3集,中国青年出版社1957年版,第81页。

⑤ 傅克东、齐卓屏:《和敌人机械化部队恶战——五月二十八日岳烟战斗记》,《晋察冀日报》1942年7月9日。

⑥ 《雁宿崖的战斗小景》,《抗敌报》1940年1月1日。

⑦ 路扬:《突围——小牛村战斗记》,《晋察冀日报》1942年10月6日。

组成部分。《八路军攻克完县城》一文记录了八路军凯旋时的场景，"队伍胜利归来，村庄里的人们，倚着自己的门边，微笑着向我们招呼：'辛苦了，同志们！''嘿！看咱们八路军沾不沾，把县城都打下来了！''同志，你们累吗？饿了吧？'实在，谁不欢欣鼓舞呢？抬担架的民兵，抬着空空的担架，他们似乎比谁都兴奋，一路上碰见个人就搭上话儿，好像要把胜利的消息告诉每一个认识或不认识的人。'嘿！咱们只有一个轻伤的，这些担架都闲着没事！'"①1942 年，岭东歼灭战后的第二天，"捷报传遍了一个乡村，三五成群的老百姓都笑嘻嘻地念叨着：'八路军真行，不打便罢，一打就打胜仗！'随着，便送来了大批的慰劳品：肥猪、鸡子。岭东虽是敌人的据点，但他们仍然悄悄地送来一口肥猪，和一封热忱的慰问信"②。1943 年，攻打行唐后的第二天，"行唐城里出来一个老乡，传播着这样的一个消息：'昨天夜里八路军打行唐，又是大炮又是枪，吓得鬼子队长都坐上坦克车了。'"③除了赞赏之外，老百姓还有对曾经没有善待子弟兵的反思。例如："一个穿黑长衣的老乡笑眯眯地说：'要没有八路军打，说什么敌人也准到咱们村来了。你看人家八路军，夜里给咱们放着哨，敌人来了给咱们打，他们多好啊！'另外一个女人说：'过去八路军打碎了我一个碗，赔了我八毛钱，我心里还非常不高兴，看起这时来，打我十个碗又算怎样！'"④通过这些细微报道，战斗胜利后老百姓对子弟兵的爱护更加坚定。战后对俘虏报道也成为回顾战斗的不可缺少部分，甚至还会专门撰文报道日本兵被俘虏后的心理路程。例如 1944 年，在博野小王战斗中被俘虏敌伍长说："这不是我们部队太软弱，而是八路军过于坚强。""我深切的感到：（一）八路军的士兵在战斗中的勇敢，日军无论如何是比不了的。八路军在战斗开始直到终了，始终保持着旺盛的突击精神和昂扬的战斗意志，没有卧倒过一次，心里一点也不犹豫。（二）战术非常高明，特别是伏击地形的选择，我以为很好。"⑤

①　野燕：《八路军攻克完县城》，《晋察冀日报》1942 年 5 月 15 日。
②　田国栋：《岭东歼灭战》，《晋察冀日报》1942 年 5 月 22 日。
③　秋浦：《夜袭行唐城》，《晋察冀日报》1943 年 12 月 26 日。
④　宋世武：《老乡的感奋话》，《晋察冀日报》1943 年 2 月 23 日。
⑤　《洛阳战役敌"第一殊勋"部队　被我冀中子弟兵歼灭》，《晋察冀日报》1944 年 11 月 11 日。

第六章　话语争锋

——各方"子弟兵"话语的交锋

各方"子弟兵"话语的交锋,往往与实际斗争相交织。针对不少破坏分子假用八路军名义干坏事,《朱德等关于减少摩擦,巩固抗战团结问题的训令》中明确要求:"我军各部指战员均必须配带臂章符号,严紧管理教育,整顿军风及群众纪律。……对一切假借我军名义分子严加追究。"①1937 年 12 月 6 日,毛泽东、周恩来、彭德怀致朱德、任弼时、邓小平等人电文中指出:"八路军应带符号,从新规定证章,凡无此据者应一律取缔,并将规定报阎及通报友军及地方行政机关,出布告发表谈话登报。"②对游击队也要求"必须戴上八路军或新四军的帽子"。以服装符号来表明中国共产党领导的子弟兵与其他军队的不同,本身也是应对他方对"子弟兵"非议的一种有效办法。全面抗战期间,中国共产党驳斥"游而不击"等荒谬言论,揭破日伪关于子弟兵的谣言,以誓死抗击日寇的英雄作风给来访晋察冀边区的国内外人士留下了不可磨灭的印象。

一、驳斥"游而不击"

国内有少数投降派、反共派以及顽固派等对八路军极尽造谣污蔑,其代表性的观点是"八路军游而不击"。1938 年 5 月,毛泽东在《抗日游击战争的战略问

---

① 中国人民解放军历史资料丛书编审委员会编:《八路军·文献》,解放军出版社 1994 年版,第 118 页。

② 中央档案馆编:《中共中央文件选集》第十一册,中共中央党校出版社 1991 年版,第 400 页。

题》一文中就提出:"不游不击,或游而不击的态度,是要不得的。"①为驳斥"游而不击"谣言,中共人士在不同场合和利用各种方式对"游而不击"谣言进行了不懈斗争。叶剑英用八路军人物典型抨击"游而不击",于《新华日报》(1939年11月5日)发表纪念文章《悼八路军魏旅长大光光荣的殉国!》,该文指出:魏旅长"生平作战之勇,以及殉国之烈,不但足以使敌人胆落,而且粉碎了一些反共分子说八路军'游而不击','避免牺牲'的谎言"②。1940年1月15日,《八路军将领致林主席蒋委员长等电》中开篇写道:"据报,政治部陈诚主任在韶关演说,有谓八路军游而不击,延安无一伤兵就是证据等语",并列举相关事实和数据加以批驳,"我八路军伤亡达十万,而敌伪伤亡则达二十余万,我军俘虏敌伪达二万,缴获敌伪枪支达四万"③等。毛泽东在为聂荣臻写的《抗日模范根据地晋察冀边区》小册子所作序中指出:"过去汪精卫辈开口闭口八路军与游击队'游而不击',或'不游不击'。某些应声虫起而和之,然而汪精卫却'游'到日本怀里去了,应声虫们则在四圈八圈麻将世界大打其'游击',真不识人间有羞耻事!"④周恩来曾在《左权同志精神不死》一文中对"游而不击"这样批驳:"有人曾经故意说:某军队在敌后是不打仗的,不论其居心如何,我们只有笑其无知。军队在敌后支撑抗战,如果不打仗何能站得住,一月一日都难支持,何况支持五年之久。足兵足食发械的军队敌人固然要打,兵食不足,饷粮两缺,而又深入敌后的军队敌人更要打。五年来,十八集团军在敌后的战绩、伤亡及其所遇到的困难,拿左副参谋长五年苦战的功劳和死后殉国的壮烈为引证,就可以例例其余了。"⑤陈赓在1941年1月14日的日记中如此写道:"大资产阶级利用八路军积极活动,牵制敌人,使大后方得到安全,使他们能积蓄力量,准备反共,准备窃取抗战胜利的革命果实,造出八路军'游而不击'或者'百团大战'是假的等谣言来刺激我

①　《毛泽东选集》第二卷,人民出版社1991年版,第418页。

②　叶剑英:《悼八路军魏旅长大光光荣的殉国!》,《新华日报》1939年11月5日。

③　中央档案馆编:《中共中央文件选集》第十二册,中共中央党校出版社1991年版,第622页。

④　中国人民解放军历史资料丛书编审委员会编:《八路军·文献》,解放军出版社1994年版,第308—309页。

⑤　周恩来:《左权同志精神不死》,《新华日报》1942年6月20日;后被《晋察冀日报》1942年8月6日转刊。

们,更加积极地利用日寇来削弱我们的力量,或者消灭我们。"①叶成焕团长在报告中这样说:"要游要击;不游不击,反受打击——这是经验告诉我们的……"②从时间跨度上来看,即便子弟兵们为抗战斗争中付出宝贵生命,"游而不击"的荒谬言论可谓从未中断过,其荒谬言论制造者无视事实,荒谬至极,其险恶用心昭然若揭。中国共产党用战绩事实来批驳此等荒谬可笑言论,进一步夯实"子弟兵"话语的基础。

事实胜过诡辩,有良知的中国民众都不相信"游而不击"这一荒谬观点。在敌后方颇具影响力的《力报》在 1940 年 9 月 20 日的社评文章中对"游而不击"进行反驳,指出"正因为游击战能予敌人以重大打击,所以敌寇及其走狗拼命地造谣中伤,攻击努力进行游击战的部队,说他们'游而不击'。华北胜利,用铁一般的事实否定了这种无耻胡说"③。敌后方的民众眼睛也是雪亮的,用不同的形式支持子弟兵抗战。例如《八路军军政杂志》上刊登的《给八路军的慰问信》中指出:"你们在华北坚持抗战,牵制了敌人十几个师团,给敌人以大的打击,这对于整个抗战的坚持,有着莫大的意义,我们愿意常能知道你们的消息,无数的民众在想望你们。"④

二、揭破日伪关于子弟兵的谣言

日寇干扰边区群众常用伎俩为制造有关子弟兵的谣言。例如敌伪试图瓦解八路军时对抗属说:"不孝有三,无后为大,你的儿子当兵,死了就会绝后"⑤。敌寇在军事上消灭我军落空后,采用卑劣手段诋毁边区子弟兵,如"子弟兵就是八路军的新兵","子弟兵只吃小米不打仗","当子弟兵苦得很,倒不如参加'民

---

① 《陈赓日记》,战士出版社 1982 年版,第 186 页。
② 中国抗日战争军事史料丛书编审委员会编:《中国抗日战争军事史料丛书·八路军·参考资料(5)》,解放军出版社 2015 年版,第 103 页。
③ 中国抗日战争军事史料丛书编审委员会编:《中国抗日战争军事史料丛书·八路军·参考资料(5)》,解放军出版社 2015 年版,第 171 页。
④ 赖琛:《给八路军的慰问信》,《八路军军政杂志》1939 年第 1 卷第 10 期。
⑤ 河北省社会科学院历史研究所等:《晋察冀抗日根据地史料选编》(下册),河北人民出版社 1983 年版,第 137 页。

军'去,每月还有十几块钱"①;"八路军是辈子兵"②;等等。这类谣言用心险恶,试图割断边区群众与子弟兵的血肉之情。特别是抗战相持阶段,揭破这类谣言变得十分重要。敌探汉奸还在子弟兵队伍中进行欺骗宣传。吴溉之的《敌探汉奸在部队中阴谋活动的检讨》一文,把敌探汉奸在子弟兵部队中的欺骗宣传归结为四点:第一是说"八路军生活苦"。如像对负伤的战士,他抓住我们医药的缺乏,物质的困难,就煽动伤员说:"当八路军的兵,一负了伤,就只有死,这样痛苦的生活下去,不如做亡国奴还好。"对我们某些落后的战士,便说:"一元钱的津贴,吃黄烟都不够,还能买鞋穿吗?"在行军作战中,便说:"日夜行军,一点休息也没有,不被日本鬼子打死,也会累死。"冬天的棉衣稍缓发下,便说:"到了这个时候,还不发棉衣下来,我们只有活活的冻死。"像这一类的欺骗宣传,是敌探奸细的拿手好戏。第二是故意地散布一些失败情绪。如说:"日本是世界上第一等强国,他从来没有打过败仗。"如说:"日本飞机大炮厉害,中国军队在抗战以来死伤多少。"如说:"中国军队不行,上海、南京、武汉都继续失掉了。"如说:"西班牙抗战两年失败了,中国抗战也一定会失败。"据探匪李晓初供称:"我们要以军器不良,生活困苦,抗战没出路,来散布悲惨痛苦的空气,来恐吓意志不坚强的战士或干部,削弱他们对于胜利的信念,造成他们的失败情绪。"第三是散布和平的空气。如说:"日本的近卫首相曾有申明,不要中国领土,不要中国借款,愿同中国和平解决战争。"更造谣说:"中国政府已派秘密代表与日本谈判。"或说:"英美将要出来调和中日战争。"或说:"贵州某地又有什么拥护中日和平,反对战争的武装力量"。"云南政府主张中日和平结束战争"。像这一类的谣言,不断地制造着。第四是欺骗政策,这是日本军阀灭亡中国的拿手好戏。在他们的横暴残杀之后,欺骗政策就随着后面来了,这一点在华北是演得很纯熟了的。现在日军之侵略战争与在华北的扫荡计划遇到了不能解决的困难,因此,他的欺骗政策更加花样百出。如说:"日军不杀被国军强迫当兵的。"如说:"八路军都要合理负担,皇军来了就不要合理负担。"或说:"皇军对参加防共军人的家

---

① 裴世昌:《晋东南子弟兵的创立及其经验》,《八路军军政杂志》1941 年第 3 卷第 4 期。
② 河北省社会科学院历史研究所等:《晋察冀抗日根据地史料选编》(下册),河北人民出版社 1983 年版,第 137 页。

属很好,常要村长优待其家属。"像这一类的欺骗宣传,叫得非常起劲。① 吴溉之在其文中指出,对付敌寇阴谋的基本方法,主要的是提高我全体指战员的政治认识,及时克服一切可能发生的怀疑与不满的情绪,以及加强我们的锄奸工作。

作为党报的《晋察冀日报》,充分发挥其战斗作用,不断揭破日伪关于子弟兵的各类谣言。《晋察冀日报》通常在显著位置刊登反驳文章予以批驳,例如《是从日本人嘴里放出来的吧?》一文中,直接奉告那些听信谣言的人:"你们留心这种谣言会是日本鬼子造出来的,请不要给日本鬼子作了义务宣传。如果还没有忘记抗战,如果还知道眼前摆着这个凶残的民族敌人,就应该处处从团结抗战的利益着想,须知道传播这种谣言不管出于有心无心,那都是对抗战有罪的。"② 1941 年 4 月 17 日,《晋察冀日报》与晋察冀军区政治部合办《子弟兵》副刊,其办报特色之一,就是由参加子弟兵的亲历者讲述如何参加八路军打鬼子、如何成为革命军人和怎样帮助老百姓等。《子弟兵》创刊是对谣言最好的回击,能进一步密切军民关系,促使抗日根据地的巩固和发展,发挥《晋察冀日报》是"全边区人民最忠实的喉舌和我们思想战线上的正规的党军"③ 的作用。其中,《子弟兵》刊发冬学教材揭破谣言比较有代表性,例如《冬学教材 第六课 八路军英勇善战》列出群众所听到的流言蜚语,如"八路军光是吃公粮,敌人一来他就走了""平时部队多的很,一到战时连影子也看不见了""日本人是自己退走的,八路军就没有打"等,并从五个方面进行驳斥:一是日寇"扫荡"占领边区不少腹地,但不敢久占,是"因为八路军(配合群众、民兵)不断的打击它、扰乱它、消灭它";二是日寇每一次"扫荡"边区都是损兵折将;三是边区内外八路军为保卫国土而英勇斗争,列举了"冀南收复了三个县城,晋西北打进忻口车站,冀中收复四十多个据点"等战绩;四是说明八路军打仗的战略战术,要找有利时间和地点,决不能胡来和乱来;五是号召群众揭发敌寇挑拨谎言,做好宣传八路军英

---

① 参见吴溉之:《敌探汉奸在部队中阴谋活动的检讨》,《八路军军政杂志》1939 年第 1 卷第 5 期。

② 《是从日本人嘴里放出来的吧?》,《晋察冀日报》1943 年 8 月 8 日。

③ 彭真:《军区三周年、十月革命二十三周年与〈晋察冀日报〉》,《晋察冀日报》1940 年 11 月 7 日。

勇善战的宣传和相关解释工作。① 眼见为实耳听为虚,刊登抗属来部队看望子弟兵的心声,也最能证明日伪谣言的可笑,例如刘顺涤的《看到了两个世界》一文,记录子弟兵战士金生的母亲受到敌伪谣言欺骗,来八路军部队中看看究竟,最后看到自己儿子"比以前更高了,成了又黑又胖的小伙子,并且学会七八百字,什么道理都懂",在询问了儿子吃什么后,对着金生说:"金生,我受日本鬼子的骗了,以为你们真的穷得饭也没吃。以后我永不会信那些鬼话了。"② 报道具体锄奸的事例,起到鼓舞人心的作用。例如《王树祥 革命战士的好榜样》一文,讲述王树祥面对奸细严锡镇刺刀的威胁,沉着冷静地说:"走是可以,不过现在天快亮了,前面有民兵游击小组,恐怕走不脱! 我看还是明天再走吧! ——咱们回去,谁也不暴露一点秘密!"就这样不费力气把奸细分子带了回来。③ 正如晋察冀日报社社长兼总编辑邓拓指出:"今天我们为了有力地回答全国同胞和国际人士对于我们的关怀与期求,为了提高与激励全国同胞抗战情绪和国际底同情援助,为了提供坚持敌后持久抗战的经验教训和以边区千百万不愿作亡国奴的同胞的崇高行动和坚强的意志与言语,粉碎日本法西斯强盗及其走卒汉奸、托派、汪派等无耻败类的狂吠与造谣污蔑,大量而有计划地反映与报道边区坚持敌后持久战事实,将边区千百万民众抗日反汉奸的英勇斗争事迹介绍给国内外人士是必要的。"④

此外,日伪俘虏话语中子弟兵形象的反转,对揭破日伪关于子弟兵的谣言具有重要的作用。子弟兵战法灵巧,经常把日伪军打得措手不及,再加上政治宣传和优待俘虏得力,俘虏人数也逐渐增多。从《晋察冀日报》报道俘虏人员的情况来看,日军被俘人员对子弟兵的认识有巨大的反差。日本工农学校学生浅井生的《他仍然回来了——一个日本兵投诚八路军的故事》一文,讲述一个被八路军俘虏的日本兵重回日本军队受到屈打和歧视,感受到日军和八路军的天壤之别,

---

① 参见《冬学教材 第六课 八路军英勇善战》,《晋察冀日报》1941 年 11 月 19 日。
② 刘顺涤:《看到了两个世界》,《晋察冀日报》1943 年 2 月 2 日。
③ 参见苏六、定慧:《王树祥 革命战士的好榜样》,《晋察冀日报》1943 年 4 月 25 日。
④ 《邓拓文集》第 1 卷,北京出版社 1986 年版,第 247 页。

"在被送到军法处的路上他又跑了,重新回到八路军那温暖的怀抱里来"[1]。有从个体层面去呈现日本兵向往八路军生活的文章。例如《日兵小玉善吉的投诚》一文,讲述小玉善吉在日军里丝毫得不到自由,还总受到官长和老兵的虐待,他把反战同盟支部的宣传册子和《战友》小报当作宝贝一样的阅读和保存,有一天抓住机会跑到了根据地来。1944年在博野小王战斗中被俘虏敌伍长这样说:"第一,八路军虽然得到这么大的胜利,但指战员和士兵一点也不骄傲,认为是当然的事情,若是日军的话,则就大喝大闹起来。第二,在日本军里的时候,长官教育时候总说,八路军是'匪贼',可是现在亲眼看到八路军和老百姓好像一家人,给了我一个良好的印象,因此更加证明了,过去长官的讲话都是骗人的!"[2]至于子弟兵押解日俘入城的报道新闻,足以让后方人士"误听传言18集团军不打硬仗的疑团自告冰释,而且足见八路军抗日游击战的神通广大了"[3]。

三、老百姓眼中的"子弟兵"

在边区老百姓口中广泛流传,"子弟兵是老百姓的儿子"[4];"'子'就是咱们老百姓的儿子,'弟'就是八路军的弟弟,'子弟兵'就是老百姓组织起自己的队伍,让八路军教我们打仗,去打日本鬼子,保卫自己的家乡"[5]。这一说法也是对汉奸和反共分子谣言("子兵弟就是八路军的新兵","子弟兵只吃小米不打仗","当子弟兵苦得很,倒不如参加'民军'去,每月还有十几块钱")[6]最好的回击。老百姓对子弟兵的认识与党的宣传、子弟兵言行息息相关。抗战初期,我们党想方设法让老百姓认识八路军,代表性办法有:"一是无论晴天阴天,他们总是把

---

[1] 日本工农学校学生浅井生:《他仍然回来了——一个日本兵投诚八路军的故事》,《晋察冀日报》1942年7月6日。

[2] 《洛阳战役敌"第一殊勋"部队 被我冀中子弟兵歼灭》,《晋察冀日报》1944年11月11日。

[3] 中国抗日战争军事史料丛书编审委员会编:《中国抗日战争军事史料丛书·八路军·参考资料(4)》,解放军出版社2015年版,第116页。

[4] 李公朴:《华北敌后——晋察冀》,生活·读书·新知三联书店1979年版,第28页。

[5] 裴世昌:《晋东南子弟兵的创立及其经验》,《八路军军政杂志》1941年第3卷第4期。

[6] 裴世昌:《晋东南子弟兵的创立及其经验》,《八路军军政杂志》1941年第3卷第4期。

写有'八路军'3个字的大草帽背在身后;二是积极宣传八路军全心全意为人民服务的宗旨;三是严格执行八路军秋毫无犯的纪律;四是从臂章入手,一有机会就指着左臂上的八路军臂章对群众说:'我们是八路军,是共产党领导的军队,是人民的子弟兵,是救国救民的队伍。'"①老百姓对八路军有了最初的印象,仅仅是第一步,在战争年代,老百姓看重的是这支军队能不能保护自己。

边区子弟兵勇敢杀敌、不怕牺牲、保家卫国,深受老百姓爱戴,成为抗战年代老百姓常谈之事。在敌占区,老百姓看到子弟兵十分激动,村内的男男女女、老老少少会把子弟兵围得水泄不通,村民从这种场景中这样判断:"要不是咱们的八路军,街上那有这么多的人呀!你看,往日谁不躲在家里,把门闩好!"②老百姓口中所述的"子弟兵"还远远不止这些,这只是抗战历史中的零碎资料的"一块"。边区子弟兵爱民,老百姓拥军,军民一家亲。当子弟兵们"为着不让咱们的麦子叫鬼子抢去,舍命的干"③,子弟兵战士在与老百姓相处中不要老乡一针一线,常能听到"八路军真是不爱财的军队!"④《子弟兵》有关子弟兵不爱财的报道,例如《老乡们很奇怪:锅里怎么有了钱?》《姚银海得金不昧》等,数不胜数。于是,有了"八路军真是像神仙一样呵,咱们有了八路军,早晚会有翻身的日子的,八路军真是好队伍呀"⑤这样的话语,并很快流传开来。老百姓对子弟兵的基本判断,是从与以往军队比较中形成的。有老乡说:"八路军吃喝都给钱,不打骂老百姓,打日本鬼子比晋军强,比骑一军强。从陕西过来的八路军没有一个当汉奸,当汉奸的都是晋军里面的人。这里有很多人都当八路军了,村子里的人都说:'迟早要当兵,早一点当八路军,免得给晋军拉去当兵。'"⑥对老百姓好、不当汉奸,老百姓认准的道理简约却不简单。在敌占区,老百姓敢于冒险救下受伤的子弟兵战士,并认为"没有什么,你们每天东打西战的是为着老百姓,老百

① 政协河北省委员会编:《晋察冀抗日根据地史料汇编》(下),河北人民出版社2015年版,第2780页。

② 贾维:《我们在敌占区》,《晋察冀日报》1942年9月1日。

③ 赵恒山:《感激的眼泪》,《晋察冀日报》1941年7月23日。

④ 王保之:《姚银海得金不昧》,《晋察冀日报》1943年7月27日。

⑤ 席水林:《"碰到了神仙"——敌占区一个老乡第一次看见了八路军》,《晋察冀日报》1942年12月10日。

⑥ 《王恩茂日记——抗日战争(上)》,中央文献出版社1995年版,第463—464页。

姓没有什么说的,连照顾同志几天,就不应该吗?"①有的老百姓拦住受伤的子弟兵战士的担架,说:"同志们打鬼子得了彩,叫人心疼,我没有别的,只有存下的十来个鸡蛋,给他们吃吧!"②周而复的《解放区晋察冀行》记录了黄峪村老乡让其大儿子换回八路军伤员的事:"敌人从军区中心地区撤退,路过此处(笔者注:黄峪村),两个治安军要把病员带走去带路,老乡不肯,被伪军打得死去活来,结果把病员抢走了。他醒来后,连忙把躲藏的自己的大儿子叫回来,追上伪军,央求敌人,换回了八路军病员,说他这个儿子地头熟,好带路。实际上他儿子在半路上瞅敌人不注意时,就逃回来了。人民这样爱戴自己的军队,请问:敌人有什么办法不败呢?"③老百姓为子弟兵敢于舍亲情血缘,这份情义决非一日之功,是子弟兵久久为功为老百姓牺牲自我的真情回报。边区子弟兵已深深与边区人民融合在一起,血肉不分,以至于到春节时,晋察冀边区群众家家要贴上新"门神"(一面是八路军形象,一面是民兵形象)④才满意。

以"子弟兵"为主题的抗战歌曲,反映老百姓对子弟兵的认识。当时老百姓认为由边区群众的子弟组成的子弟兵不同于正规军。以两首名为《参加子弟兵》歌曲的歌词为例,管平作词谱曲的《参加子弟兵》歌词一段为:"保卫家乡打日本,广泛开展游击战争,到处打游击呀拆桥破路帮助正规军。"⑤李伟作词谱曲的《参加子弟兵》歌词一段也有相近的表达:"叫老乡你细听,快快参加子弟兵,帮助正规军哟,保卫家乡最光荣。"⑥这类歌曲的出现,正值晋察冀边区青年广泛参加子弟兵,我党我军整编、整训子弟兵以及编备预备兵的历史时期。这也印证一点,晋察冀边区子弟兵并非开始就十分强大,新战士变成老战士,战斗力由弱转变为强需要一个过程,也突显了我党我军有能力锻造出一支打击日伪顽的优

---

① 席水林:《在敌占区,我受了伤之后——一个侦察员同志对我说的故事》,《晋察冀日报》1942 年 12 月 22 日。

② 赵恒山:《感激的眼泪》,《晋察冀日报》1941 年 7 月 23 日。

③ 周而复:《解放区晋察冀行》,上海书报杂志联合发行所 1949 年版,第 36 页。

④ 参见中国人民解放军文史史料编辑部编:《中国人民解放军文艺史料选编 抗日战争时期》第 2 册,解放军出版社 1988 年版,第 408 页。

⑤ 阚培桐编:《救亡之声——中国抗日战争歌曲汇编》卷一,香港星克尔出版有限公司 2005 年版,第 208 页。

⑥ 阚培桐编:《救亡之声——中国抗日战争歌曲汇编》卷一,香港星克尔出版有限公司 2005 年版,第 209 页。

秀子弟兵。值得关注的是,晋察冀军区政治部为歌唱这伟大的斗争和更多鼓舞我边区人民和军区子弟兵,特于 1942 年 7 月 18 日发出启事,向全边区文艺和音乐工作者征求创作一支适合于子弟兵普遍歌唱的军歌。最后,《子弟兵进行曲》(方冰词,周巍峙曲)、《子弟兵战歌》(蔡其矫词,卢肃曲)、《前进,子弟兵》(郑红羽词,徐曙曲)三支歌曲入选。歌词分别如下:

　　《子弟兵进行曲》歌词:勇敢的行列 勇敢地行进! 庄严的阵容铁的子弟兵,震撼着山岗 震撼着平原,斗争的精神一直挺向前! 当战争卷起在家乡,我们组织起上战场! 大兵团在敌后成长,控制着敌人的心脏。我们来自田野,个个英勇顽强,为了明天的自由幸福,射击在自己的土地上。听! 战号吹响遍解放区原野,斗争的大旗火焰般绯红,向前去,冲破黎明前黑暗,新中国要在我们手上出现! 勇敢的行列,勇敢的行进! 庄严的阵容铁的子弟兵,跟着毛泽东,跟着毛泽东,跟着他,向胜利挺进,向胜利挺进!

　　《子弟兵战歌》歌词:向前挺进! 年青的子弟兵,勇敢的子弟兵,快乐的子弟兵,以坚决的步伐到战斗中去。为了土地新生,为了家乡幸福,为了祖国的光荣! 把亲爱的步枪放在肩上,到战场消灭敌人,到堡垒消灭敌人,到城市消灭敌人。让歌声飞起来使天地全回应,我们战斗在艰苦的年代,毛泽东是指路的北斗星。我们战斗在祖国的前哨,总司令是胜利的巨鹰。我们是钢铁的子弟兵;子弟兵还有什么不能战胜! 万岁,万岁! 子弟兵还有什么不能战胜! 向前挺进! 年青的子弟兵,勇敢的子弟兵,快乐的子弟兵。

　　《前进,子弟兵》歌词:我们的血最热最红,有工农红军的传统,我们是年青的人民子弟兵,为自由解放而战争。枪! 人民交付我们保卫国土,枪! 从敌人手里夺来杀伤敌人。人民和带枪的子弟,血汗流在一起,用血肉收拾起破旧山河,建立新长城。从高山战到原野,冲破黑暗走向光明,前进! 前进! 跟着毛泽东,跟着总司令,向法西斯反攻,向新中国挺进,向法西斯反攻,向新中国挺进![1]

---

① 　解放军歌曲选集编辑部编:《抗日战争歌曲选集》第 3 集,中国青年出版社 1957 年版,第60—63 页。

从这三支子弟兵军歌的歌词来看,常见的词除了"子弟兵"外,还有"挺进"和"毛泽东"。其中"挺进"体现了面对日寇的进攻,子弟兵决不后退,与日寇斗争保家卫国;"毛泽东"代表着党的领导,在党的英明领导下前进,向胜利前进,向新中国前进。分别从三支子弟兵军歌歌词来看,《子弟兵进行曲》词作表现了子弟兵威武雄壮、敢于胜利的英雄气概;《子弟兵战歌》词作展现了子弟兵富有革命英雄主义和豁达的乐观主义的战斗风貌;《前进,子弟兵》词作彰显子弟兵庄严雄壮、勃发着战斗必胜的豪情。此外,民间歌谣对子弟兵保护秋收等壮举,进行歌唱。例如:"子弟兵,保家乡,军民团结钢一样;今年护麦得胜利,有吃有喝乐洋洋!"①围绕反抢粮的胜利,极大提升了子弟兵的形象,粮食为军需民用之命脉,保证了命脉也就保证了抗战的持续力,从而促进了军民关系,这也是对"子弟兵"内涵认识的具体体现。

边区人民群众看到中国共产党领导的八路军带领边区人民打击日本侵略者的决心和本领,为中国共产党锻造出一支能保卫家园和保护人民生命财产的"子弟兵"队伍而喜悦,并用他们所喜爱的方式述说、歌颂和传唱边区子弟兵的精气神。

四、来访边区人士为子弟兵正名

晋察冀子弟兵捍卫着边区,使得晋察冀边区成为抗战的堡垒,引起国内外人士的关注和来访,并留下记录子弟兵的大量文字。

(一)李公朴的《华北敌后——晋察冀》中的子弟兵书写

李公朴先生在晋察冀边区考察六个多月,历经 15 个县、500 多个村庄,遍访军政民各界同志,参观了许多工作,写成了《华北敌后——晋察冀》一书。李公朴在该书"后记"中这样写道:"这一本书就是根据我们对边区的了解和认识,把自己看到的或听到的事实及所搜集到的各项可靠的材料组织起来的一个忠实记录"②。该书总共分八个部分加一个"序"和"后记"。其中第三部分"铁的子弟

---

① 萧行:《武强护麦出击大捷》,《晋察冀日报》1944 年 7 月 29 日。
② 李公朴:《华北敌后——晋察冀》,生活·读书·新知三联书店 1979 年版,第 175 页。

兵团"专门描写"子弟兵",文中也散落着对子弟兵的介绍,如描写乡村里"门神"变了,变成了"'男女一齐上战场'、'大家参加抗日军'的子弟兵和老乡们的雄姿"①。综观第三部分"铁的子弟兵团",笔者认为该书从以下几个方面为"子弟兵"画像。

第一,追溯晋察冀子弟兵团的起源。第三部分"铁的子弟兵团"的第一部分"晋察冀军区",介绍八路军的一个团、一个骑兵营和两个不完整的连在敌后开辟敌后抗日根据地,建立了晋察冀军区,与日寇进行了殊死的较量,取得了胜利,认为:"在晋察冀军政民全体有机的配合努力之下,铁的子弟兵团建立起来了。"铁的子弟兵团是"一个团,一个营和两个连播下去的种子"。②

第二,考究晋察冀子弟兵团的形成。第三部分"铁的子弟兵团"的第二部分"组织游击队",总结晋察冀军区的部队除战斗任务外,还有"发动地方游击战争,组织民众武装,地方游击队","打扫战场,搜罗武器","收容游兵散勇,争取或是消灭土匪部队"③的任务,基本规律是:"在战斗中间,各个军分区逐渐壮大了自己,扩大了自己的队伍,组织起足够的量,一个地方游击队也逐渐补充起来,经过一番整顿和训练,坏分子汰除了,使之亦逐渐形成正规化兵团。"④

第三,介绍晋察冀子弟兵团的部队生活。第三部分"铁的子弟兵团"的第四部分"战斗的学校",论述新战士到部队要学政治课、军事课、文化课,参加各种学术研究会、讨论会,还要参加必要的考试,得出:"不论战士的教育或是干部的教育不但在平时有规律地正规地进行,就是在战时,在行军中间也没有间断的上课。这种严格的、正规的、战斗的教育工作,也是晋察冀子弟兵团的特色之一,也是进步、巩固和壮大的主要原因。"⑤

第四,阐明晋察冀子弟兵团的纪律、对敌政策和克服一切困难。第三部分"铁的子弟兵团"的第五部分"自觉的群众纪律",以"子弟兵都是人民自己养育起来的,他是人民的队伍,是坚决保护晋察冀人民,保护人民的利益的"⑥为逻辑

---

① 李公朴:《华北敌后——晋察冀》,生活·读书·新知三联书店1979年版,第156页。
② 李公朴:《华北敌后——晋察冀》,生活·读书·新知三联书店1979年版,第22页。
③ 李公朴:《华北敌后——晋察冀》,生活·读书·新知三联书店1979年版,第22—23页。
④ 李公朴:《华北敌后——晋察冀》,生活·读书·新知三联书店1979年版,第24页。
⑤ 李公朴:《华北敌后——晋察冀》,生活·读书·新知三联书店1979年版,第38页。
⑥ 李公朴:《华北敌后——晋察冀》,生活·读书·新知三联书店1979年版,第40页。

点,阐述有着自觉的群众纪律的部队才能维护民众利益,才能尊重政权,得出"发扬部队的民主建立自觉纪律才是树立长官威信,密切军民关系,巩固部队,扩大部队,提高部队战斗力的不二法门"①的结论。第三部分"铁的子弟兵团"的第六部分"请拿路条来",讲述了子弟兵的对敌政治工作,李公朴认为:"晋察冀子弟兵团的敌军工作,是在华北日寇的心腹内放上一个爆力极大的炸弹,反攻阶段的到来,就是这枚炸弹爆发的时间。"②第三部分"铁的子弟兵团"的第七部分"战斗中壮大自己消灭敌人",指出子弟兵在艰苦的战斗中付出了流血牺牲的代价,面临缺乏医院、药材、军需等方面物质的困境,但子弟兵每个战士都有着最后胜利的充分的信心,凝结成一股伟大而坚强的力量,克服一切困难。

从以上四个方面可见,《华北敌后——晋察冀》对子弟兵的来源、形成的脉络有清晰的介绍,重点对部队生活、纪律及对敌工作进行描述,有力地说明了子弟兵为何能在战斗中壮大自己而消灭敌人的原因。

(二)周立波的《晋察冀边区印象记》的子弟兵书写

《晋察冀边区印象记》是周立波陪同美国上尉卡尔逊访问晋察冀边区后写成的报告文学作品之一。因周立波与卡尔逊于 1938 年 1 月进入晋察冀边区,而此时期晋察冀边区虽然正在建设子弟兵团,但公开场合尚未提出建立"铁的子弟兵团"这一口号。所以,在《晋察冀边区印象记》中还没有见到"子弟兵"字样,但其对八路军的片段式描述正是研究晋察冀边区早期"子弟兵"话语体系建构的资料。简要归纳如下。

第一,描写徐海东、田守尧和聂荣臻,建构"子弟兵"领导者的形象话语体系。在《晋察冀边区印象记》中专列"徐海东将军"一章,讲述徐海东为革命,家人完全被杀,曾经八次负伤,"他自己也用'家'这个字眼来叙述他的部队的"③。通过讲述一位优秀子弟兵将领,我们更清楚子弟兵部队的特点。周立波认为,"徐的部队是忍受了极大的艰苦的部队,同时也是极强韧极勇敢的部队"④。《晋察冀边区印象记》中有"田守尧同志"一文,田守尧是徐旅的青年将领,周立

---

① 李公朴:《华北敌后——晋察冀》,生活·读书·新知三联书店 1979 年版,第 46 页。
② 李公朴:《华北敌后——晋察冀》,生活·读书·新知三联书店 1979 年版,第 57 页。
③ 《周立波文集》第 4 卷,上海文艺出版社 1984 年版,第 50 页。
④ 《周立波文集》第 4 卷,上海文艺出版社 1984 年版,第 51 页。

波在介绍田守尧参加革命历史以及田守尧对平型关大捷的描述后,总结道:"有这样的人们:抛弃了自己的家,绝弃了一切私自的享乐,把青春的精力和热情通通献与了战斗,一切都是为了民族的解放。田就是许多这样人中间的一个。"①这些子弟兵将领都有着共同的特点,在革命斗争中自己的小家遭受破坏,全身心地投入到革命的大家庭中来。《晋察冀边区印象记》中的"聂荣臻同志"一文,讲到聂荣臻"最得意的,是军政学校的创设"②,他讲解最近的形势,地图上"每一面白色小旗都被许多红色小旗包围着",表达"如果敌人派十万兵来进攻,我们也有击退他们的办法"。③ 由上可见,周立波笔下的"子弟兵"领导者有坚定的抗日信念,有舍小家为国家的博大情怀,虽然条件十分艰苦,但子弟兵将领们有着钢铁般的意志,自上而下决不投降,克服一切困难创造一个个胜利。

第二,以描写武器简陋,建构"子弟兵"战术灵活的话语体系。在《晋察冀边区印象记》中经常有这样的描述:"陈旅的兵士,差不多都没有刺刀"④;"他们的武器,大部分是在战争中,先后夺来的。夺来的枪,刺刀常常失落了"⑤;"有些战士却拿了手榴弹,不取去保险盖,去打敌人的头。取了保险盖的手榴弹,只能用一次,一爆炸,就完了;没有除去保险盖的手榴弹,就可以用作铁锤,反复地使用多次"⑥。就是在这样武器装备如此差的状况下,八路军却能经常打胜仗,周立波认为:"那是由于他们遵从了经过多年考验的战术,这战术依照了毛泽东同志下面的这个原则:军事上的第一要义是保存自己消灭敌人,而要达到此目的,必须采用'独立自主的运动战与游击战',避免一切被动的、呆板的、机械的战法。"⑦

第三,以记录缺药粮等物资,建构"子弟兵"抗战决心不动摇的话语体系。《晋察冀边区印象记》中频繁出现"缺""缺乏"或"没有"等字眼,如"缺乏枪械和弹药,缺乏炸药""没有棉衣""没有看见菜""很缺药品"⑧;"这边什么都缺乏,缺

① 《周立波文集》第4卷,上海文艺出版社1984年版,第57页。
② 《周立波文集》第4卷,上海文艺出版社1984年版,第76页。
③ 《周立波文集》第4卷,上海文艺出版社1984年版,第79页。
④ 《周立波文集》第4卷,上海文艺出版社1984年版,第77页。
⑤ 《周立波文集》第4卷,上海文艺出版社1984年版,第118页。
⑥ 《周立波文集》第4卷,上海文艺出版社1984年版,第78页。
⑦ 《周立波文集》第4卷,上海文艺出版社1984年版,第124页。
⑧ 《周立波文集》第4卷,上海文艺出版社1984年版,第15页。

乏药品,缺乏医生"①;等等。《晋察冀边区印象记》在多处反映了晋察冀边区子弟兵坚决抗战的决心,有一处描写得十分细腻和感人,是作者去伤兵医院看望受伤战士时记录下的一段文字:"'第八路军太穷了,打仗的没有饭吃,受伤的没有药敷。但是,请你们出去时,告诉外面的同胞,我们不要紧,请他们不要为我们难过;我们不要紧,请他们努力工作吧。我们是,'显然是说话得太多,太兴奋了,他的脸色更苍白,也更疲倦了,'我们是,既到这里来了,就是准备牺牲的,不把日寇赶出去,我们永远不回家!'"②

综上所述,《晋察冀边区印象记》在建构"子弟兵"领导者的形象话语体系、"子弟兵"战术灵活的话语体系、"子弟兵"抗战决心不动摇的话语体系等三个方面上有重要的贡献,反映晋察冀边区早期"子弟兵"生存和发展艰辛的同时,也蕴含着其发展和壮大的必然。

(三)国际友人对子弟兵的书写

国际友人在晋察冀边区"子弟兵"话语体系建构中发挥了重要作用,把他们理解的"子弟兵"向国际上传播,带来了巨大的影响。到过晋察冀边区的国际友人有很多,如美国海军陆战队军官、美国驻华大使馆参赞卡尔逊上校、美国记者福尔曼、美联记者哈尔多·汉森、燕京大学英美学者访问团、朝鲜反法西斯劲旅、西方民间人士、美国飞行员白格里欧、美军观察组部分成员等。根据国际友人留下的有关"子弟兵"的资料及其影响力、代表性等,笔者初选卡尔逊、福尔曼和西方民间人士留下的资料进行整理和分析。

1. 卡尔逊与"子弟兵"话语体系建构

卡尔逊(Evans Fordyce Carlson,1896—1947)于 1937 年 12 月中旬到达当时八路军总部驻地晋南洪洞,开始了 18 个月与中国共产党领导的八路军在一起的生活,于 1938 年 1 月达到晋察冀边区,在那里考察了 14 天,之后为加深敌后考察的印象,1938 年 5 月至 8 月,卡尔逊再次北上到华北前线晋察冀边区等地考察。作为军人的卡尔逊,侧重于"观察、分析这场战争采用的战略和战术"③,在

---

① 《周立波文集》第 4 卷,上海文艺出版社 1984 年版,第 109 页。
② 《周立波文集》第 4 卷,上海文艺出版社 1984 年版,第 111 页。
③ [美]埃文斯·福代斯·卡尔逊:《中国的双星》,祁国明、汪杉译,新华出版社 1987 年版,第 2 页。

其书《中国的双星》的第三章"八路军"中,对中国共产党领导的武装力量有重要论述。尽管当时卡尔逊习惯于使用"八路军"这个词,但他对八路军的认识将是笔者考察卡尔逊与"子弟兵"话语体系建构最重要的文献资料。这主要集中在两个方面:

第一,中国共产党领导的武装力量是有"精神"的队伍。《中国的双星》的第三章"八路军",记载八路军的斗志、决心和精神的句子数不胜数,如"这是一支为民族的生存而战斗的军队"①,"有这种决心和这种高尚精神的人是不可能压垮的"②,"人们的声音在《游击队之歌》的歌词中跳荡……不过在我心里,它们总是和八路军总部的坚定的男女联系在一起"③。在这方面,斯诺对卡尔逊有过描述:"共产党人并没有减弱卡尔逊对美国原则的信仰,但是,共产党军队的训练教育方法,自我牺牲精神,以及指挥官高尚的道德品质和精明能干给他留下了深刻的印象。"④当描写国民党阎锡山军队时,卡尔逊这样写道,"他们沿着结冰的道路拖着双脚步履艰难地走着,脸上无精打采。除了奉命之外,他们不知道为什么而战。官员们傲慢地坐在马鞍上,跑来跑去驱赶士兵前进",特别指出阎锡山军队"缺少的是激励八路军的那种和谐的精神"。⑤ 尽管卡尔逊在书中并没有总结这种"激励八路军的那种和谐的精神"到底是什么,但是他坚信日军是"不可能摧毁一支在持久的游击战中,以其行军速度和智力超过对手的军队"⑥。

第二,中国共产党领导的武装力量要给民众以抗战决心、抗战精神教育。据《中国的双星》记载,朱德回答卡尔逊"你们反抗日本侵略的计划的根本基础是什么"的问题时说:"通过发展一种包括全体居民在内的抵抗形式,我们可以完

---

① ［美］埃文斯·福代斯·卡尔逊:《中国的双星》,祁国明、汪杉译,新华出版社1987年版,第68页。

② ［美］埃文斯·福代斯·卡尔逊:《中国的双星》,祁国明、汪杉译,新华出版社1987年版,第69页。

③ ［美］埃文斯·福代斯·卡尔逊:《中国的双星》,祁国明、汪杉译,新华出版社1987年版,第70页。

④ ［美］埃德加·斯诺:《斯诺文集》第1卷,宋久、柯楠、克雄译,新华出版社1984年版,第237页。

⑤ ［美］埃文斯·福代斯·卡尔逊:《中国的双星》,祁国明、汪杉译,新华出版社1987年版,第108页。

⑥ ［美］埃文斯·福代斯·卡尔逊:《中国的双星》,祁国明、汪杉译,新华出版社1987年版,第109页。

全抵消日本在现代装备和组织方面的优势。"左权接着说:"给人民进行抗战决心的教育,是由军队的政治部指导的。"①任弼时给卡尔逊介绍了如何进行抗战决心的教育,即"战士和人民都必须懂得中国为什么和日本打仗。他们必须学会如何合作,如何和睦相处和如何打败侵略者。政治工作分为三部分:(1)军队内部的教育,(2)居民中的工作,(3)敌人中间的工作"②。卡尔逊分别记录了八路军政治工作三部分是如何开展的,第一部分"建立强大的、士气高昂的、行为堪称楷模的高度统一的军队",要求军队领导人与士兵亲密地接触,战斗前要解释这次战斗的原因,强调部队有三大纪律八项注意。第二部分目的是认识到军民鱼水关系,通过群众大会、墙报、活报剧和口号的运动,把人民组织在各种协会中,以便更好地对他们进行教育。第三部分的目的是让日军战士独立思考和行动,分化他们的团结。运用巧妙进入日军驻地发传单,每一个战士记住一些日语短语进行喊话,优待日本俘虏等方式。后来,在卡尔逊与徐向前的交谈中,徐向前向卡尔逊重申了党中央的部署:"我们的任务确实是双重的:把抗战的精神充分灌输给人民,使他们即使在自己的城市被敌人占领时也不灰心;不断地骚扰敌人的交通线,伏击敌人的巡逻队。"③

另外,从著名记者伊斯雷尔·爱泼斯坦在其著作 THE PEOPLE'S WAR(中译为《人民之战》)中记录卡尔逊的心声来看,卡尔逊把中国共产党领导的武装力量称为"人民的军队",人民的军队是与人民携手起来打击日军的。爱泼斯坦在书中这样转述卡尔逊的话:"一队日本人朝镇上走来。游击队截住他们,打了起来,群众赶快把所有的食品都搬走。等敌人进入镇子,已经空空如也,什么吃的也搞不到。在这个时候,游击队又包围了镇子。日本人不得不饿着肚子打回平山基地去,结果遭受了许多损失。卡尔逊说:'这件事说明,当军民携手合作时,会产生什么结果'。"④"游击队根据人民群众提供的情况准确掌握敌人的行踪,

---

① [美]埃文斯·福代斯·卡尔逊:《中国的双星》,祁国明、汪杉译,新华出版社1987年版,第68页。

② [美]埃文斯·福代斯·卡尔逊:《中国的双星》,祁国明、汪杉译,新华出版社1987年版,第72页。

③ [美]埃文斯·福代斯·卡尔逊:《中国的双星》,祁国明、汪杉译,新华出版社1987年版,第89页。

④ 伊斯雷尔·爱泼斯坦:《人民之战》,贾宗谊译,新星出版社2015年版,第182页。

然后发动突然袭击,往往获得大胜,而中国方面则无任何伤亡。卡尔逊在五台山看到了缴获的日军的大量武器、装备和食品。'我们在那里的时候,每天吃的全是日军的口粮。'①他说。"

2. 福尔曼与"子弟兵"话语体系建构

哈里森·福尔曼(Harrison Forman,1898—1978)于 1944 年 5 月以中外记者西北参观团记者身份踏入陕甘宁边区,进行了长达 5 个多月的考察。福尔曼撰写了被誉为《西行漫记》的姊妹篇的《北行漫记》,该著作对晋察冀、地下战争和华北的子弟兵均有分章叙述,是考察国际友人与"子弟兵"话语体系建构的重要文献资料之一。福尔曼的《北行漫记》建构"子弟兵"话语体系方面的主要内容有:

第一,以记录他人话语的形式,建构"子弟兵"的游击战术话语体系。《北行漫记》的第十五章"晋、察、冀",记录了聂荣臻大量的讲话,呈现了"子弟兵"面对日寇疯狂进攻时如何利用游击战术打击他们。书中有大量的聂荣臻谈游击战术的话语,如"当他们占领了这地方,他们认为战争已告结束。不过我们只不过撤离这一据点,以便包抄过去,进袭他们的后方"②;"我们教导他们怎样做地雷与手榴弹。……我们教导他们新的技术——地道战术、地雷战及壕沟战术、麻雀战术及其他 10 多种对敌作战的方法"③。以致福尔曼总结道:"极端的流动性是他们进攻日本人的主要优点","而他只在他有利的条件下,才愿意作战"。④ 在《北行漫记》的第十六章"地下战争"中,福尔曼把王东克和赵芳讲述的地雷战、地道战用生动形象的文字记录下来,当福尔曼还担心是否不应该把这么重要的战术细节写出来时,王东克的话打消了作者的担心:"我们实际上有好几十种不同的地道种类,及几百种的不同诱人的陷阱。"⑤福尔曼用"地下战争"一词概括了"子弟兵"两种重要的游击战术,给人以身临其境的感受。

第二,以戏剧、俘虏为切入点,建构"子弟兵"亲民、优待俘虏的话语。在《北

---

① 伊斯雷尔·爱泼斯坦:《人民之战》,贾宗谊译,新星出版社 2015 年版,第 184 页。
② [美]哈里森·福尔曼:《北行漫记》,陶岱译,解放军文艺出版社 2002 年版,第 135 页。
③ [美]哈里森·福尔曼:《北行漫记》,陶岱译,解放军文艺出版社 2002 年版,第 139 页。
④ [美]哈里森·福尔曼:《北行漫记》,陶岱译,解放军文艺出版社 2002 年版,第 135 页。
⑤ [美]哈里森·福尔曼:《北行漫记》,陶岱译,解放军文艺出版社 2002 年版,第 147 页。

行漫记》的第二十四章"华北的子弟兵"中,福尔曼以在绥远根据地看戏为切入点,引出"八路军的主张,他们竭力鼓励军队和人民之间保持一种密切的关系","剧本从头到尾贯彻着军民合作的显明的主题"。① 戏剧的结尾着实让作者感到震撼:"最后残存的两个日本兵投降了。……你想像他要抽出手枪来打死那两个俘虏。相反,他却走上去和他们紧紧地握手。"②此后,福尔曼用大段的文字记录了八路军优待日本俘虏不是做表面功夫:"一个也没有例外,他们都被当做贵宾一样地来招待:住得非常舒服,分到比八路军士兵还要好得多的衣服和配给食品。"③并列举日本人民解放同盟矢野珍的个人经历:当八路军俘虏,三个月后要求释放,回去被足足拷打了三天三夜,要被处死前逃到了八路军这边来。

第三,重点介绍民兵,建构"子弟兵"的构成和性质话语体系。福尔曼描述民兵、游击队和正规军之间的差别,"民兵是部分时间的战士","游击队从民兵蜕化而成","游击队所以异于正规军的地方,在乎他们虽然也是全部时间的战士,却纯粹是一种地方军队"。④ 更重要的是,福尔曼深刻地把握住了民兵的重要性和其性质。"这 220 万民兵,可说是华北和华中抗日根据地上一切抗日战争的骨干。他们是共产党领导下的武装的民众力量。""如果有人要问人民究竟对共产党怎样看法,那么,这就是最好的回答,因为武装了的民众决不会忍受一个不得民心的政府,或者一个不需要的军队在他们中间存在。"⑤

福尔曼在考察时曾指出:"过去有人告诉我们:八路军不打仗,现在我们亲眼看见了八路军是作战的;过去有人同我们讲八路军没有伤兵,现在我们看到了八路军是有伤兵的;过去有人给我们讲八路军没有捉住俘虏,现在我们看到了八路军捉住了俘虏;在过去有人给我们讲这地方人民害怕并恨八路军,现在我们看到了人民是爱护八路军、拥护八路军的。"⑥这段话已十分清楚地表明了福尔曼对八路军的认知和情感,也是对"子弟兵"话语体系有力的建构和传播。

---

① [美]哈里森·福尔曼:《北行漫记》,陶岱译,解放军文艺出版社 2002 年版,第 206—207 页。

② [美]哈里森·福尔曼:《北行漫记》,陶岱译,解放军文艺出版社 2002 年版,第 207 页。

③ [美]哈里森·福尔曼:《北行漫记》,陶岱译,解放军文艺出版社 2002 年版,第 213 页。

④ [美]哈里森·福尔曼:《北行漫记》,陶岱译,解放军文艺出版社 2002 年版,第 209 页。

⑤ [美]哈里森·福尔曼:《北行漫记》,陶岱译,解放军文艺出版社 2002 年版,第 209 页。

⑥ [美]哈里森·福尔曼:《北行漫记》,陶岱译,解放军文艺出版社 2002 年版,第 258 页。

3. 西方民间人士与"子弟兵"话语体系建构

在抗日战争时期,部分从日战区逃离的西方民间人士集聚在晋察冀军区司令部所在地,这些人来自欧美不同的国家,如英国的经济理论家暨电子专家林迈可(Michael Lindsay)、英国的物理学家班威廉(William Band)、美国的银行家霍尔(Martel Hall)、法国的贵族当舒(Rene d'Anjou)等。这些西方民间人士身份各异,几乎没有一个人信仰共产主义。他们中的大部分人是在晋察冀根据地短暂逗留的过客,有少数人在敌后根据地逗留的时间长些,记录了敌后抗日的实情,还有的人帮助中国人民打击日本侵略者,如林迈可。借助吕彤邻的《抗日战争中期西方民间人士与中共对外信息传播》(载于《中共党史研究》2015 年第 7 期)有关资料,笔者重点分析以霍尔、班威廉和林迈可为代表的西方民间人士与"子弟兵"话语体系建构。

第一,以对军民关系的考察和分析,建构"子弟兵"话语体系。霍尔认为自己有必要花较长的时间对晋察冀抗战的情况进行大面积的考察,为此滞留在晋察冀考察了 6 个月之久。"霍尔一再强调,军事装备极差的八路军之所以能与武器装备颇为强大的日军长期抗衡,最主要的一点,是军民之间的亲情关系。八路军战士不少是当地居民的家庭成员,老百姓对他们往往像对家里人一样,在情报与给养两方面给予大量的支持。"①在霍尔看来,军民鱼水关系要靠三种因素得以维持与加强:一是对日本人的仇恨,二是中国共产党动员群众的能力,三是中国共产党的组织力量和适应当地民情的政策。而班威廉夫妇则以一段亲身经历例证敌后抗日根据地军民关系:陪他们从晋绥去延安的八路军,穿着与日伪军同样颜色的衣服。路上的村民们看到他们,纷纷带着食物隐藏起来。后来村民们知道他们是八路军,又都回来了,还无偿为他们提供了吃的东西。② 林迈可在其《八路军抗日根据地见闻录——一个英国人不平凡经历的记述》一书中对军民关系有多处记录,例如"如果没有一个当地民兵做向导,告诉自己人哪条路上有地雷,往大山里转移是很不安全的";"八路军不会踏上地雷,这得归功于住在

---

① 吕彤邻:《抗日战争中期西方民间人士与中共对外信息传播》,《中共党史研究》2015 年第 7 期。

② 资料来源: Drumright, "Transit of Mr and Mis William Band Through Sian", Feb. 16, 1944, RG59, DCF40-44, 893. 00/15277, National Archives, Maryland。

茅屋里的村民向导"①。

第二,以强调中国共产党的领导,建构"子弟兵"话语体系。美国国家档案馆收藏着林迈可写的《华北游击战》的报告,该报告认为没有中国共产党的有效组织与领导,抗日不可能成功。具体来说,一方面,老百姓的仇恨不可能真正转化为卓有成效的抗日力量,例如 1938 年的一次 3 万人参加的冀东民众自发的抵抗运动,由于没有有效的组织领导,就被镇压下去了;另一方面,再精良的装备没有有效的组织领导也不起作用。例如,国民党在河北、山东留下的军队的武器装备远远超过当地的八路军,但是由于国民党部队领导人不相信群众的力量,没有有效地组织领导群众抗日,因而根本无法抵抗日军的进攻。② 另外,林迈可在其书中也写了这么一则事情来证明中国共产党领导的有效:"1967 年在日本时,我碰到一位当年在战争时期负责监视敌方通讯的日本人,他告诉我,日本的密码员仅仅在 1941 年 2 月份破译了一次共产党的密码。从而在将近一年的时间里,日本人得以读懂共产党人的电文,而这正是共产党部队作战不利的一年。然而,共产党改编了它的密码,日本人直到战争结束也始终未能破译新编的密码。与此形成鲜明对照的是,国民党中央政府的密电码非常糟糕,日本人在整个战争时期对之都了如指掌。"③阎锡山日记中的有关记录印证了林迈可的说法,阎锡山在1938 年 1 月 17 日的日记中写道:"此次作战,汉奸报告之害小,无线电被窃之害大。无论如何,密码因辗转传递有一不密之码,其余虽密,亦皆不密矣!"④

总的看来,国际友人在建构"子弟兵"话语体系上与中国共产党对"子弟兵"话语体系建构上有所不同,各自的侧重点不一样,但国际友人站在国际视野下对"子弟兵"话语体系建构是重要的补充和有益的传播,以毛泽东所说,"外国人中

---

① [英]林迈可:《八路军抗日根据地见闻录——一个英国人不平凡经历的记述》,杨重光、郝平译,国际文化出版公司 1987 年版,第 83、84 页。

② 资料来源:"The North China Front", May 21, 1943, RG59, DCF40-44, 740. 0011 pw/5-2145, National Archives, Maryland。

③ [英]林迈可:《八路军抗日根据地见闻录——一个英国人不平凡经历的记述》,杨重光、郝平译,国际文化出版公司 1987 年版,第 66 页。

④ 山西地方志办公室、山西省政协文史资料委员会编:《阎锡山日记》,社会科学文献出版社 2011 年版,第 504 页。

国人的眼睛,总有一天会亮起来的"①,从对"子弟兵"话语体系建构上看,确实"亮"到一块了。

五、《晋察冀画报》与"子弟兵"话语体系建构

《晋察冀画报》是一份由晋察冀军区政治部晋察冀画报社编辑、晋察冀军区政治部出版的大型摄影画报。从 1942 年 7 月 7 日出版第一期至 1945 年 8 月 15 日日本宣布投降,共正式出版 10 期。聂荣臻为《晋察冀画报》的题词中写道:"五年的抗战,晋察冀的人们究竟做了些什么?一切活生生的事实都显露在这小小画刊里。"那么,中国共产党对"子弟兵"话语体系建构必然也在这"小小画刊"里有所显示。聂荣臻指出《晋察冀画报》的编辑方针和任务有:"应该是把边区抗日军民的英勇斗争、光辉事迹反映出来,以鼓舞人民更勇敢的斗争。我们的画报不仅要面向边区,面向群众,而且要面向全国,面向全世界。"②正如聂荣臻所指示的,《晋察冀画报》的发行范围不仅面向根据地,还发行至全国及国外。《晋察冀画报》采用中英文双语作为图片说明,可见要把《晋察冀画报》办成具有国际影响力的宣传品。因此,笔者选取抗战期间的 10 期作为考察对象,以标题含"子弟兵"的作为主要样本进行分析,配合"八路军"或集体英雄的介绍等进行分析整理"子弟兵"话语体系建构。具体来说有以下几个方面。

一是在"血的控诉"与"血肉相关"对比下,建构子弟兵话语体系。《晋察冀画报》第 1 期用五幅照片和一大段揭露日本法西斯强盗兽行的文字组成"血的控诉"。五幅照片分别是"哭泣"(笔者注:家园被毁,老人靠墙掩面哭泣)、"一九四二年六月冀中反扫荡战役中被日寇用毒气杀死之北坦村幼儿之一部"、"被日寇奸后刺死的我妇女同胞"、"横遭敌寇破坏之烈士纪念塔遗迹"和"出奔:脱离敌寇统治的乡土,走向祖国的怀抱"。"血的控诉"建构起子弟兵一定要对敌作战、战胜敌人,我们进行的反侵略战争是正义的和合法的话语体系。《晋察冀

---

① 《欢迎美军观察组的战友们!》,《解放日报》1944 年 8 月 15 日。
② 河北省新闻出版局出版史志编辑部编:《中国共产党晋察冀边区出版史资料选编》,河北人民出版社 1991 年版,第 142—143 页。

画报》第 1 期"血肉相关:边区人民与子弟兵"用六幅照片和一段文字建构一个军民相关的完整叙事。战争让边区人民与边区子弟兵紧密联系在一起,六幅照片从胜利归来百姓夹道欢迎之热烈场景、给战斗英雄佩戴大红花、把胜利品献给聂司令员表示敬意、老百姓到前线或设立慰劳站慰问子弟兵、日寇毁坏老百姓房屋子弟兵帮助建设等场景,建构起子弟兵与人民群众血肉联系的话语。在同一期,出现了与"血"相关的两种场景,形成了强烈的反差,也寓意着没有"血肉相关"就会有"血的教训"。此外,《晋察冀画报》第 1 期"优待俘虏"表现了子弟兵对战俘的人道、宽大以及战俘对子弟兵发自肺腑的感激之情。"背下火线"(王君摄)是第 1 期"优待俘虏"专栏中一幅照片。一名子弟兵背着受伤的日本士兵飞奔,其他子弟兵从容掩护撤退。这充分体现了我们对待受伤投降的日本士兵采取宽大政策,保证其生命安全。这与"血的控诉"更是形成了鲜明对比,日寇对没有武器的中国人民竟然赶尽杀绝,而我们要冒着生命危险保护他人生命安全。传达了子弟兵是正义之师、仁义之师,必将获得人民的广泛支持。

二是刊登大量战利品照片,建构子弟兵话语体系。《晋察冀画报》第 1 期"胜利品"、第 2 期"子弟兵的战斗战绩"、第 3 期"驰骋滦河,挺进热南——冀东平原战果之一部"等,10 期中每一期都有战利品报道。按杨成武所说,"摆在这个展览馆的每一件战利品,都是我们的战士用鲜血和生命换来的"①。展览战利品,对全国老百姓来说,就是要告诉他们"八路军到底能不能打",对子弟兵自己来说,就是要证明"鬼子没有什么了不起,只要讲究战略战术、听从指挥、勇敢战斗,一样能把他们消灭"。每期均刊登战利品起到了鼓舞人心的作用,以至于画报发行到部队时,"指战员都把它当作珍贵的活教材,在战士中宣读、在战地传阅,并把它作为重要文件交专人认真保管"。发行到地方时,"县级单位常常召开会议,把《晋察冀画报》作为重要文件阅读、讨论……因发行数量少,大家就把画报的内容记下来,然后分散到群众中去作广泛宣传"②。战利品为子弟兵建构起未来胜利的场景,同时建构起子弟兵的话语路径。武器装备差、武器生产能力有限是我方军队普遍存在的问题,当通过打日寇获得武器装备等战利品,而这种

---

① 《杨成武回忆录》,解放军出版社 2007 年版,第 413 页。
② 顾棣、方伟:《中国解放区摄影史略》,山西人民出版社 1989 年版,第 229 页。

战利品以武器、战马、无线电机、黄呢子大衣等形式不断出现时,战士们已经整天琢磨着该如何打上一胜仗,从鬼子手上换自己的装备了,也即从"要我打战"转变为"我要打战"了。此外,战利品照片与战斗场景照片形成完美的呼应,对子弟兵话语体系建构有重要推动力。据杨健研究:"反映抗战生活的 10 期《晋察冀画报》共刊登照片 806 幅(包括封面、封底、肖像)、美术作品 28 幅,其中军队的战斗活动是《晋察冀画报》的报道主体,共有 428 幅,占全部照片二分之一强;而直接表现战斗的画面达 203 幅,超过总数的四分之一。"[①]如此之多的战斗场景照片和战利品照片,产生的说服力是十分巨大的,对子弟兵话语体系建构无疑是一种最真实的路径。

三是以领导人物与英雄人物的照片,建构子弟兵话语体系。《晋察冀画报》第 1 期刊登聂荣臻将军肖像和杜芬的油画《在毛泽东的旗帜下》、第 2 期刊登冀中军区司令员吕正操将军头像、第 4 期大篇幅刊登毛泽东、朱德及八路军九位将领照片。此后至抗战结束,《晋察冀画报》使用毛泽东的照片几乎没有中断过,如第 6 期的"中国共产党领袖毛泽东同志——毛泽东同志略历",第 8 期的"毛主席接待美国盟友",第 9—10 期的"毛泽东肖像(雕塑)""毛主席与劳动英雄的会见"。子弟兵是党领导的武装力量,党的领袖也是子弟兵的领袖,《晋察冀画报》在子弟兵领袖话语体系建构上有高度的政治敏锐感。《晋察冀画报》对子弟兵英雄人物留有重要的版面。如"易水秋风,狼牙山五壮士的故事"、"漠河滩的英雄"(第 1 期)、"爆炸英雄李勇(两篇,一篇为照片,一篇为文字)"(第 4 期)。第 5 期专门开辟"战斗英雄记",刊登了晋察冀边区子弟兵战斗英雄邓世军、爆炸英雄李勇、威震同浦北段的杨主任、狼牙山前的光荣射手安全福、战斗英雄阎清才、女战斗英雄吕俊杰、胆大心细的机枪射手钟金福、子弟兵的战斗英雄(李荒整理出一、二、三等战斗英雄的英雄事迹)、神枪手李殿水。正如前面笔者所述,战争年代人们急切期盼英雄的到来,相信英雄会带来希望,并以英雄为榜样。正如有关史料记载,在某县征兵遇到困难时,"在一次群众集会上,一名干部拿着《晋察冀画报》讲完狼牙山五壮士的故事后,当场就有两名青年报名参军,此

---

① 杨健:《政治、宣传与摄影——以〈晋察冀画报〉为中心的考察》,复旦大学博士学位论文,2014 年。

后,该县的征兵工作得以顺利开展"①。人物,尤其是领导人物和英雄人物,在子弟兵话语体系建构中的作用是不可低估的,往往有"四两拨千斤"之效用。通过真实的人物的战斗照片,树立起子弟兵不可战胜的话语体系,因为这支子弟兵部队既有先进的思想,又有敢于斗争的优良作风。

总之,《晋察冀日报》主要从新闻通讯层面建构子弟兵话语体系,《晋察冀画报》主要从照片叙事层面建构子弟兵话语体系,两者在丰富和发展子弟兵话语体系过程中发挥了重要的作用,在同质共振中使得子弟兵话语体系建构不断升级和发展。

---

① 顾棣、方伟:《中国解放区摄影史略》,山西人民出版社 1989 年版,第 229 页。

第七章　话语联系

——"子弟兵"话语体系建构的主线

沿着积极培养话语主体、不断丰富话语内容、加强话语载体建设和注重提高话语影响等"子弟兵"话语体系建设路径,考察抗战时期《晋察冀日报》对"子弟兵"话语体系建构,以话语识别、话语支撑、话语核心、话语方位、话语重现和话语争锋进而展现出来,贯穿于这六个方面有一条鲜明的主线,具体表现为"子弟兵"话语体系建构主体的一元性、逻辑的科学性、主题的鲜明性、愿景的前瞻性、原则的维度性和文化的贯通性。

一、"子弟兵"话语体系建构主体的一元性

《晋察冀日报》(前身是《抗敌报》)创刊于 1937 年 12 月,最初由晋察冀军区政治部主办,是中国共产党敌后抗日根据地创办的第一份报纸,后相继成为晋察冀省委机关报、中共北方分局机关报,于 1940 年 11 月改为《晋察冀日报》,报社人员最多时多达 530 人,邓拓是最直接、最重要的领导人。聂荣臻给予《晋察冀日报》很高的评价:"在晋察冀边区党的领导下,它宣传了中共中央的纲领、路线和方针政策,宣传了边区党所制定的具体方针政策,热情讴歌了边区军民克服困难、战胜敌人的英雄业绩,及时地揭露了敌人的种种阴谋和罪行,有力地批判了各个时期的有害倾向和错误思想,起到了鼓舞人民、团结人民的集体鼓动者和组织者的作用。"①在"子弟兵"话语体系建构上,《晋察冀日报》始终坚持党的声音,更好地用党的理论统领子弟兵的思想和行为。《晋察冀日报》1942 年 4 月 3

---

① 晋察冀日报史研究会编:《晋察冀日报史》,人民出版社 1993 年版,第 1 页。

日刊登《军区部队全体人员普遍深入读报》一文,文中讲到战士安庆华是一个非常重视和爱读报纸的人,在西峪战斗中牺牲时,口袋里还保存着十几张报纸,并指出凡是有阅读能力的战士都比较重视对报纸的阅读,"把读报当成自己的日常生活的一部分,遇到重要的材料的时候还做起笔记来"①。子弟兵战士不仅喜爱读报,而且还在所驻扎村的冬学里面组织读报工作,"根据某部一个同志的经验,给老百姓读报,读一遍之后,再来给他们扼要讲解一遍,这样收效要大"②。这样,党的声音从报纸中走到子弟兵和群众当中,影响着读者(听者)的思想和行为。

《晋察冀日报》建构"子弟兵"话语体系,能迅速建构起钢铁般的"子弟兵"形象,一方面在于党报用真实抓住读者的心理,更重要的是在于中国共产党对军队绝对领导的运转及其实效。1939年2月7日,《朱德等关于整军计划致各兵团首长等电》中强调:"切实建立军队中的一切制度,克服游击主义,使之正规化。"③1939年2月14日,《第十八集团军政治部关于在整军中的政治工作致各兵团等电》要求:"巩固部队与党的领导","发扬各种优良制度,保证经常性,严格监督检查"。④ 在这些电令中,子弟兵部队建设有一定的章法,并非凭空建设和变幻无常,意在保持八路军优良政治制度的传统,以此推进党的领导及政治的执行,而这一切落脚点在部队"指战员、教导员及各级政治机关的主要工作者必须是党员"⑤,更重要的是党员必须接受党的领导。

为实现"子弟兵"话语体系建构主体责任,中国共产党在子弟兵部队中进行政治教育,特别重视对子弟兵新战士的政治教育,强调子弟兵中党员政治过硬,这是一项基础性而至关重要的工作。1939年3月6日,《毛泽东等关于抗大分校的教育问题致朱德等电》中明确提出:"虽以培养军事干部为目的,但政治教

---

① 《军区部队全体人员普遍深入读报》,《晋察冀日报》1942年4月3日。
② 晋察冀军区政治部:《本刊期望于部队同志的》,《晋察冀日报》1943年2月2日。
③ 中国人民解放军历史资料丛书编审委员会编:《八路军·文献》,解放军出版1994年版,第291页。
④ 中国人民解放军历史资料丛书编审委员会编:《八路军·文献》,解放军出版1994年版,第291页。
⑤ 中国人民解放军历史资料丛书编审委员会编:《八路军·文献》,解放军出版1994年版,第303页。

育仍占重要地位,至少亦应与军事教育列于同等地位。"①抗大是主要以培养抗战军人为目的的学校,为各军区和根据地输送军事干部,以毛泽东为代表的党中央敏锐地抓住军事和政治教育,采用以点带面的方式,塑造子弟兵部队新风貌,才会有"子弟兵"与众不同的外在表现,因而出现了新战士迅速成长的局面。毛泽东在《〈共产党人〉发刊词》中说:"党创造了坚强的武装部队,因此也就学会了战争的艺术。所有这些,都是党的重大进步和重大成功。"②政治教育能筑牢子弟兵思想观念中党的形象、党领导军队的形象,而要真正实现政治教育的效果,必须发挥子弟兵中将领、共产党员的先锋模范作用,即政治教育要有鲜活的载体,才能让人信服和为之行动。正如《毛泽东、王稼祥关于收集抗战中英雄事迹致第十八集团军总部等电》(1939年5月22日)中所指出:"在抗战中,从我八路军,新四军的干部致[至]战士中,涌现出许多民族英雄,表扬这些英雄及其英雄[勇]行为,对外宣传与对内教育,均有重大意义。"③《晋察冀日报》追悼英雄人物、报道英雄战士、展现子弟兵将领风采等,既是政治教育的继续,也是对子弟兵形象的传播。

二、"子弟兵"话语体系建构逻辑的科学性

《晋察冀日报》建构"子弟兵"话语体系的逻辑,来源于中华传统优秀文化,根植于边区人民群众,在战场中经受检验,凝聚成优良作风影响人。抗日战争是全民族抗击日本侵略的战争,中国共产党率先打出了抗战的旗号,动员广大人民群众积极投身到保家卫国的战斗中来,如何动员,如何解决群众思想顾虑,考量着中国共产党的智慧和能力。

"子弟兵"这一词中国古代已有之。如唐张鷟《朝野金载》中有"恩州刺史陈承亲,岭南大首领也,专使子弟兵劫江";明代何景明的《诸将入朝(四首)》有

---

① 中国人民解放军历史资料丛书编审委员会编:《八路军·文献》,解放军出版 1994 年版,第 312 页。

② 《毛泽东选集》第二卷,人民出版社 1991 年版,第 611 页。

③ 中国人民解放军历史资料丛书编审委员会编:《八路军·文献》,解放军出版 1994 年版,第 349 页。

"金装白马翩翩出,不见长安子弟兵"诗句;清朝乾隆皇帝在《阅武》中,也有"八旗子弟兵,健锐此居营"的诗句。从工具书层面来看"子弟兵"含义。《辞海》中没有给出"子弟兵"的明确解释,把它列入了"子弟"的第一种含义中:"指年轻的一辈。如:子弟兵。《史记·项羽本纪》:'籍与江东子弟八千人渡江而西'。"①《掌故大辞典》的"子弟兵"释义为:"秦末项羽起兵,与江东弟子八千人渡江而西。后因称同乡里相互熟悉的部队为子弟兵。清吕守曾《乌江怀古》诗:'千金急购英雄首,八载空劳子弟兵。'"②《新编现代汉语大词典》对"子弟兵"的解释为,"原指由本乡本土的子弟组成的部队。现称中国人民解放军为工农子弟兵或人民子弟兵。用来体现人民军队和广大人民之间的亲密关系"③。"子弟兵"一词在中国传统文化之中隐闪,在抗战中又重新焕发出光芒。明代戚继光带领的"戚家军"打击倭寇,战功显赫,名闻天下。戚继光所带领的"戚家军"可被称为"义乌子弟兵",因为戚继光在义乌招募了一支以农民和矿工为主的新军,训练成为"戚家军"的基础和骨干。戚继光选兵注重就地招募乡野老实之人,认为当地人民遭受倭寇迫害最深,抗击倭寇最坚决。在充分肯定戚继光在训练"戚家军"的重要贡献上,也要看到戚家军背后的保家卫国情怀。只有当全体士兵真正自觉为家乡为国家而战时,这支军队的士气和战斗力才是最高的。戚家军的士兵受倭寇祸害,深感抗击倭寇的重要和必要,才会有舍身战胜倭寇的壮举。正如列宁《在罗戈日-西蒙诺沃区工人、红军战士扩大代表会议上的讲话》中所说的:"在任何战争中,胜利归根到底是由在战场上流血牺牲的群众的士气决定的。士兵们确信战争的正义性并且意识到必须为了自己弟兄们的幸福而牺牲自己的生命,这就会使他们斗志昂扬并且能忍受空前的艰难困苦。"④

抗战初期,中国共产党及其领导的武装力量团结和凝聚了广大人民群众投身抗日的事业当中。以晋察冀边区来说,从晋察冀边区成立到"太行山上的铁的子弟兵"名称提出,晋察冀边区民众踊跃参加中国共产党领导的武装力量,军

---

① 《辞海》,上海辞书出版社 2011 年版,第 5993 页。
② 《掌故大辞典》编纂组编:《掌故大辞典》,团结出版社 1990 年版,第 1098 页。
③ 雅图辞书编委会编:《新编现代汉语大词典》,吉林出版集团有限责任公司 2012 年版,第 1573 页。
④ 《列宁全集》第 39 卷,人民出版社 1986 年版,第 114 页。

区兵力不断增加,实力不断壮大。在同一地域出现如此大规模集体参军,以至于人们私底下把由某个地域村民参军组建的部队冠以地名,比如当时在晋察冀边区出现了"平山团""灵寿营""阜平营""曲阳营"等部队代称。党中央对此参军潮表示赞同的同时,也迈出了如何将其转化为正规军的步伐,但这一转化不能操之过急,例如彭德怀曾指出:"这种地方武装逐渐扩大成为地方上的子弟兵,发展到一定程度,可以转变为正规军,但是必须避免过早的转变,也不能是吞并。"①在晋察冀边区,激烈的战局让"子弟兵"脱颖而出。1939 年 5 月,平山团(此时番号为七一八团)与七一七团在上下细腰涧战役中取得巨大胜利。聂荣臻总司令颁发嘉奖令,称平山团"是太行山上的铁的子弟兵"②,号召边区青年和壮年同胞广泛参加和充实边区的子弟兵,做个顶天立地光荣的民族英雄。从此,"太行山上的铁的子弟兵"在晋察冀边区广泛流传,成为边区老百姓耳熟能详的称呼。

全面抗战时期为什么要把晋察冀边区部队称为"子弟兵"呢？边区司令员聂荣臻道出了初衷:

> 为什么要把边区部队称为"子弟兵"呢？当时是这样考虑的:一是从边区部队的任务来讲,它担负着保卫祖国、保卫边区,首先是保卫家乡的任务,这样的称呼,使部队担负的任务和群众的切身利益紧密结合在一起了;二是从它的组成成分来讲,绝大多数是边区人民的子弟,它同边区人民有着自然的血肉联系和亲缘关系;三是从抗日的统一战线出发,既然是边区人民的"子弟兵",它就不单纯是吸收某个阶层的子弟,所有愿意抗日的各个阶级的优秀子弟都可以参加;还有一层意思,那时国民党的反共顽固分子总是妄图把我们的部队从根据地挤跑,我们土生土长的人民子弟,扛起枪来保卫家乡是理所当然的,它再想赶跑,当然是办不到的。③

---

① 中共中央文献研究室、中央档案馆编:《建党以来重要文献选编(一九二一——一九四九)》第十六册,中央文献出版社 2011 年版,第 718 页。
② 《军区聂司令员嘉勉平山团 号召平山青年永远保持并发扬平山团的光荣》,《抗敌报》1939 年 5 月 28 日。
③ 《聂荣臻回忆录》,解放军出版社 2007 年版,第 329 页。

　　《晋察冀日报》(前身《抗敌报》)用文字记录着动员参加子弟兵、报道子弟兵英勇战斗和介绍子弟兵学习生活等方面的内容。并于 1941 年 4 月 17 日刊发由晋察冀军区政治部主编的副刊《子弟兵》(共计 87 期),把子弟兵在生活上、工作上和学习上的进步和发展,呈现给边区的父老兄弟姐妹,为子弟兵赢得更多关注和热爱作出了重要贡献。副刊《子弟兵》第二期(1941 年 4 月 25 日)刊发《"子弟兵"的来由》一文,指出:"边区子弟兵,是在边区人民抚育培植之下,生长壮大起来的","子弟兵的光荣称号,就是从这样与人民血肉联系而得来的","边区子弟兵,又是八路军的一部分,是在中国共产党绝对领导下的武装","边区人民是子弟兵的父母,而中国共产党又是它的保姆"。① 这是《晋察冀日报》最早以独立成篇形式介绍"子弟兵"称谓缘由的文章,此后所刊登的政治教材中对晋察冀边区"子弟兵"内涵有进一步的表达。《晋察冀日报》于 1942 年 1 月 15 日刊登晋察冀北岳区文救会编的《开展军民誓约运动(冬学教材之三)第十课　爱护抗日军队》,该课文开篇写道:"边区的八路军是咱们边区父老的优秀子弟,为了保卫家乡,保卫全民族而组成的武装;它是全边区人民的武装,是全边区人民的救星,所以他是边区人民的子弟兵。"②该课文在界定"子弟兵"内涵中强调,其是由优秀子弟组成、为了保卫家乡、边区人民的救星。1942 年 9 月 1 日,《晋察冀日报》刊发《预备兵政治教材　第三课　子弟兵的来历怎样? 为什么叫子弟兵?》,该课文指出:"说起子弟兵的来历来是很清楚的,他就是坚持敌后抗战,名扬世界的第八路军","这样边区人民就把这支被自己的子弟壮大了的队伍称呼为子弟兵了。更由于他在作战的时候是无比的坚决顽强。所以有时把他称呼为铁的子弟兵"。③ 该课文把子弟兵来历的逻辑脉络清晰地展现出来:子弟兵是八路军,出生在八月一日,前身是工农红军,受中国共产党领导,还有一母同胞弟兄新四军,而且子弟兵抗日坚决、作战勇敢,是铁的子弟兵,还有边区人民的子弟壮大着子弟兵,子弟兵保护着边区。更重要的价值在于,该文在界定"子弟兵"内

---

① 《"子弟兵"的来由》,《晋察冀日报》1941 年 4 月 25 日。
② 《开展军民誓约运动(冬学教材之三)第十课　爱护抗日军队》,《晋察冀日报》1942 年 1 月 15 日。
③ 《预备兵政治教材　第三课　子弟兵的来历怎样? 为什么叫子弟兵?》,《晋察冀日报》1942 年 9 月 1 日。

涵时有着清晰的脉络,即八路军就是子弟兵,子弟兵来自于八路军。《晋察冀日报》作为党的新闻舆论喉舌,为报道晋察冀边区子弟兵不遗余力,不论是刊登报道文章还是连载政治教材,所强调和宣称有共同的一点就是,中国共产党领导的八路军就是边区的子弟兵。

更为重要的是,对"子弟兵"话语内涵更高层次的概括,必须从"子弟兵"话语体系建构逻辑的落脚点进行深度思考,其落脚点在于"八路军中的共产党和战士,都是中国人民最优秀的子弟,它与中华民族有着骨肉之亲的关系,对于中华民族与中国人民的解放事业,抱着无限的忠心与热忱,它是为着国家民族与中国人民的利益而牺牲奋斗的"①。

三、"子弟兵"话语体系建构主题的鲜明性

《晋察冀日报》的发行速度一直保持较快的增长,即便是在抗战最艰难的时候,都坚持办报。李金铮的研究显示,《晋察冀日报》从 1937 年创刊时每期发行 1500 份,到 1941 年 10 月增至 2.1 万份,再至抗战胜利时增至 5 万份,同时期,其他根据地的党报最高峰也没有超过 3 万份,抗战结束后晋察冀边区已有 195 个县(旗)、近 4000 万人口。假设《晋察冀日报》全部发行至晋察冀边区,以发行量 5 万计算,平均每县可收到 256 份,平均 800 人拥有 1 份。著名的《申报》1934 年发行 155900 份,总量较大,但发行范围有 27 个省份,按此推算,平均 2820 人拥有 1 份,比《晋察冀日报》少得多,这是颇令人吃惊的结果。② 有如此发行量,这为《晋察冀日报》建构"子弟兵"话语体系提供了广阔的平台。党报党刊为广大读者所认可,除了坚定不移贯彻党的路线方针外,更为重要的是贴近群众,起码让读者喜欢读,毛泽东曾在《〈中国工人〉发刊词》中寄希望"多载些生动的文字,切忌死板、老套,令人看不懂,没味道,不起劲"③,也就是这个道理。作为《晋察冀日报》社长兼总编辑邓拓,对"全党办报"方针有深刻的理解,有强烈的使命,

---

① 王首道:《八路军中共产党的工作》,《八路军军政杂志》1939 年第 1 卷第 7 期。
② 参见李金铮:《读者与报纸、党政军的联动:〈晋察冀日报〉的阅读史》,《近代史研究》2018 年第 4 期。
③ 《毛泽东选集》第二卷,人民出版社 1991 年版,第 728 页。

他指出:"粉碎日本法西斯强盗及其走卒汉奸、托派、汪派等无耻败类的狂吠与造谣污蔑,大量而有计划地反映与报道边区坚持敌后持久战事实,将边区千百万民众抗日反汉奸的英勇斗争事迹介绍给国内外人士是必要的"①。在具体新闻报道中,邓拓强调新闻报道要突出四个特点,即典型报道、重点报道、发展报道和批评报道,"要求边区的新闻记者和一切文化工作者能够勇敢地走入斗争底最前线,投入到一切武装与非武装的抗日战士底行伍中去,参加实际的斗争;并迅速地将边区各方面斗争底英勇姿态与悲壮的事迹有计划地写成通讯,反映到全国和全世界去"②。

《晋察冀日报》建构"子弟兵"话语体系,贯穿于话语识别、话语支撑、话语核心、话语方位、话语重现和话语争锋等方面,拥有鲜明的主题。1943 年 11 月 29 日,毛泽东在中共中央招待陕甘宁劳动英雄大会上的讲话中指出:"我们的八路军新四军是人民的军队,历来是好的,现在也是好的,是全国军队中一支最好的军队。"③围绕着"人民军队"和"最好的军队"这一子弟兵鲜明主题,笔者重点考察了 1940 年 1 月至 1945 年 8 月的《晋察冀日报》(含《抗敌报》),主要以标题中含"子弟兵"一词为搜索对象,分析以《晋察冀日报》为基本路径的中国共产党对"子弟兵"话语体系的建构。标题是报刊的窗户,直接反映出报刊刊载的内容。鲜明又有内容的标题,往往能引人注目。《晋察冀日报》在建构"子弟兵"话语体系过程中,有其建构的基本规律,从不同角度建构着"子弟兵"话语体系。具体来看,有以下几个方面:

一是以报道动员参加子弟兵,建构当子弟兵光荣的话语体系。人民子弟积极参加子弟兵,当子弟兵光荣,是《晋察冀日报》建构"子弟兵"话语体系的基础。如林采的《太行山的子弟兵团在成长着——记盂县××游击队的建立》指出:"他们不仅完成了原定的数目,动员的战士二百五十名,而且超过了十四名。"④1940 年 12 月 22 日的社论文章《加紧动员新战士 壮大边区铁的人民子弟兵》指出:

---

① 《邓拓文集》第 1 卷,北京出版社 1986 年版,第 247 页。
② 《邓拓文集》第 1 卷,北京出版社 1986 年版,第 247—248 页。
③ 《毛泽东选集》第三卷,人民出版社 1991 年版,第 934 页。
④ 林采:《太行山的子弟兵团在成长着——记盂县××游击队的建立》,《抗敌报》1940 年 5 月 6 日。

"加紧突击竞赛运动,村与村区与区县与县之间竞赛,群众团体与干部之间相互的竞赛,再加上父劝其子,姊妹劝其兄弟,母亲送儿打东洋,妻子送郎上战场"①。从苏淇的《灵寿四区的子弟兵连》一文中可以看出动员参加子弟兵的成效巨大,"没有生活在边区的人,他们也许不大相信会在一个大会的号召下,有百余个年青的小伙子自动蜂拥入伍的。其实这些并不是神奇传说,这样英勇的事迹单是在灵寿四区已经不止一次了!"②1941年5月4日《晋察冀日报》发表聂荣臻的《边区子弟兵与边区青年——为纪念五四中国青年节而作》,该文阐述边区子弟兵与边区青年的关系,号召边区青年踊跃参加边区子弟兵。

二是以报道子弟兵将领、个体、生活等方面,建构子弟兵先进的话语体系。子弟兵将领、个体成长、文化生活以及子弟兵中的共产党员等,均在《晋察冀日报》中有相关文章体现。如金肇野的《冀热察子弟兵领袖萧克将军》写道:"他好学,勤读","生活上是那么俭朴","完全为布尔什维克的作风","是一位军事指挥员,也是一位军事战略家","特别注意干部对共产党的政策的执行"。③ 这篇文章传递出跟着这么好、这么优秀的领袖,子弟兵战无不胜攻无不克。共产党员在子弟兵中发挥着重要的作用。秀华的《子弟兵中的共产党员》就是这样一篇通讯文章,该文指出:"先从打仗说起。共产党员是站在战斗最危险的地位,担负着最繁重任务";"再从工作上来说。共产党员永远不知休息,不知疲劳,人类伟大的爱,在他们心中燃烧着炙热的火,只问对人民对革命有怎样的利益,绝不问自己牺牲多大";"共产党员一定要挤出时间来学习,一天不学习,就要感到不好过,如同少吃了饭或者全没吃饭一样"。最终总结道:"离开共产党员而了解子弟兵四年来的伟大胜利,是不可能的。共产党员忠于民族忠于人民的光芒,照射在子弟兵每一个胜利之上。"④

三是以报道子弟兵的战斗,建构子弟兵保家卫国、勇敢杀敌的话语体系。这方面的新闻报道内容丰富,且十分频繁。如朱牧的《反扫荡中的子弟兵》写道:"敌人烧杀掠夺的非人兽行,激怒着子弟兵的战士,多少人带病也坚决要加入战

---

① 《加紧动员新战士 壮大边区铁的人民子弟兵》,《晋察冀日报》1940年12月22日。
② 苏淇:《灵寿四区的子弟兵连》,《晋察冀日报》1940年12月29日。
③ 金肇野:《冀热察子弟兵领袖萧克将军》,《晋察冀日报》1941年5月21日。
④ 秀华:《子弟兵中的共产党员》,《晋察冀日报》1941年7月3日。

斗,多少人负伤也拒绝退下火线。"①罗宗藩的《子弟兵伸进徐定敌占区以后》,认为子弟兵像"很多大钉子,钉进敌人心窝,把他们的贼胆震破了,伪军更动摇得厉害"②。《子弟兵战斗在平阳地区》(1944 年 1 月 17 日)、《炮火中涌现的子弟兵英雄——东线随军纪实》(1944 年 1 月 24 日)、《子弟兵攻克西朝阳》(1944 年 3 月 9 日)、《活动在完县平原的子弟兵》(1944 年 4 月 23 日)等文章,均从子弟兵保家卫国、奋勇杀敌战斗的方方面面进行了报道。

四是以报道子弟兵与老百姓关系,建构子弟兵与群众一家亲的话语体系。如晋察冀日报社通讯稿的《三专区群众热烈慰劳子弟兵》,把三专区、三专署、涞源县东西团堡附近的村庄送来的慰问品的清单详细列出,例如三专区慰问品有"猪二口,羊一只,鸡二十八只,蔬菜二十斤,干粉五十斤,鱼二包,梨五百斤,瓜三十五个,酒一瓮,点心四包,鞋一千双。第二天,白面一千〇一斤,鞋七百双,猪六口,菜蔬三千〇六十三斤,柿子一千个,鸡子九十七个,又送到了蔚县前线","战事还在开展着,三专区人们的热情,也正随着战事的开展而更加高涨,涞蔚路上的一条山沟里到处拥挤着流向火线上去的人群"。③ 王犁的《子弟兵在房涞涿平原上》(1944 年 8 月 12 日)直接地指出,使"他们清楚认识了只有八路军,才是保护人民利益坚决抗战的军队,只有八路军才是他们切身的依靠,只有共产党才是他们的救星"④。彭蕴棠、李殿文、苏杰的《阜平战斗中的子弟兵和老百姓》,讲述"在阜平战斗中,我们的军队和老百姓,互相帮助,一致协力,表现出坚决保卫根据地的英勇模范"。以子弟兵母亲为主题的文章有杨受谦的《子弟兵的母亲》(1943 年 1 月 22 日)、林江的《子弟兵母亲戎冠秀》等。彭德怀经典概括为:"民众就是水,军队就是鱼。鱼有了水——能游泳而自如;军队有民众——谁也挡不住。"⑤《晋察冀日报》通过报道子弟兵帮助老百姓、老百姓支持子弟兵以及双方建立的信任等,建构起子弟兵与群众一家亲的话语体系。

---

① 朱牧:《反扫荡中的子弟兵》,《晋察冀日报》1941 年 11 月 14 日。
② 罗宗藩:《子弟兵伸进徐定敌占区以后》,《晋察冀日报》1942 年 9 月 10 日。
③ 晋察冀日报社通讯稿:《三专区群众热烈慰劳子弟兵》,《抗敌报》1940 年 10 月 4 日。
④ 王犁:《子弟兵在房涞涿平原上》,《晋察冀日报》1944 年 8 月 12 日。
⑤ 萧三:《八路军》,《八路军军政杂志》1939 年第 1 卷第 9 期。

四、"子弟兵"话语体系建构愿景的前瞻性

《晋察冀日报》建构"子弟兵"话语体系的主线之一,就是我们一定胜利这一愿景导向,表现为坚持抗战到底,决不投降。我们一定胜利,是对日寇想要灭亡中国最好的回应,是对军民共击日寇最好的展示。我们一定胜利这一愿景导向是回应克服一切抗战艰难险阻的最好答案,是对子弟兵用生命坚持抗战到底的最好回答,是吸引广大人民群众最有力量、最有效果的话语。话语深层的涵义在于一种信念和坚持。我们一定胜利,是建立在中国共产党的英明伟大、八路军的英勇杀敌、边区政府是人民的抗日政府基础之上的,此三者紧密结合推动群众游击战争的顺利开展,以此获得广大人民群众的衷心支持。我们一定胜利,这一胜利是从不断小胜到大胜的过程,是向老百姓昭示最后的胜利属于中国的过程。边区群众在胜利愿景的牵引下,不断支援前线抗战等,高度认可中国共产党领导的武装力量的抗日军事行动。这一历史经验告诉我们,党员干部一定要筑牢理想信念的高地,"革命理想大于天","必须坚定共产主义远大理想和中国特色社会主义共同理想,为崇高理想信念而矢志奋斗"。① 只有党员干部尤其高级干部带头坚持理想信念,踏踏实实朝着最高理想进行努力,才能真正实现最高理想,否则"如果大家都觉得这是看不见摸不着的东西,没有必要为之奋斗和牺牲,那共产主义就真的永远实现不了了"②。以实现"两个一百年"奋斗目标、实现中华民族伟大复兴的中国梦作为当代中国共产党人的新的长征路,仍须永远保持谦虚、谨慎、不骄、不躁的作风,永远保持艰苦奋斗的作风,向伟大的新胜利进军。

愿景是一种期望,在艰难困苦境遇中给人以精神动力。1937 年 9 月 26 日,《中央军委关于坚决执行第十八集团军军分会训令的指示》强调:"现在我们已打下了一个胜仗,兴奋了友军与人民,从此更进努力,最后胜利是我们的。"③

---

① 习近平:《在纪念红军长征胜利 80 周年大会上的讲话》,《人民日报》2016 年 10 月 22 日。
② 中共中央文献研究室编:《十八大以来重要文献选编》(中),中央文献出版社 2016 年版,第321 页。
③ 中共中央文献研究室、中央档案馆编:《建党以来重要文献选编(一九二一——一九四九)》第十四册,中央文献出版社 2011 年版,第 540 页。

毛泽东的《论持久战》指出："抗日战争是持久战,最后胜利是中国的"①。在艰难抗战中的人民对胜利最渴望。我们所坚持的抗战能否胜利,我们应该怎么样做才能胜利,这是《晋察冀日报》建构"子弟兵"话语体系中不可回避的重要问题。《晋察冀日报》刊发晋察冀北岳区文救会编的三本冬学教材,对此有较为深刻的认识。这三本冬学教材分别是《冬学教材》(以下简称《教材1》)、《积极开展援苏运动(冬学教材之二)》(以下简称《教材2》)、《开展军民誓约运动(冬学教材之三)》(以下简称《教材3》),由作为晋察冀边区的机关报《晋察冀日报》从1941年11月11日起刊登,至1942年1月21日刊登完毕,历时两个多月。《教材1》"第三课 我们为什么能够胜利?"和《教材2》"第二课 苏必胜,德必败"就是对"我们一定胜利"这一愿景导向说明的典型代表。《教材1》第三课从六个方面说明我们一定能够胜利,这六个方面分别是"英勇善战的八路军"、"中国共产党的英明领导"、"新民主主义政权和各种建设"、"饱经锻炼的广大人民和全体人员对于敌寇的深刻仇恨"、"华北各个抗日根据地的配合"和"敌人的困难不断增加"。②《教材2》第二课分析论证"苏必胜,德必败"的三大理由:一是"希特勒在政略上是早已失败了",世界反法西斯统一战线越来越巩固;二是"希特勒在战略上也是失败的",闪电战宣告失败,占领苏联一些地方也没有办法利用它的资源;三是"战争是力量的比赛,谁的人力物力雄厚,经得起长期消耗,谁就有最后胜利的基础"③,特别是针对有人质疑"为什么希特勒能够得到暂时的胜利呢? 苏联既然有那么多的好条件,为什么还暂时不成功呢",该课给出两点原因:一是"没有建立起第二条战线";二是"希特勒自己的飞机坦克的生产,再加上法国、捷克、波兰这些国家出厂的飞机和坦克,他的飞机和坦克在眼下比苏联的多"。并坚信"欧洲第二条战线将要一天比一天强大,苏联出产的飞机和坦克一天比一天增加,再加上英美大量的援助,这种暂时苏联不利的情形不久就要过

---

① 《毛泽东选集》第二卷,人民出版社1991年版,第515页。
② 《冬学教材 第三课 我们为什么能够胜利?》,《晋察冀日报》1941年11月13日。
③ 《积极开展援苏运动(冬学教材之二) 第二课 苏必胜,德必败》,《晋察冀日报》1941年11月29日。

去的"。① 另外,《教材 3》中有很多文字讲述了日寇必败,如"敌寇溃败了,大小汉奸们又往那里去呢"②,"敌人的溃灭和我们的最后胜利已经不远;到那时当伪军官兵的人们又有什么脸面再见中华父老兄弟呢"③等,均从边区民众自身利益考虑,阐述了日寇必败,我们一定胜利。与此同时,我们一定胜利并不代表胜利会自然而来,《教材 1》"第五课　当前要进行那些具体工作?""第九课　提高民族气节　发扬英勇牺牲的精神""第十课　加强战时工作　开展群众游击战争",从具体工作、精神状态和战略战术等层面对获取胜利进行了抗战动员。相对而言,日本侵略者在漫长的中日持久战中看不到希望,例如"1943 年虽然在山西、满华边境方面、黄河故道等中共军活动的主要地区,进行了肃正作战,特别是对河北、山西敌根据地展开了大规模的剿共作战,但终究是同以往几十次反复剿共讨伐作战一样,枉费心机未能取得决定性的持续效果"④。华北日军投入如此大精力,最终无所收获,必然增加其失望情绪,对胜利遥遥无期的心理预期只会促使其更快走向失败。

五、"子弟兵"话语体系建构原则的维度性

以马克思主义为指导思想的中国共产党,是"子弟兵"话语体系建构的主体。话语建构的主体自身的先进性,决定着话语体系建构客体的先进性,也是话语体系建构变迁的主要驱动力。与此同时,"子弟兵"作为中国共产党话语体系建构的重要政治符号和政治力量,不仅为党夺取政权和巩固执政地位提供坚强的力量保证,是维护国家安全、领土主权完整的坚强后盾,而且直接践行党的优良作风和光荣传统,反映党的先进性。中国共产党对"子弟兵"话语体系的建

---

①　参见《积极开展援苏运动(冬学教材之二)　第二课　苏必胜,德必败》,《晋察冀日报》1941 年 11 月 29 日。

②　《开展军民誓约运动(冬学教材之三)第三课　不做汉奸顺民》,《晋察冀日报》1941 年 12 月 26 日。

③　《开展军民誓约运动(冬学教材之三)第四课　不当敌伪官兵》,《晋察冀日报》1941 年 12 月 27 日。

④　日本防卫厅战史室编纂:《日本军国主义侵华资料长编——〈大本营陆军部〉摘译》(下),天津市政协编译委员会译校,四川人民出版社 1987 年版,第 78 页。

构,有其形成基础、历史进程、主要内容和基本路径,更有其基本原则、社会影响和自身的发展脉络。作为话语体系建构历史过程,就必然是不断发展的过程,不仅要运用历史眼光来看待,还须有现实眼光和未来眼光。因此,深化中国共产党对"子弟兵"话语体系建构研究之路远没有结束,新的征程已吹响了号角。

中国共产党建构"子弟兵"话语体系,要以马克思主义为指导,结合中国实际,不断丰富和发展"子弟兵"话语体系,逐渐形成对"子弟兵"话语体系建构的基本原则,具体如下:

第一,围绕党的中心工作建构"子弟兵"话语体系。不同历史时期,党的中心工作有所不同。土地革命战争时期,革命是党的中心工作,党领导的红军担负起革命的三大任务,即打仗消灭敌人、打土豪筹款子和宣传群众、组织群众、武装群众。抗日战争时期,抗日是党的中心工作,党领导的八路军和新四军等子弟兵队伍担负起抗日的使命,打击和消灭日军,为渡过难关开展军民大生产和发动、组织群众抗日。解放战争时期,打败国民党反动派是党的中心工作,党领导的人民解放军打败了国民党军队,成立了新中国。新中国成立后,巩固新生政权和建设新中国是党的中心工作,党领导的人民子弟兵不仅是一支国防军,还是一支生产军,更是一支工作军,为实现党的中心工作,人民子弟兵发挥了重要作用,在肃清反革命、抗美援朝、支援国家建设等多方面立下卓越功勋。改革开放后,以经济建设为中心是党的中心工作,党领导的人民子弟兵继承优良传统,为经济建设保驾护航,捍卫了中国特色社会主义,为实现中华民族伟大复兴奠定了重要基石。基于以上可知,中国共产党对"子弟兵"话语体系建构牢牢以党的中心工作为准绳,充分体现党的意志,以党的旗帜为旗帜,以党的方向为方向,始终听党话、跟党走。中国共产党坚定走从思想上政治上建构"子弟兵"话语体系,确保子弟兵绝对忠诚绝对纯洁绝对可靠。历史和现实昭示,意识形态领域斗争并没有停止,反而越发激烈,各种敌对势力最想从军队中打开裂缝,这也告诫我们,要切实防范敌对势力对子弟兵的渗透和破坏,以过硬的政治思想工作占领子弟兵思想阵地、文化阵地、舆论阵地,确保"子弟兵"话语体系建构经得起各种考验。

第二,围绕实现人民利益建构"子弟兵"话语体系。中国共产党深刻改变了中国人民和中华民族的前途和命运,成立新中国、建立社会主义制度、进行改革开放带领中国人民走进新时代,实现了中国人民从站起来、富起来到强起来的伟大飞跃。中国共产党以全心全意为人民服务为宗旨,其领导的人民子弟兵是人民的军队,是实实在在为人民利益而斗争的武装力量。因此,中国共产党建构"子弟兵"话语体系是紧紧围绕实现人民利益这一中心进行的。人民子弟兵的主要缔造者毛泽东,为红军制定"三大纪律八项注意",其具体内容都是告诫我们的子弟兵不能与民争利,要保护人民利益。邓小平在《太行区的经济建设》一文中指出:"军队不但要帮助人民生产,还要同民兵一块保护人民的耕种收割,这正是军民能够打成一片的理由,也正是我们军队之所以被称为人民子弟兵的理由。"①在实现人民利益的统领下,人民子弟兵对内官兵一致,为人民利益赴汤蹈火;人民子弟兵把群众当亲人,把驻地当故乡,根据不同时期党的中心任务,抓住人民群众最关心的利益问题,从各方面搞好军民关系;人民子弟兵优待俘虏,用自身正气影响俘虏、改造俘虏,让俘虏也投身于服务人民利益。人民子弟兵保家卫国是实现人民利益的最重要保证,人民子弟兵发展生产是实现人民利益的最直接保障,人民子弟兵密切联系群众是实现人民利益的最有效方式。中国共产党把实现人民利益深深镶入对"子弟兵"话语体系的建构中,只有为人民利益而战和奋斗,"子弟兵"话语体系建构才会有强大的生命力。当前,习近平主席把"子弟兵"话语建构放到实现中华民族伟大复兴的中国梦这个大目标下来认识和实践,把实现人民利益推向了更高层面,同时也对建立强大的人民子弟兵提出了更高的要求和期望。

第三,围绕打胜仗打得赢建构"子弟兵"话语体系。党领导下的人民子弟兵从艰难的战斗中走过来,为保存自己的力量,就要想方设法打胜仗。于是,在敌强我弱的情况下,因为弱小经不起阵地战、对抗战等消耗战,各种游击战术风起云涌。土地革命战争时期中国红军曾经扩大到几十万人,在残酷斗争下,抗日战争开始时,数量减少到几万人。因为有经过磨炼越发成熟和先进的中国共产党的英明领导,因为这支人民子弟兵进行着真正的人民战争与广大人民群众密切结合,所以人民子弟兵迅速发展壮大,战斗力也不断增强,因其担负抗击日伪军数量之大,成为名副其实的中国抗日战争的主力军。围绕打胜仗这一目标,党领导的人民子弟兵紧紧地与中国人民站在一起,践行全心全意为中国人民服务的

---

① 《邓小平文选》第一卷,人民出版社1994年版,第80—81页。

宗旨,发动和组织广大群众武装组织,既保证打胜仗所必需的后勤供给,又与各种自然灾害进行斗争,最终打倒日本侵略者、打倒国民党反动派,解放了全中国。在和平年代,"子弟兵"话语体系建构以打得赢为中心,确保人民子弟兵始终保持召之即来、来之能战、战之必胜的战备状态。在打得赢的指挥棒下,子弟兵军事训练不断科学化,后勤保障水平不断提高,高新技术武器装备等不断发展。打胜仗和打得赢是关系人民子弟兵存在和发展的最关键因素,也是其话语体系建构的最核心元素。尤其是当前我国安全环境发生着复杂深刻的变化,来自海洋方面的安全威胁十分突出,一旦发生战事,如果打不赢,后果不堪设想,所负历史责任之巨大难以想象。因此,中国共产党对"子弟兵"话语体系建构的原则之一——打胜仗和打得赢,要经得起历史、实践和人民的检验,不能是空洞口号。

六、"子弟兵"话语体系建构文化的贯通性

中华传统优秀文化是"子弟兵"话语体系建构基础的重要组成。军队的形成和发展,深受文化因素的影响。一旦文化与军队紧密结合起来,这支军队就会有了"军魂",一支有"军魂"的军队,是不可能被打败的,即使是暂时的失败也阻挡不了最终的胜利。一支有"军魂"的军队,不仅生命力极强,而且具有强大的感染力、传播力。在笔者看来,历史文化中对中国共产党建构"子弟兵"话语体系有以下三个方面的贡献。

一是精忠报国的精神。精忠报国决不是某些人口中的愚忠,它已经深深融入到中华优秀传统文化的骨髓中。岳飞及岳家军在中国古代军事领域展现了中华民族优秀的爱国主义传统,为后人留下了宝贵的民族文化遗产。精忠报国的精神深入中国人的心中,虽然每个人对它的理解不同,但竭尽忠诚、报效祖国之声会在每个人心中时常响起。2014年5月30日,习近平总书记到北京市海淀区民族小学看望少年儿童,看到孩子们写的"精忠报国",有感而发:精忠报国,是我一生追求的目标。抗日战争期间,朱理治在《论目前华中抗战形势及今后任务》一文中,认为华中是中国两个最伟大人物的出生地,这两个人物一个是诸葛亮,一个是岳飞,一个是"鞠躬尽瘁,死而后已",一个是"精忠报国"的伟大精

神,希望"华中文人个个学诸葛亮,中原战士人人像岳飞"①。可见,不管是战争年代,还是和平时代,精忠报国精神的传承就没有中断过,越是在战争年代反而越发激发民族自觉,其魅力可想而知。

精忠报国这一优秀的民族遗产,一旦与军队建设结合起来,其威力不可言喻。中国共产党领导的军队在这方面绝对是一面旗帜。我们可从毛泽东对岳飞的情感说起。毛泽东对岳飞十分崇敬,常借用岳家军论及中国共产党领导的军队。新中国成立后,毛泽东出访苏联,向斯大林介绍中国共产党军队有"不畏艰险,视死如归"的精神,苏联翻译费德林不知"归"如何翻译,毛泽东说这是古代中国一位著名统帅岳飞使用过的一种说法,就是"藐视一切困难和痛苦,像看待自己回到原本状态一样看待死亡"②。在毛泽东看来,人民子弟兵胜于岳家军。1963年,毛泽东在会见柬埔寨西哈努克亲王时,说起"撼山易,撼岳家军难"后,接着说:"谁要撼我们解放军,那就更加困难了。撼山易,撼解放军难。"③1975年7月23日晚上,毛泽东接受左眼白内障手术,"被扶进做手术的房间时问:音乐准备了没有? 手术中播放岳美缇演唱的岳飞《满江红》昆曲"④。试问中共革命武装力量开创和建设的主要领导人毛泽东倾慕岳飞及岳家军,难道毛泽东不会用精忠报国的精神铸造中共领导的武装力量吗? 由此可见,精忠报国的精神,是中共建构"子弟兵"话语体系的重要文化基础之一。

二是保家卫国的情怀。每个人都应尽保家卫国的责任,可军队最有权利说自己拥有保家卫国的情怀,他们的每一次行动、每一个举动都直接与保家卫国息息相关。家国存,则正义兴;家国亡,则正义亡。近代中国多灾多难,习近平用毛泽东诗词的"雄关漫道真如铁"来形容中华民族的昨天,同时指出"中国人民从不屈服,不断奋起抗争,终于掌握了自己的命运"⑤。保家卫国才能保证主权,才

---

① 中共滁州市委党史研究室、安徽省新四军历史研究会编著:《中共中央中原局(1939.11—1941.5)》(上卷),中共党史出版社2013年版,第93页。

② 张秀娟、董振瑞、杜剑楠:《握手风云——毛泽东与国际政要》,人民出版社2014年版,第13页。

③ 盛巽昌:《毛泽东景仰岳飞"精忠报国"》,《世纪》2003年第5期。

④ 中共中央文献研究室编:《毛泽东年谱(一九四九——一九七六)》第六卷,中央文献出版社2013年版,第600页。

⑤ 《习近平谈治国理政》,外文出版社2014年版,第35页。

能拥有掌握自己命运的权力,中国共产党领导的革命武装军队正是主动和创造性地承接起近代中国无数仁人志士的夙愿,舍小家为大家,为国为家牺牲自己宝贵的生命。保家卫国堪称军队最大的情怀,是一种使命和天职所向的情怀。戚继光的"封侯非我意,但愿海波平"是其保家卫国情怀的生动写照。从中华优秀传统文化来看,保家卫国还是一种骨气,是与军人骨气融为一体的。

三是不畏艰辛的毅力。中华优秀传统文化中崇尚修为,敬重磨难,一直把苦难当成望远、成长的垫脚石。毛泽东号召我们学习历史和民族遗产,指出:"中国的长期封建社会中,创造了灿烂的古代文化。清理古代文化的发展过程,剔除其封建性的糟粕,吸收其民主性的精华,是发展民族新文化提高民族自信心的必要条件"①。中国共产党领导的军队建设诞生于半殖民地半封建社会的中国,红军的壮大,也是与农村宗族、帮会、土匪等势力周旋和斗争的结果。中国封建社会历史中,每次军队载入史册的战功,无不凝结着艰辛和挫折。只有不畏艰辛的毅力,才能磨炼士兵的品性,才能造就战无不胜的军队。这种艰辛,有来自训练中的汗水,还有来自战斗中的流血,甚至是整个部队的番号因全部壮烈牺牲而不得不取消。这种毅力,就是面对如此失败,如此损失,并没有低头。正如毛泽东所说,星星之火可以燎原。这把火必然是有不畏艰辛的人不断延续,中国共产党领导的军队正是拥有"火种"的军队。

中国共产党领导的军队不同于中国历史上任何一支军队,这是一支最不畏艰辛的军队,是把精忠报国、保家卫国这种精神品质与共产主义伟大理想紧密结合在一起的军队,因而是战无不胜攻无不克的。毛泽东概括道:在"紧紧地和中国人民站在一起,全心全意地为中国人民服务"这个军队唯一的宗旨下面,"这个军队具有一往无前的精神,它要压倒一切敌人,而决不被敌人所屈服。不论在任何艰难困苦的场合,只要还有一个人,这个人就要继续战斗下去"。② 1938 年10 月 8 日,聂荣臻关于晋察冀边区反围攻作战情况致朱德等电中描述的情形能够充分证明毛泽东的论断。聂荣臻在此电文中指出:"计自上月二十日起迄至今日,军区无日不在与敌苦战,前后大小战斗共五十余次","我火力薄弱,虽能

①《毛泽东选集》第二卷,人民出版社 1991 年版,第 707—708 页。
②《毛泽东选集》第三卷,人民出版社 1991 年版,第 1039 页。

一再打垮敌人,难于迅速歼灭,敌又施放毒气,军民中毒者不少",我军"对各路进攻之敌,正以再接再厉之精神与之周旋中"。① 程子华的《敌对冀中扫荡与冀中战局》是这样描述的:"我们光荣殉国的干部和战士,有的是在无比英勇的战斗中壮烈牺牲,有的是在和敌人拼到最后,在最危急的情况下毅然自杀,有的部队是战到弹尽继而白刃,直到流尽热血,全体牺牲。有的部队是屡被冲散,屡次集合,自动选出干部与敌战斗。"②林金亮的《一个模范的伤病医院——摘自晋察冀边区重伤医院的来信》有如此记录:"每天总有五六十名伤兵抬进来。血淋淋的,百分之九十都是需要施行手术的重伤者。"③无数文献均记载着子弟兵为抗战流血牺牲,这是何等的艰辛。《预备兵政治教材》的"第十课　艰苦奋斗英勇牺牲"有过这样的问答:"为什么八路军能够英勇牺牲呢? 因为八路军的指战员都是革命的战士,他们知道是为什么而战,同时他们也知道,打仗的时候,如果不勇敢向前,一下子把敌人打垮,时间一拖延,敌人有了准备,自己的牺牲就会增大,换句话说,在战场上,作战越勇敢,自己的牺牲就越小,胜利就越大。"④这段回答虽然朴实,却蕴含着深刻的道理,也表达了子弟兵不畏艰辛、敢于流血牺牲的初衷。

---

① 中国人民解放军历史资料丛书编审委员会编:《八路军·文献》,解放军出版社 1994 年版,第 235 页。

② 程子华:《敌对冀中扫荡与冀中战局》,《晋察冀日报》1942 年 8 月 4 日。

③ 林金亮:《一个模范的伤病医院——摘自晋察冀边区重伤医院的来信》,《八路军军政杂志》1939 第 1 卷创刊号。

④ 《预备兵政治教材　第十课　艰苦奋斗英勇牺牲》,《晋察冀日报》1943 年 1 月 22 日。

第八章 《晋察冀日报》建构"子弟兵"
话语体系的评价

研究《晋察冀日报》建构"子弟兵"话语体系的历史作用和当代启示,应从凝聚坚强的抗战力量、塑造政党形象和人民军队形象、马克思主义中国化和大众化的重要推动力量等方面,阐释其历史作用;从牢固树立我军思想政治工作威信、坚持人民军队的根脉在人民、坚持走一条特色强军之路等层面,提炼其当代启示。

一、《晋察冀日报》建构"子弟兵"
话语体系的历史作用

(一)凝聚坚强的抗战力量

从军事侵略,到政治诱降,日寇想方设法摧毁中国的抗战力量。中国共产党不仅在军事上实施对日寇坚决打击,面对日寇舆论上的进攻,也谨记只有牢牢掌握抗战动员话语权,才能破解和粉碎日寇的政治攻势,为军事上打击日寇提供重要支持。"话语权在表象上是以话语为载体,但由话语所产生权力则是因为其中包含着价值观和意识形态的因素。"[1]到抗战相持阶段,日寇在发动猛烈军事进攻的同时,常用谣言等离间手法破坏抗战力量。例如有敌人为粉饰杀人罪行的"专打八路军,不打老百姓""不杀老百姓,专杀共产党"[2]等,有顽固分子质疑"八路军到底打不打"[3]等,这些声音使群众产生了疑惑,不解疑答惑无以说服群

---

① 葛彦东:《掌握意识形态话语权初探》,《思想理论教育导刊》2015 年第 1 期。
② 《冬学教材 第七课 日寇是全中国人民的死敌》,《晋察冀日报》1941 年 11 月 20 日。
③ 《冬学教材 第六课 八路军英勇善战》,《晋察冀日报》1941 年 11 月 19 日。

众,只有解答关系群众切身利益的疑难问题,才能真正掌握话语权。正如习近平所强调:"在事关大是大非和政治原则问题上,必须增强主动性、掌握主动权、打好主动仗,帮助干部群众划清是非界限、澄清模糊认识。"①1941年至1943年,是晋察冀抗日根据地最艰难的时期,根据地面积缩小,抗日民主政权遭受破坏,人口锐减,可耕土地被日寇大量破坏。《晋察冀日报》发表社论文章,反复号召边区人民坚持抗战到底,鼓励军民在各条战线上与敌人展开坚决的斗争。《子弟兵》建构"子弟兵"形象,打破了日寇企图精神上"围剿"边区子弟兵的险恶用心,联通了边区子弟兵与边区人民,使得边区子弟兵的战斗、学习和生活等方面消息及时传到边区老百姓当中去,给予边区老百姓以精神力量。尽管在这段时期《晋察冀日报》发行数量出现了明显下降,但是军民看到《晋察冀日报》还在出版发行,就被激发了斗志,抱着"咱们的《晋察冀日报》还在出版,根据地垮不了!"②的信念,继续艰苦卓绝地战斗着。特别是《子弟兵》所刊发子弟兵痛击日伪军的文章,备受边区人民群众的喜欢,群众拿着这些文章与伪报进行对比,看哪些是敌人在造谣,大家互相讨论并揭穿敌人的阴谋。③ 更重要的是,《子弟兵》的编者有意识地强调"给老百姓读报,读一遍之后,再来给他扼要讲解一遍,这样收效要大。同时,在讲解当中还可以联系着本单位的和自己知道的类同的例子"④。当边区老百姓和战士们通过《子弟兵》认识到自己的子弟兵流着鲜血保卫着家园,在敌人"扫荡"中反而更加坚定地学习成长,积小胜为大胜的理念必定能在广大边区人民群众心目中扎下根,积极抗日的行为就有了持续的动力。这一点,还可以从日伪报刊报道中反证,据《西部朝日新闻》报道,日本华北派遣军发表的所谓1943年的综合战果称:"敌大半为中共军……在交战回数一万五千次中,和中共党军的作战占七成五,在交战的二百万敌兵力中,半数以上都是中共党军。在我们收容的七万四千的俘虏中,中共党军所占的比率,则只有三成五。这方面暴露了重庆军的劣弱性,同时也说明了中共党军交战意识的显著昂

---

① 《习近平谈治国理政》,外文出版社2014年版,第155页。
② 张玉红主编:《晋察冀日报社在阜平》,中央文献出版社2012年版,第240页。
③ 参见安克成:《在乡村,人民是怎样传阅与热爱着日报》,《晋察冀日报》1943年9月7日。
④ 《本刊期望于部队同志的》,《晋察冀日报》1943年2月2日。

扬。"①《晋察冀日报》自创办以来,一直宣传抗战到底的理念,只有战斗才有出路,苟且偷生那是死路一条,再加上不断歌颂子弟兵的战绩,给予读者、听者以巨大的希望。

中国共产党在掌握抗战动员话语权方面进行了精密布局,通过各种血淋淋的实例呈现日寇毁灭边区的事实,以中国共产党及其八路军英勇善战为核心支持,根植于中华优秀传统文化,引入援助苏联保卫中国的宏大视野,同时把人民创造历史的观点运用到抗战中来,牢固树立军民齐心抗战的理念,以军民誓约这一通俗而又符合中国实际和传统的方式让广大老百姓牢记于心,创新宣传方式,例如创作了以"立功报喜"为内容的新年画,把村庄里参加子弟兵而立功的子弟们的名字,写在立功喜报上面,由村政府负责人带领村里群众,隆重地送到功臣家里,贴在门上或墙上,以光耀功臣之家的门庭,鼓舞边区群众抗日胜利的信心。因此,中国共产党抗战动员话语权建构,融入了中国共产党全心全意为人民服务的价值理念,贯穿马克思主义中国化历史进程,积极化解各种错误舆情,为积极抗战添加动力。这一历史经验告诉我们,不能放弃舆论斗争,尤其是要与恶意攻击党的领导和社会主义制度的各种谣言进行坚决彻底的斗争;及时调查发现人民群众的理论诉求和现实需求,展现发生在群众周围的"身边故事",运用群众耳熟能详的语言和群众乐于接受的方式,解答群众疑问,说服群众,始终掌握话语权的绝对优势。

不论是战争年代抗击侵略者,还是和平年代维护国家安全,没有广大人民群众的参与和支持,各种任务是实现不了和完成不了的。战争年代,动员群众直接投入战斗,动员群众支持我军;和平年代,动员群众树立国家安全意识,人民子弟兵践行全心全意为人民服务的根本宗旨,大力弘扬艰苦奋斗的光荣传统,来影响广大人民群众。打铁还需自身硬,动员的力量根深于动员主体的崇高、先进和引领,才能呼唤起动员对象有效仿动员主体的信仰、态度或行为。人民群众对"子弟兵"内涵的诠释,就是最好的证明,"子"是老百姓的儿子,"弟"是八路军的弟弟。动员的力量还来源于动员主体能够带领动员对象实现既定的目标。中国共产党对"子弟兵"话语体系建构本着实事求是的态度,抓住时代脉搏,提出行之

---

① 《北平十三日电》,《西部朝日新闻》1944 年 1 月 15 日。

有效的办法,不论是土地革命战争时期与国民党军队的斗争,还是与穷凶极恶的日军进行长达十四年的战争,或是与拥有美式装备的国民党军队的解放战争,人民子弟兵都有着神勇的姿态,取得一次次胜利。人民群众在战争中是最好的鉴定人,不被数量多少而迷惑,而是看到了我军所表现的作风与敌军有本质不同。人民子弟兵在广大人民配合和支持中,实现了从小变大、从弱变强的华丽变身。这一过程中,人民子弟兵武装了人民群众,人民群众积极参加我军,为我军排忧解难,建立了军民血肉相连的深厚感情。实践证明,没有广泛地动员群众参加革命、建设和改革,中国革命、建设和改革就不可能胜利,而人民子弟兵正是广泛地动员广大人民群众参加中国革命、建设和改革的重要武装力量。

(二)打碎日军侵华美梦

斗争中发展是晋察冀边区子弟兵的生存之道。晋察冀抗日根据地的建立,直接威胁到日寇的战略后方,与此同时,国民党顽固派也害怕中国共产党及其军队力量的壮大,此时晋察冀边区子弟兵将面临着日伪军的频频进攻和与国民党顽军的摩擦。因此,打击敌伪顽成为晋察冀边区子弟兵的重要任务。

斗争是艰巨的,但成绩是巨大的。首先,晋察冀边区子弟兵在打击日伪军方面有重要贡献。据1946年7月《晋察冀日报》刊登的《晋察冀军区司令部公告:军区子弟兵抗战八年战绩及反攻以来之一年战绩毙伤俘敌伪达三十六万》显示,抗战中的杀伤与俘获情况为:"总计对敌伪作战共三二一二九次,计毙伤敌伪二五二四四〇名,俘敌伪六八六二六名,敌伪反正投诚者一九六二三名"[1]。晋察冀子弟兵打击日伪军的重要战役和取得的战果,见表8-1。

表8-1 晋察冀子弟兵部分战役和战果表[2]

时间	参战子弟兵	战果
1938年9月	晋察冀子弟兵与一二〇师三五九旅和其他兄弟部队配合下	毙敌少将旅团长常冈宽治及以下官兵5300余人
1939年4月	一二〇师与冀中子弟兵	毙敌渡边佳行联队长及以下700余人

---

[1] 晋察冀日报史研究会:《晋察冀日报社论选(1937—1948)》,河北人民出版社1997年版,第534页。

[2] 资料来源:根据《晋察冀抗日根据地》史料丛书编审委员会、中央档案馆编的《晋察冀抗日根据地 第一册(文献选编 上)》整理而成。

续表

时间	参战子弟兵	战果
1939年5—9月	晋察冀子弟兵与一二〇师三五九旅、三五八旅协同作战	先后取得了上下细腰涧、大龙华和陈庄等战役胜利,共歼敌2000余人
1939年10—12月	晋察冀军区一分区部队与一二〇师特务团等	击毙阿部规秀中将,歼敌1500余人
1940年8—12月	晋察冀边区子弟兵46个团与兄弟部队	史称"百团大战"
1943年9—12月	晋察冀边区民兵	与敌作战2192次,爆炸地雷4400余个,毙伤敌伪军5600余人

抗战成绩来之不易,晋察冀军民付出的代价也是十分惨重的。据不完全统计,八年中,边区子弟兵伤亡11.6万人,干部、群众被敌杀害70余万人,群众被敌抓劳工50.5万余人。① 此外,晋察冀子弟兵打击日伪方面,得到中央的肯定。如1939年11月19日,《中央关于山西反投降斗争的指示》中指出:"对于最坏分子最坏行为,须毫不犹豫的坚决的但是有步骤的有胜利把握的打击之,如同晋察冀区坚决打击白志沂那样,决不可对这一类坏人坏事作丝毫的让步。"②

其次,晋察冀边区子弟兵有力打击了国民党顽军的屡次进攻。抗战期间,国民党顽固派对晋察冀边区制造的军事摩擦事件,主要有张荫梧挑起和策划的"博野事件""深县惨案"等;阎锡山等制造的"灵丘""广灵"等事件。除制造军事摩擦外,国民党顽固派还擅长制造舆论诋毁我边区子弟兵,如"子弟兵就是八路军的新兵","子弟兵只吃小米不打仗","当子弟兵苦得很,倒不如参加'民军'去,每月还有十几块钱"。③ 陈赓在其日记中写道:"KMT④ 死硬派可能利用这一机会,反对山西进步势力,并吹毛求疵地寻找八路军某些弱点,加以扩大或污蔑,以削弱我八路军在全国的威信。"⑤国民党顽固派破坏抗战统一战线,制造各种摩擦不得人心。高敏夫的战地日记中多次抨击张荫梧的行迹,日记中有一

---

① 参见《抗战八年来边区人民损失初步统计》,《晋察冀日报》1946年2月6日。

② 中央档案馆编:《中共中央文件选集》第十二册,中共中央党校出版社1991年版,第196页。

③ 裴世昌:《晋东南子弟兵的创立及其经验》,《八路军军政杂志》1941年第3卷第4期。

④ KMT,即中国国民党。

⑤ 《陈赓日记》,战士出版社1982年版,第146页。

处这样写道:"据说张荫梧部惨杀我们四位同志,并投入水井。似此军阀行径,破坏统一战线,削弱抗日力量,简直是汉奸行为。"①

面对国民党顽固派的摩擦不断,中央关于华北各地摩擦问题的指示中,明确"对无理进攻必须反击,决不能轻言让步"②,边区政权不能撤销,八路军名称决不应轻易更改。针对摩擦升级的局部武装冲突,1939 年 8 月 19 日,《中央关于对待局部武装冲突的指示》中表明立场:"明确的自卫原则,人不犯我,我不犯人,人若犯我,我必犯人",并告诫"在军事上必须提高警觉性,免受袭击,布置必须严密,不宜给我中下级干部以随便进行武装冲突之权"。③ 根据中央的指示精神,晋察冀边区子弟兵于 1939 年 6 月在深县张骞寺村打垮了张荫梧部,1940 年初打击了进攻八路军总部的朱怀冰、石友三等部。

再次,晋察冀边区子弟兵在斗争中得到了发展壮大。这也是中国共产党对"子弟兵"话语体系建构历史进程中的一个重要阶段。以晋察冀军区子弟兵(主力部队)人数为例,1937 年 12 月,4 个军分区和直属队已近 1.5 万人;到 1938 年10 月,正规部队 15 万余人;1942 年 12 月,边区主力部队和地方武装缩减为83000 余人;抗战结束时,主力部队发展至近 32 万人。其中,1942 年 12 月,虽然主力部队和地方武装缩减到 83000 余人,但民兵发展到 40 余万人;抗战结束时,晋察冀基干民兵扩大到 90 余万人。

面对不断强大的子弟兵,日本大本营陆军部片山部队于 1940 年 4 月 25 日翻印的一份供部队研究的资料中指出:"现在是必须实际研究调查作为切实的对象的共产党及共产军的时期,所以不要只委之学者,而必须军方面自己为了治安的确立,进行所谓'实地的'调查研究!"④日寇的代言人松室孝良在其"秘密文件"中就给这力量一种估计:"支那共产军势力雄厚,战斗力很大,他们有近代军队所难有的苦干精神,他们的思想又侵彻民心……以共产军的实质言,他们实在是皇军的大敌。世界各国军旅没有不要大批薪饷大批物质的分配和补充的,

① 申春编:《高敏夫战地日记》,中国文史出版社 1988 年版,第 85 页。
② 中央档案馆编:《中共中央文件选集》第十二册,中共中央党校出版社 1991 年版,第 24 页。
③ 中央档案馆编:《中共中央文件选集》第十二册,中共中央党校出版社 1991 年版,第154 页。
④ 中国抗日战争军事史料丛书编审委员会编:《中国抗日战争军事史料丛书·八路军·参考资料(8)》,解放军出版社 2015 年版,第 112 页。

没有一时即可能动摇,没有物质时更是不堪设想,但共产军则不然,他们生活简单,武器穷败,弹药缺少,而用赤化政策,游击战术和适切的宣传,机敏的组织,思想的训练,而取得小民之拥护实施大众团结,苦干硬干的精神,再接再厉的努力。"(见《日本侵华之间谍史》)①日寇本想占据华北,实现以战养战的目的,这一切都因为中共子弟兵的存在,化为泡影。据日本战史记载:"1943年中期,分驻各地的日军部队,铁路警护队、华北绥靖军部队等,几乎都被封锁在各自的驻地,有的附近就是共产党恐怖横行之处。至同年末,治安更加混乱,不仅日本军的小队、中队,就连大队本部有时也成了中共军夜袭的目标。"②子弟兵以其过硬的战绩,不仅获得中国老百姓的称赞,同时也让对手内生敬意。

(三)塑造政党形象和人民军队形象

传播了中国共产党的价值理念,塑造中国共产党形象和人民军队形象,是抗战时期《晋察冀日报》对"子弟兵"话语体系建构的重要历史作用。人民子弟兵是执行党的政治任务的武装集团,党对军队的绝对领导权最关键的是依靠政治工作从思想上和政治上建设和掌握军队,过去政治工作是我军的生命线,现在也是,将来也是,政治工作永远是我军的生命线。敌对势力想尽办法遏制共产党人的价值理念传播,到处歪曲事实诋毁共产党的形象。恰恰这种遏制和诋毁,炼制了真金,我们是不怕火的真金,越是危急关头,越是艰难险阻,越是强大。中国共产党领导的人民子弟兵用战绩、鲜血和战利品等宣告了"游而不击"谎言的破灭,收获了人民子弟兵是真正的抗日军,而且是抗日战争的主力军的美名。人民群众通过人民子弟兵进一步认识了中国共产党,进而认识到中共的价值理念。以全心全意为人民服务为核心的中共价值理念,一经人民子弟兵用言和行的广泛宣传,深受广大人民群众认同和拥护。在革命战争年代,往往是人民群众认同、支持人民子弟兵,进而支持和拥护中国共产党。曾经在历史上发生的因单纯军事观点而失败的例子,恰是被军队开创局面等现象所迷惑,忘记了将党的价值理念贯穿于军队建设。可见,贯穿落实党的价值理念,才能保证党领导的政权,这对于军队建设的意义重大。和平年代,人民子弟兵建设

---

① 转引自王稼祥:《中国共产党与革命战争》,《八路军军政杂志》1940年第2卷第1期。

② 日本防卫厅战史室编纂:《日本军国主义侵华资料长编——〈大本营陆军部〉摘译》(下),天津市政协编译委员会译校,四川人民出版社1987年版,第78页。

中绝不能有腐败分子藏身之地。毛泽东对预防军队变质有前瞻性的思考,如在军队参加生产建设工作的指示中提出:"必须严格禁止开商店从事商业行为。"①习近平主席从严治军,在军队中"打老虎",突显了人民子弟兵敢于与一切腐败分子作斗争,彰显了共产党的先进性,为永葆人民军队性质、宗旨和本色构建了坚实基础。

"子弟兵"已作为中国共产党领导的武装力量的代名词,历经革命斗争年代和和平建设年代,不管是战争年代保家卫国的流血牺牲,还是和平年代危难之中显身手,"子弟兵"的魅力和震撼力一直在老百姓心目中占据着重要位置。从中国共产党对"子弟兵"话语体系建构的历史考察中可以看见,中国共产党缔造了"子弟兵",中国共产党把自身的全心全意为人民服务的宗旨及政治工作注入到"子弟兵"之中,"子弟兵"对党忠诚、永葆我党和我军的光荣传统、坚决听党的话、跟党走是具有理论必然性和现实必要性的命题。因此,中国共产党对"子弟兵"话语体系建构的成败,直接关系党的先进性能否体现,两者是一荣俱荣、一损俱损的关系。

"子弟兵"的旗帜是党的旗帜的延伸和彰显。"子弟兵"的发展壮大,离不开中国共产党,而中国共产党只有不断加强先进性建设和拥有先进性的力量,才能领导和壮大"子弟兵"。这也是中国共产党与"子弟兵"内在联系之理,也是中国共产党确保"子弟兵"绝对忠诚、绝对纯洁、绝对可靠之道。抗战时期,中国共产党领导的抗日武装进入敌后,开辟晋察冀边区时,总人数不过 3000 人,面对日寇疯狂的进攻,却能屹立不倒。以毛泽东同志为代表的中国共产党人提出了持久战和游击战,聂荣臻、吕正操等直接军事将领领会党中央意图,创造性地发展了平原游击战,打造了一支"铁的子弟兵团"。在取得若干次胜利,晋察冀边区越发巩固时,聂荣臻总结道:"事实证明,没有中国共产党,不能有晋察冀边区,也不能有华北敌后的抗战与各抗日根据地;没有华北,也就无法支持全国的抗战";"有中国共产党,中国一定不会亡"。②

中国共产党对"子弟兵"话语体系建构彰显了党的先进性,主要体现在以下

---

① 中共中央文献研究室、中国人民解放军军事科学院编:《建国以来毛泽东军事文稿》(上卷),军事科学出版社、中央文献出版社 2010 年版,第 97 页。

② 聂荣臻:《两个伟大的节日与伟大的时期》,《晋察冀日报》1941 年 7 月 1 日。

方面:一是"子弟兵"军魂展现了中国共产党的理想信念。军魂就是一面旗帜,一支军队没有军魂,就好比军队没有旗帜,找不到方向,则会思想混乱、毫无斗志、一盘散沙。在武器装备不如日寇的情况下,在缺乏枪支甚至没有刺刀的情况下,敢于与日寇肉搏;面对日寇的包围,走投无路的情况下,决不投降,大义凛然跳下山崖,是什么力量能使我们的子弟兵有如此壮举? 是理想信念,是中国共产党用抗战必胜的理想信念教育子弟兵及广大人民大众,用理想信念铸造起抗日新的长城,最终把日寇驱出境外。"子弟兵"军魂最重要的是信念坚定、听党指挥。中国共产党从建党之初就十分重视思想建设,注重塑造军队拥有革命的理想信念。革命理想信念高于天,筑牢理想信念高地,把握住理想信念的"总开关",不仅是对每个共产党员的要求,更是对人民子弟兵的要求。参加人民子弟兵决不是为了升官发财,更不能贪生怕死,用理想信念克服各种错误思想,切实做到"升官发财请往别处""贪生怕死莫入此门"。理想信念不仅是党自身先进性的重要保证,也是人民子弟兵生存和发展的重要基础。只有这样,才能做到自觉遵守纪律,自觉做到党叫干什么就干什么,党不允许干啥就坚决不干。二是"子弟兵"战斗力体现了中国共产党治军能力。"子弟兵"战斗力体现在战绩上,能否打胜仗,直接关系到军队生死存亡。晋察冀边区子弟兵在反"扫荡"、反"蚕食"等过程中所取得大大小小的胜利,无不凝结着党的英明决策,无不体现了党培育这支人民子弟兵所凝结的心血。平时要注重当兵打仗、带兵打仗、练兵打仗思想的灌输和执行,战时才会有获胜的可能。不断学习新技能、新本领,才是保证军队战无不胜的重要法宝。中国共产党就是一个学习型党组织,从描述子弟兵的一些著作中,笔者也看到了子弟兵是"战斗的学校",无时无刻不在学习。子弟兵把日寇碉堡摸清楚,把日寇动向掌握清楚,学会如何制造地雷,创造各种游击战术等等。"不但在军事上是英勇善战的人民武装,在政治上有高度觉悟的人民武装,而且在文化上也是有教养的人民武装"①。从某种程度上说,整个抗日战争就是子弟兵不断学习如何战胜日寇的过程。这绝对是体现了中国共产党的治军能力,体现了一个具有先进性的政党如何治理由广大农民组成的人民子弟兵,并取得胜利的宏伟壮举。三是"子弟兵"作风反映了中国共产党宗旨实

---

① 张家口 XGNO 广播稿选辑:《八路军的文化生活》,《北方文化》1946 年第 1 卷第 4 期。

践。毛泽东在《论联合政府》中明确指出:"紧紧地和中国人民站在一起,全心全意地为中国人民服务,就是这个军队的唯一的宗旨。"①抗战时期,中国人民饱受日寇欺凌,生活在水深火热之中。中国共产党领导的八路军开辟敌后抗日根据地,把广大人民群众组织起来,教会他们打鬼子的方法和技能,"中华儿女不屈不挠、浴血奋战,彻底打败了日本军国主义侵略者,捍卫了中华民族5000多年发展的文明成果,捍卫了人类和平事业,铸就了战争史上的奇观、中华民族的壮举"②。因而抗战年代,保证人民群众的生命安全,保家卫国,就是中国共产党领导的"子弟兵"全心全意为人民服务的最好体现。当前,中国正处在全面建成小康社会的关键时期,人民子弟兵践行全心全意为人民服务的宗旨,决定了人民子弟兵作为党领导下的新型人民军队,既要坚决履行"巩固国防,抵抗侵略,保卫祖国,保卫人民的和平劳动,参加国家建设事业,努力为人民服务"③这一宪法所规定的神圣职责,又要能够承担起党继续实现"推进现代化建设、完成祖国统一、维护世界和平与促进共同发展"④的历史任务。习近平在纪念中国人民抗日战争暨世界反法西斯战争胜利70周年大会上的讲话中特别指出:"中国人民解放军是人民的子弟兵,全军将士要牢记全心全意为人民服务的根本宗旨,忠实履行保卫祖国安全和人民和平生活的神圣职责,忠实执行维护世界和平的神圣使命。"⑤习近平把神圣职责和神圣使命赋予人民子弟兵,是对人民子弟兵的充分信任,也体现了党的宗旨在实践中获得认可。

　　总之,党与子弟兵关系非同一般,没有一支听党指挥的军队,党所承担的历史任务和历史使命一切均会成空中楼阁;一支军队没有党的绝对领导,最终迎接它的将会是失败和被消灭。中国共产党对"子弟兵"话语体系建构的历史,也是中国共产党不断保持先进性的历史。考察这段历史,我们领略到党的先进性来

———————————

① 《毛泽东选集》第三卷,人民出版社1991年版,第1039页。

② 《习近平在纪念中国人民抗日战争暨世界反法西斯战争胜利70周年系列活动上的讲话》,人民出版社2015年版,第2—3页。

③ 《中华人民共和国宪法》,《人民日报》2018年3月22日。

④ 胡锦涛:《坚定不移沿着中国特色社会主义道路前进　为全面建成小康社会而奋斗——在中国共产党第十八次全国代表大会上的报告》,《人民日报》2012年11月19日。

⑤ 《习近平在纪念中国人民抗日战争暨世界反法西斯战争胜利70周年系列活动上的讲话》,人民出版社2015年版,第5页。

之不易,"子弟兵"的战绩得之不易,我们要倍加珍惜、认真总结,充分认识中国共产党对"子弟兵"话语体系建构也必将体现党的先进性、彰显党的先进性和巩固党的先进性。

(四)夯实强军梦强国梦的基础

习近平在纪念中国人民抗日战争暨世界反法西斯战争胜利 70 周年大会上指出:"那场战争的战火遍及亚洲、欧洲、非洲、大洋洲,军队和民众伤亡超过 1 亿人,其中中国伤亡人数超过 3500 万,苏联死亡人数超过 2700 万。绝不让历史悲剧重演,是我们对当年为维护人类自由、正义、和平而牺牲的英灵、对惨遭屠杀的无辜亡灵的最好纪念。"①中国确实是以巨大的民族牺牲支撑起世界反法西斯战争的东方主战场。历史再次告诉我们,强大的军队,是国家主权安全、人民生命安全的重要保障,更是中华民族伟大复兴的坚强基石。从抗日战争中的部分战斗总结来看,1937 年,晋察冀军区粉碎日军围攻,"杀伤敌官兵一〇八七名","我伤营级干部一,连、排级干部三十余。亡营级干部三,连、排干部十余。班以下伤亡六百余名"。② 1938 年响堂铺战斗中,"毙敌森本少佐以下四百余人","我伤营长、教导员各一,连排长各四,政工人[员]五,阵亡连长二,排长一,政工人[员]六,班长以下共伤亡二百九十二,共三百一十六名"。③ 在 1939 年击毙敌旅团长阿部规秀的战斗中,"敌伤亡旅团长以下千余人","我伤亡官兵共八百余人,除杨成武支队伤亡官兵待查补报外,贺师特务团计阵亡第一营长马其寿,负伤四连长胡居元、六连长刘志德、二连政治指导员刘文云、副连长汪胡亮等五员"。④ 正所谓,子弟兵在抗战中以命相搏换来的胜利,也昭示着要实现强军梦的重要性。

历史是最好的镜子,子弟兵建设过程中出现的一些不良现象,正是我们打造

---

① 《习近平在纪念中国人民抗日战争暨世界反法西斯战争胜利 70 周年系列活动上的讲话》,人民出版社 2015 年版,第 4 页。

② 中国人民解放军历史资料丛书编审委员会编:《八路军·文献》,解放军出版 1994 年版,第 125 页。

③ 中国人民解放军历史资料丛书编审委员会编:《八路军·文献》,解放军出版 1994 年版,第 165 页。

④ 中国人民解放军历史资料丛书编审委员会编:《八路军·文献》,解放军出版 1994 年版,第 420—421 页。

强军梦应该吸取的教训。力戒骄傲是军队建设中要注意的问题。1937年10月8日,《八路军政治部关于正确对待友军问题的指示》中指出:"最近我军在与友军接触中,发现有个别下级干部和战士在态度上表现骄傲,甚至有耻笑友军退兵为运输队者,这不独很易引起友军反感,且是一种不正确的观点。我们对友军的态度应表示谦和诚恳与和气,绝不应高傲,要以我们的作战英勇,对民众亲爱关系的模范去影响他们,各部队应进行教育。"①强军梦不仅仅是武器的优胜,更在于精神面貌的优胜,这种精神面貌表现在作战英勇和与民众的亲爱关系上。毛泽东对治理军队产生骄傲轻敌思想有更加深刻的认识。针对八路军第一二九师第三八六旅第七七一团七亘村受袭击事件,毛泽东致朱德等电中指出:"屡胜之后,必生骄气,轻视敌人,以为自己了不得","你们宜通令于全军,一直传达到连队战士,说明对日本帝国主义的战争,是一个艰苦奋战的长过程。凡那种自称天下第一、骄气洋溢、目无余子的干部,须予以深切的话告诉他们,必须把勇敢精神与谨慎精神联系起来,反对军队中的片面观点与机械主义"。② 真正强大的军队,不论对待友军,还是面对敌人,始终保持谦虚谨慎的态度,因为战争容不得半点马虎,稍有不慎就会付出生命的代价。

取得战争的最后胜利需要有一定的经济支撑力,强军梦根源于强大的经济基础的保障。1938年4月22日,《朱德、彭德怀关于解决财经困难问题致毛泽东等电》中让我们看到了子弟兵团在战争中后勤保障的苦恼,电文中最后一句话:"我们的经费困难已达极点,朱[德]由一二九师回谈,指战员已苦到不能再忍受,每月非有鞋费五角、零用一元不可。"③抗战初期,八路军指战员每月津贴费一元五角均满足不了,为此,1938年12月21日,集中下发《第十八集团军总部关于部队干部、战士津贴费标准的规定》,要求明年一月份起实施。从1938年10月23日朱德给蒋介石的签呈来看,"八路军现在所担作战及发展游击战争任务异常重大,区域异常辽阔,加以币价跌、物价贵、运输线长,过去核发之经费,每

---

① 中国人民解放军历史资料丛书编审委员会编:《八路军·文献》,解放军出版1994年版,第63页。

② 中国人民解放军历史资料丛书编审委员会编:《八路军·文献》,解放军出版1994年版,第81页。

③ 中国人民解放军历史资料丛书编审委员会编:《八路军·文献》,解放军出版1994年版,第178页。

月经常费只五十万元,米津十万元,河防米津一万四千元,实万分不够"①。为此,子弟兵在战斗中本可一举歼灭敌军,可自身武器等处于劣势、后勤支持等难以持久等原因,使得结束战斗异常艰巨,让日寇逃脱的可能性增大。面对困难,我子弟兵不能坐以待毙,为获得经济支撑力,"一方面进行深入的节省运动,节省财政、弹药、医药、通讯材料等;另方面进行征集资材的工作,进行生产运动及合作社运动,帮助地方政权开发资源"②。在节省民力的基础上,谋求民力的不断延续和发展,打仗缴获和发展生产成为子弟兵的重要工作。

总的来看,中国共产党对"子弟兵"话语体系建构直指建设一支强大的军队、一支能打胜仗的军队和一支听党指挥的军队,归结起来就是要实现强军梦。具体表现为:一是"子弟兵"话语体系建构,为推动强军梦的实现提供了坚实的思想基础。任何脱离人民群众支持的军队,都必将走向失败;没有中国共产党坚强领导的军队,实践证明不是投敌就是一盘散沙。中国共产党创造了一支善于从人民群众中汲取力量的人民子弟兵军队,即便是这支军队武器装备不如敌人,即便是这支军队受到日军"扫荡""强化治安"或者"三光"等严峻考验,人民子弟兵皆能"化整为零"或"化零为无",最终均能化险为夷、转危为安。因此,强军梦不强调数量多与少,不在于装备先进或落后,更在于军队建设的指导思想是否先进与科学。二是"子弟兵"话语体系建构,为推动强军梦的实现提供了宝贵的经验基础。抗战时期,党、军队、根据地和游击战,这四者内在的关联性已在前面的文字中有所考察。从这些考察中,我们深刻体会到四者在当时中国国情下任何一方均不能有所闪失,正因为此,面向 21 世纪的强军梦决非仅仅事关军队的荣辱,已深深地与中国、中华民族的发展紧密相连。从苦难中,我们认识到强军梦的重要性和必要性;从历史经验中,我们更深刻明白建设强大的军队有众多方面的影响因素,其中党的先进性、人民群众的衷心与无私的支持以及强大的经济实力作为保障等为至关重要的因素。三是"子弟兵"话语体系建构,为推动强军梦的实现提供了可行的实践基础。中国共产党在革命斗争中获得了"枪杆子里

---

① 中国人民解放军历史资料丛书编审委员会编:《八路军·文献》,解放军出版 1994 年版,第245 页。

② 中国人民解放军历史资料丛书编审委员会编:《八路军·文献》,解放军出版 1994 年版,第354 页。

面出政权"的真理,在革命实践中组织和发展"枪杆子",善于和有能力把以农民为主的军队成员改造成具有无产阶级革命意识、敢于为革命利益牺牲自我的先进子弟兵队伍,这种实践是具有伟大理论意义和现实意义的。我们也要看到这种实践也遇到过"沟沟坎坎",是用鲜血换来的胜利,我们要时刻谨记以毛泽东同志为代表的第一代中国共产党人在缔造和建设人民子弟兵过程中所思考和所担心的问题,力戒在强军梦实现过程中强了"外在"而输了"内在"。

二、《晋察冀日报》建构"子弟兵"话语体系的当代启示

(一)坚持中国共产党对军队的绝对领导

无产阶级政党对军队的绝对领导,是我们从马克思主义经典作家对无产阶级政党和军队之间关系的论述中得出的重要结论。马克思恩格斯在《共产党宣言》中指出:"共产党人不屑于隐瞒自己的观点和意图。他们公开宣布:他们的目的只有用暴力推翻全部现存的社会制度才能达到。"①马克思在分析巴黎公社失败教训时指出:无产阶级专政的"首要条件就是无产阶级的大军"②。列宁曾指出:"红军比什么都重要。苏维埃俄国的每个组织都要始终把军队问题放在第一位。"③马克思主义经典作家这些论述充分证明,无产阶级政党一定要领导军队,始终保证军队牢牢掌握在无产阶级政党手中,否则根本不能实现无产阶级专政,也不能保证专政后的胜利果实。这不仅是理论上的认识,更是在实践中用鲜血换来的真理。无产阶级政党领导军队不仅是无产阶级专政取得胜利和巩固的基本前提,也是军队始终保持无产阶级性质的重要条件。

斗争的艰巨性促使无产阶级政党要牢牢掌握军队领导权。阶级斗争和政治斗争常常表现为政党的斗争。列宁曾说过:"在以阶级划分为基础的社会中,敌对阶级之间的斗争在一定的发展阶段上势必变成政治斗争。各阶级政治斗争的

---

① 《马克思恩格斯选集》第 1 卷,人民出版社 1995 年版,第 307 页。
② 《马克思恩格斯选集》第 3 卷,人民出版社 1995 年版,第 126 页。
③ 《列宁全集》第 35 卷,人民出版社 1985 年版,第 127 页。

最严整、最完全和最明显的表现就是各政党的斗争。"①我们要清楚地看到,政党都是特定阶级的组织者和领导者,军队都是特定阶级的军队。列宁曾指出:"最能表明这个国家机器特征的有两种机构,即官吏和常备军。"②因此,我们决不能相信某些鼓吹"独立的军队"等荒唐言论。为此,列宁再三告诫"军队不可能是,从来不是而且永远不会是中立的"③"军队不可能而且也不应当保持中立"④。无产阶级政党领导军队在理论上和逻辑上有其合理性和必然性,是实践检验出的真理,我们一定要尊重真理,时刻保持清晰头脑,切勿受各种错误思想干扰。毛泽东深刻领悟马克思主义经典作家的思想,在《战争和战略问题》中写道:"从马克思主义关于国家学说的观点看来,军队是国家政权的主要成分。谁想夺取国家政权,并想保持它,谁就应有强大的军队。"⑤这种认识深深影响着他,以至新中国成立若干年后,他依旧坚定地认为:"我们不但要有强大的正规军,还要大办民兵师。"⑥

除此之外,马克思主义经典作家还指出,无产阶级政党对军队的绝对领导重点要抓政治思想的领导。恩格斯感慨道,"为了想像的祖国而战的军队因情绪激昂而作出了怎样的奇迹"⑦。一支明白自己为什么而战的军队,往往是最强的军队,也是最善于使用身边所有武器的军队。政治思想领导通常采用的形式是,向军队派大批优秀共产党员担任军事委员、政治委员等领导职务,严明纪律,致力于培养革命精神,从人民群众中获得源源不断的支持,光荣地实现党的历史任务。列宁认为,政治思想领导的首要目的是要让军队"知道他们是为社会主义共和国而牺牲"⑧。这些闪烁着唯物辩证法的思想和观点,正是中国共产党对"子弟兵"话语体系建构的重要理论基础。

党对军队的绝对领导体现在改造部队上,而改造部队首先要有军事干部。

---

① 《列宁选集》第1卷,人民出版社2012年版,第676页。
② 《列宁选集》第3卷,人民出版社2012年版,第134页。
③ 《列宁全集》第12卷,人民出版社1987年版,第54页。
④ 《列宁选集》第1卷,人民出版社2012年版,第669页。
⑤ 《毛泽东选集》第二卷,人民出版社1991年版,第547页。
⑥ 侯波:《毛主席巡视大江南北》,《人民日报》1958年10月1日。
⑦ 《马克思恩格斯全集》第2卷,人民出版社1957年版,第610页。
⑧ 《列宁全集》第28卷,人民出版社1956年版,第346页。

为解决军事干部紧缺的问题,晋察冀军区先后创办了晋察冀军政干校、人民自卫军军政干校等短期的培训学校,为部队等输送近 2000 名干部。① "连、排干部的缺乏,当可得到相当的解决。"②但高层次的军事干部还需要后方支援。按黄道炫的研究分析,华北平原游击战争的开辟促使毛泽东等中央领导把八路军主力大规模投向华北。八路军主力部队的介入,改造新部队有了具体的参照。1939年 6 月,《中央军委、总政治部关于整理与巩固新部队的训令》规定:"一二〇师政治部整理冀中纵队","本部考察团在帮助晋察冀部队之后即进行帮助冀中纵队"。③ 对华中方面,要求"新四军及华中部队应采取八路军之经验加强政治教育(除抗日教育外应加强阶级教育)"④。急速的队伍扩张,中央也意识到存在的问题。毛泽东指出:"以后无论何项性质之部队,一经编入八路军建制,必须从中建立党的组织,其指导员、教导员及各级政治机关的主要工作者必须是党员,关[并]接受党的领导,否者宁缺毋滥。"⑤陈毅在《介绍晋察冀边区党关于武装动员工作的经验教训》中对加入晋察冀八路军的人员成分和党员比例有一定的要求,指出"因为八路军是共产党公开领导下的队伍,他的成分,应该是工农占大多数,在党基础好的地方,边区党规定百分之三十的党员比率,坚决清洗流氓兵痞和坏分子,这样新成立的部队才更容易巩固"⑥。

随着八路军子弟兵队伍的不断壮大,日寇意识到占领区的不稳定和受到的威胁,移其主力对准敌后根据地进行"扫荡""蚕食""三光"等,建构的大小据点可谓星罗棋布,封锁沟墙密如蛛网,把敌后根据地分割极小,大兵团难以开展行动,加之敌寇特务奸细潜藏,便衣队活跃,子弟兵队伍面临着严峻的考验。此时

---

① 参见《晋察冀抗日根据地》史料丛书编审委员会编:《晋察冀抗日根据地　第三册(大事记)》,中共党史资料出版社 1991 年版,第 16、17 页。

② 《晋察冀抗日根据地》史料丛书编审委员会、中央档案馆编:《晋察冀抗日根据地　第一册(文献选编　上)》,中共党史资料出版社 1989 年版,第 118 页。

③ 中央档案馆编:《中共中央文件选集》第十二册,中共中央党校出版社 1991 年版,第 137 页。

④ 中央档案馆编:《中共中央文件选集》第十二册,中共中央党校出版社 1991 年版,第 132 页。

⑤ 中国人民解放军历史资料丛书编审委员会:《八路军·文献》,解放军出版社 1994 年版,第 303 页。

⑥ 河北省社会科学院历史研究所等:《晋察冀抗日根据地史料选编》(上册),河北人民出版社 1983 年版,第 209 页。

期党的领导集中体现在精兵和武装民兵、自卫队等群众武装力量。中央指出："今天我们要坚持敌后斗争,一定要实行精兵政策,化小作战单位,充实兵团战斗力,符合战术上灵活机动的要求",特别指出,"精兵"并不是说取消主力,而是"按照敌后斗争形势发展的规律,主动地改变我们战斗组织"。① 截至 1942 年底,虽然晋察冀边区主力部队和地方武装缩减为 83000 余人,但民兵发展到 40 余万人。② 叶剑英后来总结:"敌后七年抗战的经验还证明,如果不组织民兵,武装民兵,训练民兵,以配合正规军作战,则敌后的长期坚持是不能设想的。"③

此外,中央也意识到广大农村环境中,又是长期分散的独立游击活动的游击战争环境,"党内小生产者及知识分子的成分占据很大的比重,因此容易产生某些党员的'个人主义'、'英雄主义'、'无组织的状态'、'独立主义'与'反集中的分散主义'等等违反党性的倾向"④。如果不对干部中特别是高级干部和军队干部中违反党性的倾向加以制止,便会破坏党的统一意志、统一行动和统一纪律,其后果不堪设想。针对以上情况,党中央公布《中央关于调查研究的决定》和《中央关于增强党性的决定》等。"没有一个强大的共产党,就不能解决抗日救国的任何重要问题。"⑤强大的共产党始终贯穿于"子弟兵"建设,既保证了共产党的强大,也保证了"子弟兵"的强大。

始终保证党对军队的绝对领导权,关系我军的性质和宗旨、关系中国特色社会主义前途和命运、关系党和国家的长治久安,是我军的军魂所在,永远不能变、永远不能丢。党的十六大把"党对军队的绝对领导是我军永远不变的军魂"写进报告,是从历史和现实等多个方面对我军建设的根本总结,要求军队必须以党的旗帜为旗帜,以党的意志为意志,以党的方向为方向,自觉维护党中央、中央军委的权威和指挥,圆满完成党和人民赋予的各项任务。

---

① 《彻底实行精兵政策》,《解放日报》1942 年 8 月 3 日。

② 参见《晋察冀抗日根据地》史料丛书编审委员会编:《晋察冀抗日根据地 第三册(大事记)》,中共党史资料出版社 1991 年版,第 202 页。

③ 《叶剑英选集》,人民出版社 1996 年版,第 90 页。

④ 中央档案馆编:《中共中央文件选集》第十三册,中共中央党校出版社 1991 年版,第 145 页。

⑤ 中央档案馆编:《中共中央文件选集》第十二册,中共中央党校出版社 1991 年版,第 264 页。

始终保证党对军队的绝对领导权,其内容是辩证的,其检验标准是实际的。从其内容是辩证的来看,一方面,坚决反对"军队非党化、非政治化"。国民党在抗战期间担心中国共产党领导的军事力量的壮大,鼓吹"军队国家化"等,意图削弱中国共产党及其军事力量。抗战初期,针对国民党欲在改编红军时削弱党对红军的领导,《中共中央革命军事委员会关于红军改编为国民革命军第八路军的命令》中明确指出:"各师改编为国民革命军后,必须加强党的领导,保持和发挥十年斗争的光荣传统,坚决执行党中央与军委会的命令,保证红军在改编后成为共产党的党军,为党的路线及政策而斗争,完成中国革命之伟大使命。"①抗战相持阶段,国民党及其军队不断制造摩擦甚至不惜代价制造血案,是其害怕人民子弟兵壮大的表现,更是其自身落后、走下坡路的体现。抗战结束前不久,国民党"又叫共产党将解放区军队全部交给它,然后它给共产党以'合法地位'"②。不管是削弱,还是制造各种摩擦,甚至赤裸表达要我们交出军权,其根本目的就是要使我军脱离党的领导,最终达到可以"自由"地消灭我们的目的。这些提法和做法至今依然是敌对势力极力鼓吹的伎俩,我们要时刻保持头脑清醒、态度鲜明、行动坚决,决不能在这方面犯原则性错误。另一方面,坚持党要管党、全面从严治党,为实现党对军队的绝对领导权提供可靠保证。坚持党要管党、全面从严治党是加强党的工作的法宝,党的工作削弱必然导致军队的变质。军队中党的建设更要高标准、严要求,才能更好地体现党的政治优势。抗战时期,以毛泽东同志为代表的中国共产党人在全党广泛开展整风运动,"反对主观主义以整顿学风,反对宗派主义以整顿党风,反对党八股以整顿文风"③。其目的是要"建设一个全国范围的、广大群众性的、思想上政治上组织上完全巩固的布尔什维克化的中国共产党"④。从思想入手,不断完善党内民生生活制度,严格党的纪律,使支部成为党的堡垒,严格建立党支部对连队的领导,一切工作经过政治的保证,并充分发扬党员高度的积极性与模范作用。总之,要坚持党要管

---

① 中国人民解放军历史资料丛书编审委员会编:《八路军·文献》,解放军出版社 1994 年版,第 19—20 页。

② 《毛泽东选集》第三卷,人民出版社 1991 年版,第 1072 页。

③ 《毛泽东选集》第三卷,人民出版社 1991 年版,第 812 页。

④ 《毛泽东选集》第二卷,人民出版社 1991 年版,第 602 页。

党、全面从严治党,就是在治理军队上要依法治军、从严治军,重点抓铸牢军魂、抓理想信念坚定、抓强化党的组织。从其检验标准来看,始终保证党对军队的绝对领导权决不是一句空洞的口号,必须以行动来检验、要靠一套制度作为保证和要抓住关键点——高级干部。要树立看齐意识,不仅要求军队官兵"嘴上无杂音",更要求"心里无问号",坚定党对军队绝对领导的政治自信和政治自觉,始终在思想上政治上行动上同党中央保持高度一致,把一切行动听指挥当作最高的政治要求来遵守,作为最高的政治纪律来维护。彭德怀说:"我军历史上虽然番号、任务、作战对象等有过多次的变化,但人民军队的本质和为人民服务的宗旨,在任何时候也没有改变过和动摇过。"①至今没有改变的原因,在于我们坚定不移,时时刻刻保证党对军队的绝对领导,长年累月抓落实,牢牢坚持党指挥枪,打破西方敌对势力"和平演变"的痴心妄想,真正做到"任凭风浪起,稳坐钓鱼台"。党对军队的绝对领导权体现在实际上,还表现为要靠一套制度作为保证。毛泽东曾指出:"解决制度问题比解决思想问题更重要,更带有根本性质。"②邓小平提出"制度是决定因素"③"制度好可以使坏人无法任意横行,制度不好可以使好人无法充分做好事,甚至会走向反面"④等重要论断。中国共产党对"子弟兵"话语体系建构的实践中,为丰富和完善党对军队实施绝对领导的一系列制度提供了有益探索。如《中共中央关于统一抗日根据地党的领导及调整各组织间关系的决定》(1942年9月1日)为党委统一的集体领导下首长分工负责制提供了有益探索和阶段性总结。还有党委常委会制度和首长办公会制度之间的衔接关系以及加强党对军队绝对领导根本原则和制度的学习教育等,都将会影响到党对军队绝对领导制度的贯彻执行。邓小平曾指出:"中国要出问题,还是出在共产党内部。"⑤军队要出问题,还是出在我们内部,往往出在高级干部身上。我们要认真把军队高级干部队伍建设作为关系全局和长远的重大问题来抓,从严治军关键要从严治官来抓起,重点坚持从思想上政治上从严治官。

---

① 《彭德怀军事文选》,中央文献出版社1988年版,第553页。
② 逄先知、金冲及主编:《毛泽东传》(四),中共中央文献出版社2011年版,第1434页。
③ 《邓小平文选》第二卷,人民出版社1994年版,第308页。
④ 《邓小平文选》第二卷,人民出版社1994年版,第333页。
⑤ 《邓小平文选》第三卷,人民出版社1993年版,第380页。

(二)牢固树立我军思想政治工作威信

不同历史时期,党的中心工作有所不同,中国共产党对"子弟兵"话语体系建构牢牢以党的中心工作为准绳,充分体现党的意志,以党的旗帜为旗帜,以党的方向为方向,始终听党的话、跟党走。中国共产党坚定从思想上政治上建构"子弟兵"话语体系,确保子弟兵绝对忠诚绝对纯洁绝对可靠。习近平曾指出:"苏联为什么解体?苏共为什么垮台?一个重要原因就是意识形态领域的斗争十分激烈,全面否定苏联历史、苏共历史,否定列宁,否定斯大林,搞历史虚无主义,思想搞乱了,各级党组织几乎没任何作用了,军队都不在党的领导之下了。"①历史和现实昭示,意识形态领域的斗争并没有停止,反而越发激烈,各种敌对势力最想是从军队中打开裂缝,这也告诫我们,要切实防范敌对势力对子弟兵的渗透和破坏,以过硬的政治思想工作占领子弟兵思想阵地、文化阵地、舆论阵地,确保"子弟兵"话语体系建构经得起各种考验。

"子弟兵"作为政治符号,一旦获得广泛认同,其背后的政治信仰就会发生巨大的作用。陈赓曾在日记中写道:"我们永远是党军,红军永远是红军,任凭换什么名义,戴上什么帽子,我们始终为了共产党的光荣而奋斗。"②不仅中共高级将领有这个想法,普通红军士兵也表露了出来。根据美国记者艾格妮丝·史沫特莱记载:"他们帽子上的帽徽有的是青天白日,有的是红色五角星。他们不少人仍然戴着红军的红五角星帽子,也仍然穿着有红星领章的红军军服。"③毛泽东在《论持久战》中指出:"战争的伟力之最深厚的根源,存在于民众之中。"④一旦民众认可"子弟兵"以及"子弟兵"蕴藏的价值导向,就会有不断追随、效仿和支持的行动出现。人们不禁会问,是什么让子弟兵敢于拿性命与敌寇拼搏?发现是"子弟兵"代表着一种政治信仰,虽然每个人对这一政治信仰理解不尽相同,但毕竟这就是一个努力和奋斗的方向,只要大家认准了这个方向,前行中的磕碰又算得了什么呢?加之中国共产党在长期的抗日斗争中获得的基本认识,

---

① 中共中央文献研究室编:《十八大以来重要文献选编》(上),中央文献出版社 2014 年版,第 113 页。

② 《陈赓日记》,战士出版社 1982 年版,第 10 页。

③ 《史沫特莱文集:中国在反击 中国人的命运》第 4 卷,陈文炳、苗素群、孟胜德译,新华出版社 1985 年版,第 107 页。

④ 《毛泽东选集》第二卷,人民出版社 1991 年版,第 511 页。

即"八路军新四军每到一地,应立即帮助本地人民,不但组织以本地人民的干部为领导的民兵与自卫军,而且要组织以本地人民的干部为领导的地方部队与地方兵团,并由此产生有本地人民领导的主力部队与主力兵团。要把这一工作,放到我们建设人民军队的重要地位"①。因此,强大的子弟兵团代表共产党的价值导向,成为坚强的抗日政治符号。

2014年10月31日,习近平在全军政治工作会议上指出:"要把政治工作威信在全军牢固立起来","过去,我们做政治工作主要靠模范带头","现在,形势发展变化了,做政治工作方法手段多了,但模范带头并没有过时"。② 抗战时期,中国共产党领导的八路军不同于中国其他军队,以拯救民族危亡和实现人民幸福生活为己任,坚决抗击日本侵略者,获得边区人民群众的支持和其他抗日武装力量的追随。可以说,作为子弟兵的八路军就是抗日的模范代表,"没有一部分老的经过锻炼的八路军,或大批老干部作骨干"③,建设人民革命军队异常困难。《子弟兵》呈现出一个一个的模范榜样,而凝结这些模范榜样的正是子弟兵中的革命的思想政治工作。正是因为有了"子弟兵"思想政治工作这一革命军队的生命线,由抗战模范先锋集结的子弟兵队伍才能越打越强,令敌人害怕,让人民喜欢。"子弟兵"的政治工作人员处处起模范作用,"吃苦的事情他要带头去干,打仗的时候更要英勇果敢,不怕牺牲"④。"子弟兵"思想政治工作不是附带,也不是进行特务工作的所谓"政治工作"。毛泽东接受英国记者贝特兰采访时指出:"那时军队设立了党代表和政治部,这种制度是中国历史上没有的,靠了这种制度使军队一新其面目。一九二七年以后的红军以至今日的八路军,是继承了这种制度而加以发展的。"⑤坚持中国共产党对军队的绝对领导,关键就是牢牢抓住军队思想政治工作这一生命线,牢固树立我军思想政治工作威信,让许许多多的模范带头人物涌现。

---

① 中国人民解放军历史资料丛书编审委员会编:《八路军·文献》,解放军出版社1994年版,第1088页。
② 《习近平谈治国理政》第二卷,外文出版社2017年版,第404、405页。
③ 政协河北省委员会编:《晋察冀抗日根据地史料汇编》(中),河北人民出版社2015年版,第1059页。
④ 树中:《革命军队的生命线》,《晋察冀日报》1942年2月8日。
⑤ 《毛泽东选集》第二卷,人民出版社1991年版,第380页。

（三）坚持人民军队的根脉在人民

最大限度动员广大人民群众,是中国共产党对"子弟兵"话语体系建构的社会影响之一。毛泽东指出:"要把军队同人民打成一片的作风传开来、传下去,这是无产阶级军队同资产阶级军队的根本区别。"①不论是战争年代抗击侵略者,还是和平年代维护国家安全,没有广大人民群众的参与和支持,各种任务是实现不了和完成不了的。党领导的军队决定了军队要坚定不移听党的话、跟党走,能完成党和人民交代的各项任务,决不是一支"光杆"军。党领导的人民子弟兵经过革命战争洗礼,是一支拥有红色基因、红色传统的优秀队伍,更是一支与各级党委、政府和广大人民群众紧密团结的武装力量。因此,加强军政军民团结,密切军政军民鱼水情、血肉情,是我们能够战胜一切艰难险阻、不断从胜利走向胜利的重要法宝。历史是最好的教科书,历史昭示着未来。晋察冀边区创立及打造铁的子弟兵团的历史告诉我们,在艰难的生存环境中,如果军队只注重自身甚至发生危害人民利益等现象,将直接造成军政军民关系的破裂。当"共产党八路军真是救命恩人"之类的感慨真正发自人民肺腑时,人民对党领导的子弟兵将会发生感情和意志上的同质化,"这种心理上的同质化赋予了群众一种非同寻常的力量"②。人民子弟兵用真心换来老百姓的无私支持,人民子弟兵在我党的领导下永远牢记我军的根基、血脉和力量在于人民,始终以当好人民子弟兵、做人民利益的忠实捍卫者为宗旨,永远艰苦奋斗,与人民群众一块苦、一块过、一块干,大力弘扬军民、军政、官兵一致的优良传统,始终把人民利益摆在第一位,时刻带头牢记和落实与人民心心相印、与人民同甘共苦、与人民团结奋斗。

2017 年 8 月 1 日,习近平在庆祝中国人民解放军建军九十周年大会上的讲话中指出:"人民军队的根脉,深扎在人民的深厚大地;人民战争的伟力,来源于人民的伟大力量。"③中国共产党自诞生以来就肩负起为人民利益而战的使命,其缔造的"子弟兵"队伍决不是单纯的打仗,而是为了宣传群众、组织群众、武装

---

① 中共中央文献研究室、中央档案馆编:《建党以来重要文献选编(一九二一——一九四九)》第二十册,中央文献出版社 2011 年版,第 604 页。

② [法]古斯塔夫·勒庞:《革命心理学》,佟德志、刘训练译,吉林人民出版社 2004 年版,第78 页。

③ 中共中央党史和文献研究院编:《十八大以来重要文献选编》(下),中央文献出版社 2018年版,第 819 页。

群众,并帮助群众建设革命政权才去打仗的。"边区子弟兵,是在边区人民抚育培植之下,生长壮大起来的"①。这是抗日战争真实的写照。边区人民给予"子弟兵"新战士的成长以无限的亲情力量,用口口相传的方式歌颂着"子弟兵"的领袖和共产党员的先锋模范事迹。"子弟兵"取得的战绩离不开边区人民的支持。无数档案资料记载着边区人民爱护边区子弟兵的场景,人民群众的这份情感已经深深融入子弟兵的血脉和基因之中。因此,全军始终坚持把人民放在心中,把全心全意为人民服务落实到行动中去,牢记为人民扛枪和打仗的神圣职责,为保卫人民和平劳动与生活而不懈奋斗。邓小平这样总结道:"在军民关系方面,实行了军民团结的原则,实行了军队不单是战斗队,而且是发动群众、组织群众、保护群众利益的工作队的原则,因而它同群众建立了鱼水的联系。它既发动了群众,又获得了群众的支持。"②

(四)坚持走一条特色强军之路

历史联系着现实,预示着未来。1949 年 12 月 5 日,毛泽东在《军委关于一九五○年军队参加生产建设工作的指示》中指出:"我人民解放军不仅是一支国防军,而且是一支生产军,借以协同全国人民克服长期战争所遗留下来的困难,加速新民主主义的经济建设。"③1974 年 6 月 29 日,邓小平会见挪威议会外交与宪法委员会代表团谈话时指出:"我们的人民解放军是国防的基本力量。它本身有自己的传统。它有三方面的任务,这在我们过去打仗时也是一样的。第一是战斗队,是防御侵略的;第二是生产队,也参加一些生产;第三又是工作队,向人民群众做工作,同人民是密切结合的。"④习近平提出建设一支听党指挥、能打胜仗、作风优良的人民军队。纵观这些论述,笔者认为,中国共产党对"子弟兵"话语体系建构的未来展望将具有以下特点。

第一,更加注重政治建军和从严治军。新形势和新任务下,打造一支打不

---

① 《"子弟兵"的来由》,《晋察冀日报》1941 年 4 月 25 日。

② 中共中央文献研究室编:《邓小平文集(一九四九——一九七四年)》(上卷),人民出版社 2014 年版,第 273—274 页。

③ 中共中央文献研究室、中国人民解放军军事科学院编:《建国以来毛泽东军事文稿》(上卷),军事科学出版社、中央文献出版社 2010 年版,第 96 页。

④ 中共中央文献研究室编:《邓小平文集(一九四九——一九七四年)》(下卷),人民出版社 2014 年版,第 366 页。

垮、拖不烂的钢铁子弟兵队伍,占领思想、铸牢军魂、严格治军,是我们胜利的根本力量所在。思想政治工作的优良传统和曾经的历史经验,将会规制着未来"子弟兵"话语体系建构的方向。各种西化和"颜色革命"以及腐败腐朽思想的侵入,不走政治建军和从严治军之路,最终会在不动枪炮、不见硝烟的战场较量中丧失生命。永葆人民子弟兵的性质、宗旨和本色,就必然更加注重政治建军和从严治军,不仅从思想上政治上筑牢防线,还要狠抓纪律落实,建立科学的问责制度,打造一支强军、铁军。

第二,更加突出国家主权、安全和发展利益。意识形态的不同以及"中国威胁论"等声音的躁动,还有海洋权益的挑战等等,未来中国在维护国家主权、安全以及领土完整、海洋权益等方面要面对不少问题。习近平在庆祝中国共产党成立 95 周年大会上的讲话中指出:"中国人民不信邪也不怕邪,不惹事也不怕事,任何外国不要指望我们会拿自己的核心利益做交易,不要指望我们会吞下损害我国主权、安全、发展利益的苦果。"①在涉及国家核心利益的原则问题上,我们的人民子弟兵能随时冲得上、打得赢。因此,未来中国共产党对"子弟兵"话语体系建构更加突出其要担当起维护国家主权、安全、发展利益的重大责任。

第三,更加强调铸造军人品质和军人面貌。一个个有灵魂有本事有血性有品德的军人构成了一支人民子弟兵。在塑造军队整体形象的同时,更离不开对每一个军人品质和面貌的塑造。在革命战争中,发挥共产党员在军队中的先锋模范作用,保证党员在军队中的适当比例,成为一支军队拥有过硬战斗力的有效保证。在和平年代,坚守共产党人的精神追求,锻造共产党人的政治灵魂依然重要,尤其对军人军魂的锻造更是需要百倍注意,军人的灵魂就是信念坚定、听党指挥。此外,军人要有过硬的军事素质,能打胜仗,要有不怕牺牲的精神,还要有高尚的精神追求,品行端正。铸造新时代军人,反映军人优良品质和崇高的精神面貌,将是未来中国共产党对"子弟兵"话语体系建构的显著特点之一。

---

① 习近平:《在庆祝中国共产党成立 95 周年大会上的讲话》,人民出版社 2016 年版,第 21 页。

2015 年 11 月 24 日,习近平在中央军委改革工作会议上的讲话中指出:"全面实施改革强军战略,坚定不移走中国特色强军之路。"①抗战期间,中国共产党人号召建立一支"太行山上铁的子弟兵"队伍,走出了一条不同于旧式军队建军治军道路,出现了子弟从军是最大光荣的场景。塑造"子弟兵"新战士,也一改旧式军队的打骂方式,主要以讲述革命道理,帮助新战士加强各方面素质。"子弟兵"队伍本身就是一个大学校和大家庭,子弟兵们在这所学校里学本领,在这个大家庭里团结成一人。"子弟兵"在战场上采取灵活巧妙的战法,在服务边区人民群众中不断提升自身能力。中国共产党在革命斗争中获得了"枪杆子里面出政权"的真理,在革命实践中组织和发展"枪杆子",善于和有能力把以农民为主的军队成员改造成具有无产阶级革命意识、敢于为革命利益牺牲自我的先进子弟兵队伍,这种实践本身就具有伟大的改革意义。所以,新时代深化国防和军队改革刻不容缓,始终坚持走出一条特色强军之路,才能确保强军梦的实现。

向世界传递了和平发展的信息,是中国共产党对"子弟兵"话语体系建构的社会影响之一。因中国共产党为人民利益而奋斗,决定了党领导的人民子弟兵绝对是正义之师,为保障人民的自由,有效地反对侵略者而战。新中国成立初期所进行的伟大的抗美援朝战争,也是保卫和平、反对侵略的正义之战。随着中国不断崛起和强大,人民子弟兵不仅担负起保卫祖国安全和人民和平生活的职责,还要执行维护世界和平的神圣使命。战争年代,西方人士考察中国共产党领导的人民军队,无不被其精神所感动,有的撰写出震撼人心的作品,有的为中国共产党领导的军队争取外援等。真正的正义之师,备受世人关爱;实至名归的正义之师,值得人们肃然起敬。中国共产党历来主张,中国无论未来发展到哪一步,都永远不称霸、永远不会把自身曾经经历过的悲惨遭遇强加给其他民族。和平与发展是当今时代发展的主题,人民子弟兵顺应时代发展潮流,积极推动世界和平与发展,为维护世界和平贡献自己的力量。习近平在庆祝中国共产党成立 95 周年大会上的讲话中指出:"中国奉行积极防御的军事战略方针,不会动辄以武

---

① 中共中央党史和文献研究院编:《十八大以来重要文献选编》(下),中央文献出版社 2018 年版,第 8 页。

力相威胁,也不会动不动到别人家门口炫耀武力。到处炫耀武力不是有力量的表现,也吓唬不了谁。"①这为建构"子弟兵"话语体系提供了有益指导,炫耀武力并不是明智的做法,只有传递和平信息,才能获得更广泛的尊重和长足的发展。

---

① 习近平:《在庆祝中国共产党成立 95 周年大会上的讲话》,人民出版社 2016 年版,第25 页。

参考文献

一、文集

《马克思恩格斯全集》第 3 卷,人民出版社 1960 年版。

《马克思恩格斯全集》第 15、17 卷,人民出版社 1963 年版。

《马克思恩格斯军事文集》第 1、5 卷,战士出版社 1982 年版。

《马克思恩格斯文集》第 1、2 卷,人民出版社 2009 年版。

《列宁选集》第 3 卷,人民出版社 2012 年版。

《列宁全集》第 39 卷,人民出版社 2017 年版。

《毛泽东选集》第一——四卷,人民出版社 1991 年版。

中共中央文献研究室、中国人民解放军军事科学院编:《建国以来毛泽东军事文稿》(上卷),军事科学出版社、中央文献出版社 2010 年版。

《邓小平文选》第一卷,人民出版社 1994 年版。

中共中央文献研究室编:《邓小平文集(一九四九——一九七四年)》(上、下卷),人民出版社 2014 年版。

《习近平谈治国理政》,外文出版社 2014 年版。

《习近平谈治国理政》第二卷,外文出版社 2017 年版。

《聂荣臻军事文选》,解放军出版社 1992 年版。

《聂荣臻回忆录》,解放军出版社 2007 年版。

《刘伯承回忆录》第 3 集,上海文艺出版社 1987 年版。

《叶剑英选集》,人民出版社 1996 年版。

军事科学院《左权军事文选》编辑组编:《左权军事文选》,军事科学出版社 2005 年版。

《邓拓文集》第 1 卷,北京出版社 1986 年版。

《杨成武军事文选》,解放军出版社 1997 年版。

《吕正操回忆录》,解放军出版社 2007 年版。

《周立波文集》第 4 卷,上海文艺出版社 1984 年版。

《王林文集》第 5 卷,解放军出版社 2009 年版。

《谭嗣同全集》,生活·读书·新知三联书店 1954 年版。

二、资料集

中央档案馆编：《中共中央文件选集》，中共中央党校出版社 1991 年版。

中国人民解放军历史资料丛书编审委员会编：《八路军·文献》，解放军出版 1994 年版。

中共中央文献研究室、中央档案馆编：《建党以来重要文献选编（一九二一——一九四九）》第一——二十六册，中央文献出版社 2011 年版。

中国抗日战争军事史料丛书编审委员会编：《中国抗日战争军事史料丛书·八路军·参考资料(5)》，解放军出版社 2015 年版。

《中国人民解放军军史》编写组编：《中国人民解放军军史》第一卷，军事科学出版社 2010 年版。

中国人民解放军文艺史料编辑部编：《中国人民解放军文艺史料选编 抗日战争时期》第 3 册，解放军出版社 1988 年版。

中共中央宣传部办公厅、中央档案馆编研部编：《中国共产党宣传工作文献选编（1937—1949）》，学习出版社 1996 年版。

中共中央文献研究室、中共中央党史和文献研究院编：《十八大以来重要文献选编》（中、下），中央文献出版社 2016 年、2018 年版。

河北省社会科学院历史研究所等编：《晋察冀抗日根据地史料选编》（下册），河北人民出版社 1983 年版。

《晋察冀抗日根据地》史料丛书编审委员会、中央档案馆编：《晋察冀抗日根据地 第一册（文献选编 上）》，中共党史资料出版社 1989 年版。

《晋察冀抗日根据地》史料丛书编审委员会编：《晋察冀抗日根据地 第三册（大事记）》，中共党史资料出版社 1991 年版。

政协河北省委员会编：《晋察冀抗日根据地史料汇编》（上、中），河北人民出版社 2015 年版。

中共河北省委党史研究室编：《冀中历史文献选编》（上），中共党史出版社 1994 年版。

冀中人民抗日斗争史资料研究会编：《冀中人民抗日斗争文集》第 6 卷，航空工业出版社 2015 年版。

常连霆主编，中共山东省委党史研究室、山东省中共党史学会编：《山东党史资料文库》第 12 卷，山东人民出版社 2015 年版。

井冈山革命根据地党史资料征集编研协作小组、井冈山革命博物馆编：《井冈山革命根据地》（下），中共党史资料出版社 1987 年版。

日本防卫厅战史室编：《华北治安战》（上、下），天津市政协编译组译，天津人民出版社 1982 年版。

中共江西省委党史研究室、中共赣州市委党史工作办公室、中共龙岩市委党史研究室编：《中央革命根据地历史资料文库 军事系统(10、12)》，中央文献出版社、江西人民出版社 2015 年版。

张国柱、向刘骝主编：《中国抗日战争珍贵文献——"战时出版社"抗战文献(影印版)(3)》，西安交通大学出版社 2017 年版。

《英雄的晋察冀子弟兵》,八路军留守兵团政治部 1944 年版。

中国新四军和华中抗日根据地研究会编:《国际友人笔下的新四军》,解放军出版社 2016 年版。

罗瑞卿:《抗日军队中的政治工作》,解放社 1938 年版。

彭真:《关于晋察冀边区党的工作和具体政策报告》,中共中央党校出版社 1981 年版。

晋察冀日报史研究会编:《晋察冀日报史》,人民出版社 1993 年版。

魏宏运、左志远主编:《华北抗日根据地史》,档案出版社 1990 年版。

李公朴:《华北敌后——晋察冀》,生活·读书·新知三联书店 1979 年版。

刘朋主编:《中共党史口述实录》第 2 卷,中国古籍出版社 2010 年版。

阚培桐编:《救亡之声——中国抗日战争歌曲汇编》卷一,香港星克尔出版有限公司 2005 年版。

胡小平主编:《闫三妮民歌选》第 1 集,河北美术出版社 2015 年版。

三、年谱、传记、日记

中共中央文献研究室编:《朱德年谱》,人民出版社 1986 年版。

《陈赓日记》,解放军出版社 2003 年版。

《王恩茂日记——抗日战争》(上),中央文献出版社 1995 年版。

王紫峰:《战争年代的日记》,中国文史出版社 1986 年版。

申春编:《高敏夫战地日记》,中国文史出版社 1988 年版。

梁玉章:《山乡烽火:我的抗日战争回忆录》,长征出版社 2005 年版。

梁山松、林建良、吕建伟编:《烽火晋察冀:刘荣抗战日记选》,中国文史出版社 2015 年版。

山西地方志办公室、山西省政协文史资料委员会编:《阎锡山日记》,社会科学文献出版社 2011 年版。

《蔡廷锴自传》,黑龙江人民出版社 1982 年版。

四、著作、译著

魏宏运主编:《晋察冀抗日根据地财政经济史稿》,档案出版社 1990 年版。

裴克人、蒋乾麟、续建宜主编:《无产阶级军队政治工作思想的形成与发展》,上海人民出版社 1994 年版。

金观涛、刘青峰:《开放中的变迁:再论中国社会超稳定结构》,法律出版社 2010 年版。

陈锡喜:《马克思主义:意识形态和话语体系》,华东师范大学出版社 2011 年版。

冯长松:《中国人民解放军管理史》,国防大学出版社 2013 年版。

黄慧英:《镜头里的记忆》,南京出版社 2013 年版。

张龙文译:《战场心理与精神教育》,武学书局 1954 年版。

[英]林迈可:《八路军抗日根据地见闻录——一个英国人不平凡经历的记述》,杨重光、郝平译,国际文化出版公司 1987 年版。

[日]中村京子口述、沈海平撰文:《两个洋八路的中国情缘》,东方出版中心 2015 年版。

　　［日］水野靖夫：《反战士兵手记》，巩长金译，解放军出版社 2015 年版。

　　［美］埃文斯·福代斯·卡尔逊：《中国的双星》，祁国明、汪杉译，新华出版社 1987 年版。

　　《斯诺文集》第 1 卷，宋久、柯楠、克雄译，新华出版社 1984 年版。

　　［美］哈里森·福尔曼：《北行漫记》，陶岱译，解放军文艺出版社 2002 年版。

　　［德］黑格尔：《历史哲学》，王造时译，生活·读书·新知三联书店 1956 年版。

　　［英］卡莱尔：《英雄与英雄崇拜》，何欣译，辽宁教育出版社 1998 年版。

　　［法］爱弥尔·涂尔干：《宗教生活的基本形式》，渠东、汲喆译，上海人民出版社 1999 年版。

　　［美］费正清：《美国与中国》（第 4 版），张理京译，商务印书馆 1987 年版。

　　［日］小代有希子：《躁动的日本：危险而不为人知的日本战略史观》，张志清、李文远译，广东人民出版社 2015 年版。

　　［法］让-皮埃尔·韦尔南：《希腊思想的起源》，秦海鹰译，生活·读书·新知三联书店 1996 年版。

五、论文

　　李金铮：《抗日战争时期晋察冀边区的农业》，《中共党史研究》1992 年第 4 期。

　　郑立柱：《晋察冀边区农民负担问题研究》，《抗日战争研究》2005 年第 2 期。

　　何君安、刘文瑞：《权力、利益、亲情的冲突与嵌合：再论中国社会的差序格局》，《青海社会科学》2013 年第 3 期。

　　把增强：《抗战时期华北根据地精兵简政与荣退军人的选定和安抚》，《党史研究与教学》2014 年第 4 期。

　　葛彦东：《掌握意识形态话语权初探》，《思想理论教育导刊》2015 年第 1 期。

　　吕彤邻：《抗日战争中期西方民间人士与中共对外信息传播》，《中共党史研究》2015 年第 7 期。

　　黄道炫：《中共抗战持久的"三驾马车"：游击战、根据地、正规军》，《军事历史》2015 年第 6 期。

　　卢毅：《抗战：中共为何主要是打游击战》，《河北学刊》2016 年第 1 期。

　　张倩：《家国情怀的传统构建与当代传承——基于血缘、地缘、业缘、趣缘的文化考察》，《学习与实践》2018 年第 10 期。

六、馆藏档案

　　冀中军区冀中军区政治部：《冀中军区政治部印〈战士政治教育基本教材〉》，河北档案馆藏，档案号：004-01-025-002。

　　《冀中九分区武委会、高阳县政府翻印冀中九分区武委会编〈民兵小册子〉（基本政治教材）》，河北档案馆藏，档案号：014-01-097-007。

　　《通知——认真的爱护边区子弟兵》，河北省档案馆藏，档案号：69-1-20-8。

　　边区教育厅：《冬学手册》，山西省档案馆，档案号：G3-181。

附录 《子弟兵》刊发文章及其他目录

刊期:创刊号　出版发行时间:1941 年 4 月 17 日

篇名		作者
发刊词		编辑部
比赛		柳杞
子弟兵歌(诗词) 配照片:"我的'母亲'聂司令"		布直琴 沙飞
入死出生——小王强村的险恶事变 配照片:"永远保卫晋察冀"		袁光 罗光达
互助互爱 新战士和老战士	欢迎呀,我们新武装起来的弟兄	战士石金喜
	青年队员这样爱护新战士!	战士陈良林
	放牛的孩子进了大学堂	战士××

刊期:第二期　出版发行时间:1941 年 4 月 25 日

篇名	作者
"子弟兵"的来由	不详
凯旋 配图片	不详
在春的田野	陈□
我们在敌占区的一个村里(速写)	张力泉
一封新战士的家书 报告到部队后的情形(写给父亲)	孙国杰

刊期:第三期　出版发行时间:1941 年 5 月 4 日

篇名	作者
边区子弟兵与边区青年——为纪念五四中国青年节而作	聂荣臻
军区司令员聂荣臻 配照片	不详
青年的故事	黄宣□、伏文政
部队与地方青年更紧密团结起来 （照片）	沙飞

刊期:第四期　出版发行时间:1941 年 5 月 11 日

篇名	作者
八路军的敌伪军工作	柳舒
从日寇手里走出来 （照片）	沙飞
射向日本帝国底枪火 ——在华日人反战同盟晋察冀支部成立大会简记	周游
宫本哲次的激昂演说（照片）	光远
在华日人反战同盟晋察冀支部成立宣言	在华日人反战 同盟晋察冀支部

刊期:第五期　出版发行时间:1941 年 5 月 16 日

篇名		作者
八路军是个大学校		秀华
看见聂司令		小尹
于江的文化学习		刘君生
浮图峪的伏击歼灭战		罗元发
战士文化生活	开讨论会	战士张瑶芝
	行军识字课	张力群
	光荣的升级	生群
作战的时候		光
寄给武贵哥淑贵哥的一封信		军区青年支队第三连张武香

刊期:第六期　出版发行时间:1941 年 5 月 21 日

篇名	作者
谈谈"课外活动"	朱牧
经济生活的一角	野明
冀热察子弟兵领袖萧克将军	金肇野
行军中的流动俱乐部	石健常
打靶	飞起

刊期:第七期　出版发行时间:1941 年 5 月 28 日

篇名	作者
幸福的大家庭	路泽
关于杨成武师长	侯亢
第一次看到八路军的时候	萧无
胜利归来(诗词)	鲁藜
鬼子出来以后	彭俭
战场纪律	杨文献
我们的连长	民隆

刊期:第八期　出版发行时间:1941 年 6 月 4 日

篇名	作者
八路军中的共产党	朱牧
石头村眺山庙等敌据点的毁灭	周自为
万岁,中国共产党(歌曲)	周游、力夫

刊期:第九期　出版发行时间:1941 年 6 月 11 日

篇名	作者
驻到房东家——前线演习行军日记	野草
邓华断片	周而复

篇名	作者
充满着胜利的光芒——瓦仁战后的××集速写	王芸
牧羊出身的李速之	李珂平

刊期:第十期　出版发行时间:1941 年 6 月 19 日

篇名	作者
青年知识分子在部队中	朱牧
到八路军来——一个知识分子的自由	谭春雷
号与枪	郑文沐
南茹村之战	东人

刊期:第十一期　出版发行时间:1941 年 6 月 26 日

篇名	作者
战斗中的支部	长白坚
我们的政治委员刘道生同志	肖藏
书本里的角票	不详
一个抗属的来访	赵之溃
人民热爱子弟兵(图)	田零
青年日记断片	振宽
描写不出的印象	曹永福

刊期:第十二期　出版发行时间:1941 年 7 月 3 日

篇名	作者
妈妈的生日	高德功
红色的鹰	葛裴
子弟兵中的共产党员	秀华
一个子弟兵中的布尔什维克在战斗中(照片)	沙飞
奇袭	刘钊
一个年轻的副班长	炎田

刊期:第十三期　出版发行时间:1941 年 7 月 10 日

篇名	作者
四年来	朱牧
聂司令员底简略生平	永毅
我们的献词	延安文协抗战文艺工作团
当年平型关之战	孙礼年
我有一个好朋友	I.VHAND 原作,李巴改作

刊期:第十四期　出版发行时间:1941 年 7 月 17 日

篇名	作者
小启事	编辑部
四年(诗词)	周奋
一个子弟兵的成长	许大一
战士谣	李步田
二禄除神记	生群
给接敌区同胞的一封信	×团二营二连刘克

刊期:第十五期　出版发行时间:1941 年 7 月 23 日

篇名	作者
加紧战斗动员	高德功
感激的眼泪	赵恒山
在帮助老乡麦收的时候	安丕展
特载:在苏联敌后燃烧起全民游击战争	不详
悼念杜伯华同志	周而复

刊期:第十六期　出版发行时间:1941 年 8 月 1 日

篇名	作者
打破亲日"反共""反对八路军新四军"的阴谋	朱牧
从红军到八路军　英勇奋战的十四年	原戈
你们像太阳一样光明,灿烂! ——慰问信之一	边区第四中学第四队石会英

篇名	作者
八路军的特点	小萧
我怀念着那颗殒落了的红星 ——追忆战友彭光炳同志	埋

刊期:第十七期　出版发行时间:1941 年 8 月 10 日

篇名	作者
拥护志愿的义务兵役制	解方文
记王平同志	侯亢
克复石咀	曹永林
三小的奋斗	刘智
小陈庄的一击	石钢锁

刊期:第十八期　出版发行时间:1941 年 8 月 19 日

篇名	作者
准备更有力的配合作战	路泽
守卫在大风暴的岗位上	树中
回到祖国怀抱——一分区抗日义勇队成立	不详
一个武委会主任	高尚
志愿义务兵役制改变了什么?	高德功
淹死旱龟——滹沱河战斗剪影	刘钊

刊期:第十九期　出版发行时间:1941 年 11 月 16 日(备注:版面上写第十八期,此期到二十三期均出现期数错误)

篇名	作者
收获热潮澎湃在滹沱河畔	白虹
军区政治部的秋收突击队(照片)	不详
军民合作力量大如山	树中
掩护	曹永林
收割在天明以前	一起

刊期:第二十期　出版发行时间:1941 年 11 月 16 日(备注:版面上写第十九期)

篇名	作者
反扫荡中的子弟兵	朱牧
血汗凝结成的环带——军民永远团结在一起	项清
军区首长在帮助群众收割中(照片)	不详
谁能叫俺边区分家! ——敌占区一个村长的谈话	范玉崑
五壮士歌(诗词)	老鲁
安慰苦难的孩子	贺国卿
零用费发下以后	范玉崑
打走强盗	叶瑞

刊期:第二十一期　出版发行时间:1941 年 11 月 26 日(备注:版面上写第二十期)

篇名	作者
大家齐动手平毁封锁沟	力克
两个班	刘钊
解放了二百多民夫	马明
老英雄	直
涞易线上的二三事	石琢之
麻雀战(歌曲)	胡可词,袁颖贺曲

刊期:第二十二期　出版发行时间:1941 年 12 月 3 日(备注:版面上写第二十一期)

篇名	作者
子弟兵　老百姓在今冬来一个学习比赛吧!	力涛
平沟之夜	周奋
哥哥到部队来看望	杨力纲
子弟兵帮助冬运	文苗
重见天日	韩柯

刊期:第二十三期　出版发行时间:1941 年 12 月 14 日(备注:版面上写第二十二期)

篇名	作者
鬼子烧了咱们的房子　咱们把它盖起来!	楚人
六千人的出击(配照片)	叶曼之
王振华和父亲	杨岑
袭击北镇的两位英雄	野蔓
我们的生活走向了紧张活泼	张渥民
神枪手的两颗子弹	诚增

刊期:第二十四期　出版发行时间:1941 年 12 月 22 日(备注:版面期数显示正确)

篇名	作者
恭贺新年——给子弟兵家属的信	晋察冀军区司令部、政治部及军区全体指战员
深火之前	苏禾
争先	周奋
青年学习轻骑队的前锋	于平
聂司令员并转子弟兵全体指战员(信)	唐县×区×××村
锹铲飞舞中鬼子的机枪痛哭了一夜	红□
一个早晨的奇袭	叶□

刊期:第二十五期　出版发行时间:1941 年 12 月 28 日

篇名	作者
新年新岁话团结	原戈
钢笔	秋山
"大大的神军来了的!"	刘如秀
明比赛,暗比赛　比赛中的比赛	安明
崭新的黑水坪	林千
沉沉夜黑　照明弹帮助我们平沟	俊□

刊期:第二十六期　　出版发行时间:1942 年 1 月 8 日

篇名	作者
为实现新的志愿义务兵役制而奋斗	朱良才
回家	王任
三十年不如两个月	郎
他们背回的是肉不是柴	贺森
虎穴归来	韩志
一个英勇沉着的青年班长	刘芝瑞

刊期:第二十七期　　出版发行时间:1942 年 1 月 11 日

篇名	作者
一个子弟兵对实行新兵役制的感想	德功
"我的心可真年青!"——一个三十多岁的青年队员的故事	张清汰
奔驰在阜平的军区卫生部医疗队	丹霞
谈谈子弟兵中的新战士	昂
哨兵颂(诗词)	鲁南人
从前方抬下来的担架	赵廷祥
一个老乡眼中的子弟兵	郭金钰

刊期:第二十八期　　出版发行时间:1942 年 1 月 18 日

篇名	作者
子弟兵的文化生活	康敏
日本朋友的表演——新年文化娱乐片断	章旅
早餐的歌声	李鹤鸣
"八路军是个大学校" ——子弟兵文化生活的一面	亦一
锻炼中的钢铁	王廷如、焦溪川
老鞋工——左福庆	杜文玉、李希颜
响亮回答志愿义务兵役制的号召	宁静

刊期:第二十九期　　出版发行时间:1942 年 1 月 25 日

篇名	作者
军民一家	殷牛
弹无虚发	赵华
政治委员的重要性	平凯
"又见到你们了" 图片	柳玉文 陈实
一颗边区造的红头子弹	史秉廉
老太太爱护子弟兵	魏占华

刊期:第三十期　　出版发行时间:1942 年 2 月 1 日

篇名	作者
子弟兵中的青年	安泰
宋班长——团结友爱的模范	刘振□
我们在课外活动的时候	□□□
分直宣传大队在第一个星期日	化一
一万根木头	兆生
公粮抢不成　反倒赔了本	□□

刊期:第三十一期　　出版发行时间:1942 年 2 月 8 日

篇名	作者
一片挑战声	□□
战场变成课堂　课堂变成战场	杨□明
革命军队的生命线	树中
五抗先一齐报名(图画)	陈实
英勇果敢的通信员	李益云

刊期:第三十二期　出版发行时间:1942 年 2 月 14 日

篇名	作者
寄给亲爱的爸爸妈妈——旧历新年一封战士的家信	黄大宝
生产热潮中一朵高涨的浪花 ——三支队一连打柴插曲	师照
八路军的经济制度	守平
妈妈笑着回去了	□□
八路军万岁	张消□

刊期:第三十三期　出版发行时间:1942 年 2 月 22 日

篇名	作者
我们要更多的帮助抗属	一雄
胜利后	张增堂
为什么要开会 ——谈谈八路军的会议制度	严明华
热情的孩子们 ——×××儿童慰劳伤病员	胡非
爬山——生活素描之一	鲁南人
父亲和儿子	田学文

刊期:第三十四期　出版发行时间:1942 年 3 月 1 日

篇名	作者
学习苏联人民和红军	司尼
保卫苏维埃国土的红色英雄们	莫斯科广播
百战百胜的苏联红军(图片)	米汶
马兆发	大兵
伟大的友爱——王子云奋勇救伤员	张志新
塔崖驿的伏击	王锡琴

刊期:第三十五期　出版发行时间:1942 年 3 月 8 日

篇名	作者
军民一齐防范病敌	费司马
我们都是一家人	清海
汇报有什么作用 ——谈八路军中的汇报制度	苏陵
"同志,你们多住几天吧!"	甄士英
它挡住我们的去路就给它个片甲不留	李旭亚
张医生	赵子璜

刊期:第三十六期　出版发行时间:1942 年 3 月 15 日

篇名	作者
帮助老乡把地种好	力克
送粪	赵烈
帮助老乡把粪送到地里去(木刻)	飞虹
"你们快来吧!"	平西
袁春林的一双新鞋	青山
一个保卫公粮的战斗	尚泽广、杨青森、 郭允堂、王克微
"比家庭要快乐　比兄弟更亲热!" ——一个新战士的自述	刘进国

刊期:第三十七期　出版发行时间:1942 年 3 月 22 日

篇名	作者
立即紧张的动员起来	工立
在平原边线上的战斗	杨启明
农场 ——×部菜园一角	野明
"我还有一颗手榴弹呢!" ——夜间战斗的故事	赵清海
"鬼子大大的赔了本!"	郑文沐

续表

篇名	作者
追击 ——为老百姓报仇	刘笨

刊期:第三十八期　出版发行时间:1942 年 3 月 29 日

篇名	作者
健儿入伍后给他母亲的一封信	健儿
欢迎新的子弟兵	吴羊君
父亲的话	邵华峰
从黑夜到黎明——我第一次看见八路军	引之
老阎同他的儿子回来了 ——子弟兵营中的父子兵	子平

刊期:第三十九期　出版发行时间:1942 年 4 月 5 日

篇名	作者
互相帮助,打击敌人	陆泽
没有快枪也能打鬼子 ——和民兵同志们谈谈	不详
一个游击小组走过的道路	尚时真
旅途手记 ——我对八路军的印象	引之

刊期:第四十期　出版发行时间:1942 年 4 月 12 日

篇名	作者
写给预备兵同志们	不详
一支武装宣传部通讯:我们不会忘掉祖国的! ——敌区人民的话	郭子杰
一个初次上阵的新战士	李珂平
张仁生和他的老婆	张老
代耕	刘更生

篇名	作者
苏联敌占区的农民和飞机师	不详
"送给你,八路军同志!"	兵

刊期:第四十一期　出版发行时间:1942 年 4 月 23 日

篇名	作者
为迎接五四青年节给边区青年的一封信	子弟兵全体青年指战员
我们热烈筹备着纪念五四青年节	斯基
老爹送回程黑牛	侯亢
儿不想家　娘不挂念	苏振华
记雁北的一个村长	李文祥
我的学习 ——记战士郭景山的谈话(诗词)	商展思

刊期:第四十二期　出版发行时间:1942 年 4 月 30 日

篇名	作者
全边区青年结成一个整体 ——纪念五四中国青年节	才丁
战斗一样紧张的工作 工人们迎接五一劳动节的热忱	涣洲
活跃在敌区的一个青年勇士	言语
到了游击区和敌占区俱乐部工作照样活跃	不详
军区工人的创造性	谭清、万振
"皇军"抢的东西被我们拿回来	李建民、王福山
"出击"——在宣传攻势底下	唐□

刊期:第四十三期　出版发行时间:1942 年 4 月 30 日(备注:版面上写第四十六期)

篇名	作者
地方青年也要帮助在部队里伙伴	功得

篇名	作者
好一个杜二牛 ——新战士生活片断	曼蒂
孩子没有缩 回来他的手(生活短曲之二)	周奋
鬼子在滹沱河里洗澡	老鲁
田辛庄和七里庄的夜袭	王强志、王三全

刊期:第四十四期 出版发行时间:1942年5月15日(备注:版面上写第四十七期)

篇名	作者
一个新战士给预备兵的信	张求
八路军攻克完县城	野燕
攻克完县城战斗的侧面	周奋
当季候走上春天的时候 ——纪念我们的支部书记袁颖贺同志	洛灏

刊期:第四十五期 出版发行时间:1942年5月22日(备注:版面上写第四十八期)

篇名	作者
愉快的生活着 战斗的学习着	冯善祥
岭东歼灭战	田国栋
母亲的温存和母亲的嘱咐	昌
致新同志射击(木刻)	飞虹
给敌人一个迎头痛击 ——大悲村的战斗	张兆林
娘的心	杨富科

刊期:第四十六期　出版发行时间:1942 年 5 月 29 日(备注:版面上写第四十九期)

篇名		作者
今年的麦收		张庆余
向劳动的模范王中同志看齐		王芸
看呀! 我们的新子弟兵多么快乐! 多么努力! 多么勇敢!	新战士的火车头	郑志秋
	快乐的笑	世昌
	生产线上的生力军	王长西
	先和生字谈话再和老婆会面	杨文选
	勇敢的战斗在浓雾弥漫的火线上	□□
"八路军从那儿来的?"		□其□
五颗炮弹换了三十多颗炮弹		胡泽民
"你安心工作,娘也放心"		□福

刊期:第四十七期　出版发行时间:1942 年 5 月 22 日(备注:版面上写第五十期)

篇名	作者
兴奋和喜悦 ——记军区直属队青年晚会	林木
单耀钧同志抢救一万三千斤公粮 身陷重围誓死不屈	张彩亭
敌伪工作做得好 一支枪变成两支	赵银魁
我不下去!(诗词)	王永山
新战士王拴拴	佚名
入伍前的骑驴游行(照片)	沙飞
神勇的机枪射手——沈保田同志	滑廷汉

刊期:第四十八期　出版发行时间:1942 年 6 月 12 日(备注:版面上写第五十一期)

篇名	作者
一个重大的胜利——完成麦收	赵华
帮助麦收的第一天 ——军区政治部帮助麦收小记	田郎
李英龙 ——记朱食战斗中的一个新战士	周奋
新战士李五十四 杀敌毁汽车	师长明

刊期:第四十九期　出版发行时间:1942 年 6 月 19 日(备注:版面上写第五十二期)

篇名	作者
我们在收获线上	勇
灵活的解围	卜庭芝
麦收场上的吕股长	□平
巷北战斗中新战士刘亮同志	齐卓屏
新战士与抗属大会餐(照片)	沙飞
大众军事常识　防空 一、派防空观察哨	戈
活跃在铁道线上的民兵	□文敏
应该打更大的胜仗	李书年

刊期:第五十期　出版发行时间:1942 年 6 月 26 日(备注:版面上写第五十三期)

篇名	作者
百发百中的炮手们 九颗炮弹,打垮了两个堡垒	周培林、荆坡
新战士初上战场　夺下堡垒八面威风	滑廷汉
堡垒前的晚会	牛泽民
一句话就节省了四万多元	端

篇名	作者
"因为你们是咱们自己的军队"	李勇
大众军事常识　防空 二、防空的时候该注意什么事？	戈
连长苗登文 ——朱食战斗中的英雄之一（诗词）	鲁南人

刊期：第五十一期　出版发行时间：1942 年 7 月 9 日（备注：版面上写第五十四期）

篇名	作者
火线上的共产党员们 完县城头的"回马枪"	郝文锦
给大刀斩断铁丝网	景
和敌人机械化部队恶战 ——五月二十八日岳烟战斗记	傅克东、齐卓屏
我们要为他复仇呀（诗词）	大牛
神出鬼没的正太线上的地雷战	尤清
大众军事常识　防空 三、利用地形和敌机投弹时要注意的几件事	戈

刊期：第五十二期　出版发行时间：1942 年 7 月 17 日（备注：版面上写第五十五期）

篇名		作者
在快乐的生活里成长 ——新战士入伍后生活介绍		冯善祥
三个新战士变成 了三个新英雄	带血的手又射死一个敌人	胡钦
	负伤的人保卫着负伤的枪	佑之
	跳出来指挥冲锋班	不详
十二头骒马 ——一个漂亮的伏击战速写		胡泽民
孩子们 ——我看了"清明节"所要记下的		周奋

篇名	作者
吃猪肉喝豆汤	赵振明
预备兵政治教材 第一课　什么是预备兵？	晋察冀军区政治部

刊期:第五十三期　出版发行时间:1942 年 8 月 1 日(备注:版面上写第五十六期,改成旬刊)

篇名	作者
纪念"八一"	何□□
井冈山的哨线	周奋
冀中血战纪闻:无比的团结和顽强	徐□
改为旬刊的几句话	子弟兵旬刊编者
病了七天的王荣贵　誓死炸敌	予
冀中血战纪闻:投弹神手李三子	周□
大众军事常识　怎样保管手榴弹(一)	皎峰

刊期:第五十四期　出版发行时间:1942 年 8 月 11 日(备注:版面上写第五十七期)

篇名	作者
几天来早晚帮助夏耕突击 三个部队的成绩:一万余亩	不详
八路军来了!	达之
大众军事常识　怎样保管手榴弹(二)	皎峰
冀中血战纪闻:奔袭安平城	周翔
预备兵政治教材 第二课　预备兵要作什么事？	晋察冀军区政治部

刊期:第五十五期　出版发行时间:1942 年 8 月 22 日(备注:版面上写第五十八期)

篇名	作者
日本强盗血淋淋的刺刀尖 割不断抗日军民的骨肉联系	欧阳源
大众军事常识　怎样保管地雷	戈
战斗通讯——攻打神堂堡	汇记
冀中血战纪闻:三袭槐林庄 ——冀中骑兵坚持深安路战斗之一	周翔

刊期:第五十六期　出版发行时间:1942 年 9 月 1 日(备注:版面上写第五十九期)

篇名	作者
冀中通讯:北坛民兵和子弟兵怎样并肩作战?	不详
我们在敌占区	贾维
预备兵政治教材 第三课　子弟兵的来历怎样?为什么叫子弟兵?	晋察冀军区政治部
大众军事常识　使用地雷的时机	戈

刊期:第五十七期　出版发行时间:1942 年 9 月 11 日(备注:版面上写第六十期)

篇名	作者
我可知道了!	相振中
×团武装宣传队通信 杜朋尔活捉"活阎王"	林里
鬼子要修王八窝　咱们的炮弹不答应	张文耀
原来如此 ——一个英勇而有趣的战斗	毕建章
关于保卫家乡大队(报告)	周奋
大众军事常识　伪装(一)	戈
鬼子来摸哨陷进地雷阵	唐荫普、张义成

刊期:第五十八期　出版发行时间:1942 年 9 月 22 日(备注:版面上写第六十一期)

篇名	作者
子弟兵和人民的结合	俊杰、郝志恒
看见了儿子和八路军铁骑兵 ——记一个敌占区老太太的谈话	席永林
武宣队深入唐县拔茄村　活捉五个特务	鲍振世
"我的儿子抗日,我怎么能当汉奸!!"	付定一
大众军事常识　伪装(二)	不详

刊期:第五十九期　出版发行时间:1942 年 10 月 6 日(备注:版面上写第六十二期)

篇名	作者
西坡村旁打击要伏敌人	不详
房顶上的比赛 ——子弟兵帮助房东剥棒子	不详
冒雨割电线	不详
突围 ——小牛村战斗记	路扬
警戒线上的第八班	王振纲
秋天进行曲(诗词)	周奋

刊期:第六十期　出版发行时间:1942 年 11 月 1 日(备注:版面上写第六十三期)

篇名		作者
阜平战斗中的子弟兵和老百姓	机神射手邵玉生	彭蕴堂
	排长和四班副	李殿文、戴新民
	老太太抬担架	苏杰
	老乡真是好	武占国、容人
同志没有走 ——奶奶的话(诗词)		曼晴

篇名	作者
在秋天的生产战线上	不详
警戒线上的秋收突击队	不详
我军挺进平定护秋	叶民
抗属和子弟兵的汗滴到湿润的土地上	华光
七级敌劫掠山头村　我便衣队迎头痛击	李祥林
预备兵政治教材 第四课　团结友爱	晋察冀军区政治部

刊期:第六十一期　出版发行时间:1942 年 11 月 13 日(备注:版面上写第六十四期)

篇名		作者
谷熟豆香晋察冀 黄金铺满 帮助秋收健儿们 大显身手	从病床追到秋收战场	王治国
	有价值的俏皮话	允澄
	李周兰得了光荣的病	赵树年
	你来一趟我就两遭	齐兴智
	个儿大,力气壮,干的凶	李玉仙
	秋收中的八班长	张忠志
	两双铁手	向仲言
	哟,哟,收下吧	许新义
抗敌剧社的孩子们		灏洛
我们连续出击		智波
预备兵政治教材 第五课　努力学习力求进步		晋察冀军区政治部

刊期:第六十二期　出版发行时间:1942 年 11 月 21 日(备注:版面上写第六十五期)

篇名	作者
朱家岗的伏击战	裴永芳、李棠绩

篇名		作者
王子山战斗的故事	郭兴州	不详
	活鬼子用死鬼子当工事	铁风
	刘圈负伤更顽强	程步改
	誓死不离开自己的阵地	张贵申
	老乡们开会庆祝	藏玉恒
弹雨中抢救出副营长		罗拉
预备兵政治教材 第六课 俱乐部		晋察冀军区政治部
我们解决了着急的问题		杨永修
一个青年共产党员的战场工作		林中
王楞儿收线摘炸弹		小司号员王进才
宁愿自己刻苦 不叫新同志有困难		杜振佳

刊期:第六十三期　出版发行时间:1942 年 12 月 10 日(备注:版面上写第六十一期)

篇名	作者
"碰见了神仙" ——敌占区一个老乡第一次看见了八路军	席水林
我从边成杰那里要报告给大家的	周奋
预备兵政治教材 第七课 遵守纪律	晋察冀军区政治部

刊期:第六十四期　出版发行时间:1942 年 12 月 22 日(备注:版面上写第六十二期)

篇名	作者
敌占区老乡深爱子弟兵 在危难的景况下救护伤员	郭金钰
我现在的感觉	张明
执行三大号召中的光荣的军区青年	周文乃

续表

篇名	作者
在敌占区,我受了伤之后 ——一个侦察员同志对我说的故事	林水席
预备兵政治教材 第八课 三大纪律八项注意	晋察冀军区政治部
子弟兵的小炮手 一炮打准完成任务	韩尚禄

刊期:第六十五期 出版发行时间:1943 年 1 月 1 日(备注:版面上写第六十三期)

篇名	作者
给抗日军人家属的贺年信	晋察冀军区全体指战员
温暖的家庭 共产党员处处体贴群众	不详
恭祝新年	晋察冀军区司令部、 政治部同贺
刘红纪同志	旬雨
共产党员负了伤以后	不详
特务在集上想捞洋落 王永仁给了他个正对	照明
给退伍军人的贺年信	晋察冀军区全体指战员

刊期:第六十六期 出版发行时间:1943 年 1 月 13 日(备注:版面上写第六十四期)

篇名	作者
不准一袋粮食出境!	不详
子弟兵文艺活动剪影	不详
预备兵政治教材 第九课 灵活巧妙的战法	晋察冀军区政治部
游击区里的武天飞	左生
新年纪事	马特
感激的掉出眼泪来	周云化

刊期:第六十七期　出版发行时间:1943 年 1 月 22 日(备注:版面上写第六十五期)

篇名	作者
场上俱乐部开幕了	人
一个八路军女工的日记	王江涛
赶集	野明
子弟兵的母亲	杨受谦
鬼子拉走了牛 八路军夺回还给老乡	刘智
预备兵政治教材 第十课　艰苦奋斗　英勇牺牲	晋察冀军区政治部

刊期:第六十八期　出版发行时间:1943 年 2 月 2 日(备注:版面上写第六十六期)

篇名	作者
本刊期望于部队同志的	子弟兵旬刊编辑部
五个侦察员活捉两个伪军	张金耀
来到了大家庭 ——新入伍的战士王兆林同志的谈话	曾政笔记
看到了两个世界	刘顺海
敬礼,苏联红军!(诗词)	洛灏
"我不来看你,也放心了!"	赵书元
"得了!"老太太擦去了眼泪, 说:"你愿意抗日,我更愿意……"(木刻)	吴劳

刊期:第六十九期　出版发行时间:1943 年 2 月 23 日(备注:版面上写第六十七期)

篇名	作者
向边区第一届参议会致最敬礼	朱牧
老乡们关于八路军大炮的谈论	张增意
老乡的感奋话	宋世武

篇名	作者
新年	周奋
部队帮助、老乡努力 冬学异常活跃	照明
新年、在我们这里	□茄
日寇强拉壮丁 青年自动参加子弟兵	王放

刊期:第七十期　出版发行时间:1943 年 3 月 2 日(备注:版面上写第六十八期)

篇名	作者
春耕大家忙　反对懒骨头	□□明
送别晋东北参议员诸先生	张发良
过旧年,在抗属家里	刘失
我接到了贺年片 ——一个退伍军人的记述	赵伟
缴了伪军的枪	史□成
从苦难来,走向幸福!	人

刊期:第七十一期　出版发行时间:1943 年 3 月 14 日(备注:版面上写第 70 期)

篇名	作者
向老乡们报告:子弟兵的生产节约运动	姚萱
曲阳"扫荡队"的毁灭	叶曼之
送粪(木刻)	吴劳
伪军抢了猪羊 子弟兵打下还给老乡	许鸿钧
硬把敌人打了回去	燕、南飞、张佑
侦察班长李锡山	申曙

刊期:第七十二期　出版发行时间:1943 年 3 月 25 日(备注:版面上写第七十期)

篇名	作者
在警戒线上帮助老乡春耕	旬雨
不给老乡添麻烦　四千斤大叔我们自己抬	李□昇
退伍军人赵宝山	刘矢
战地通讯·炮轰刘库池	周培林
巧战术	志
吃苦耐劳的模范理发员	采芹

刊期:第七十三期　出版发行时间:1943 年 4 月 6 日(备注:版面上写第七十一期)

篇名	作者
我们和边区同胞一起克服困难	刘振荣
解放了的一百零三个民伕	可□
在反蚕食斗争的前线上	孙新
把沙塘变成肥田	许大一
从我的村庄里把敌人打跑	臧恩

刊期:第七十四期　出版发行时间:1943 年 4 月 15 日(备注:版面上写第七十二期)

篇名	作者
为灾民,子弟兵捐出了自己的一切	王烽
郭兴　在火堆里	王路
"咱王受贵　金钱买不动!"	耀光
四枪打死三个半敌人	李宝禄
爱护子弟兵的母亲	谷巴
五天的新战士　一人缴了两条枪	史立成

刊期:第七十五期　出版发行时间:1943 年 4 月 25 日(备注:版面上写第七十三期)

篇名	作者
迎接"五四"中国青年节　军区子弟兵青年大突击	欣明
二排长和三八枪	孙新
鱼帮水,水帮鱼　大家为着打走鬼子	照明
王树祥　革命战士的好榜样	苏六、定慧
关心难民的张连长	采芹

刊期:第七十六期　出版发行时间:1943 年 5 月 5 日(备注:版面上写第七十四期)

篇名	作者
边区子弟兵积极帮助群众春耕	不详
我们在警戒线上	轻影
捐出零用费　不让受灾同胞饿肚子	文基、杨帆
游击区的老太太　会送信,也会搬兵	建兴
感谢八路军同志　对我们的关怀和帮助 ——北大悲一个老乡写来的稿子	北大悲村民臧春华
帮助烈士家属春耕	吴善性
我的战斗日记	电话员刘吉祥
刘尚文同志机枪一打就中	杜文玉

刊期:第七十七期　出版发行时间:1943 年 5 月 15 日(备注:版面上写第七十五期)

篇名	作者
埋地雷管保不会错	不详
子弟兵在军区东南线上 展开猛烈分型射击运动	不详
老乡们很奇怪:锅里怎么有了钱?	简群
用血和肉保卫着人民 ——鸽子岩战斗纪实	周化三

续表

篇名	作者
火线上的史指导员　带病担任掩护还替伤员背枪	王烽
我们活动在敌人堡垒附近	李汝尧
侦察员节粮救灾	岭尘

刊期:第七十八期　出版发行时间:1943 年 6 月 5 日(备注:版面上写第七十六期)

篇名	作者
我们连在反"扫荡"里	席水林
袭击和追击 ——我们打退了"扫荡"唐河两岸的敌人	轻影
幸福的青年们	周奋
石头砸死狗汉奸　李进才缴了一支盒子枪	高廷矩
反"清剿",和老乡们在一起 ——记骨肉难分的战时军民	□烟

刊期:第七十九期　出版发行时间:1943 年 6 月 15 日(备注:版面上写第七十七期)

篇名	作者
和老乡们同甘共苦 子弟兵募捐节粮救灾	卓
漂亮的夜间伏击战 ——以埋伏对付埋伏,在敌人的堡垒角下消灭敌人,缴轻机枪一挺步枪四支	刘钊
战场英雄杨义	王宝利
追击鬼子们	马玉声、张本田
骑着敌人的毛驴带回了敌人的消息	汪洋
一战打死八个敌人的王元福 负了伤不忘工作	柳风
"我一定升到乙组去!"	张天才
共产党员杨月明　勇敢沉着轻伤不下火线	张志新
我们邓连长	李相林

刊期:第八十期　出版发行时间:1943 年 6 月 25 日(备注:版面上写第七十八期)

篇名		作者
从麦收战线上传来的捷报 ——子弟兵武装保卫麦收散记		谷、西、民、力
四个地雷同时开花　一班鬼子回老家		汪洋
急袭广灵西关		牛俊
同甘共苦熬过 最后困难　边区 军民血肉相连	救济灾难同胞,前线方掀起急赈运动	佟毅
	供给通讯	采芹
	停止操课,帮助老乡突击夏拼	小仆
	敌人把老乡们打伤,我们给老乡们医治	通讯员
	子弟兵的妈妈们也帮助麦收了	封崭
和八路军在一起 ——一个村长的日记		俞林
麦收拖拉机 一早晨拔麦一亩		台山

刊期:第八十一期　出版发行时间:1943 年 7 月 10 日(备注:版面上写第七十九期)

篇名	作者
我们不愧为燕赵男儿	不详
新型的青年女工曹金岭 平时做模范,战时成英雄	边克
傅庆昌 ——一个从炮火中成长起来的新青年	潮选
积极帮助老乡麦收 荣誉军人永远光荣	李鑑琛
薛家山小伏击	柳风
打破了敌人的封锁计划 ——敌人修的快,我们破的更快!	刘钊

刊期:第八十二期　出版发行时间:1943 年 7 月 27 日(备注:版面上写第八十期)

篇名	作者
阳明堡的烽火	吴群
保定东村的战斗	大兵
游击组配合子弟兵打了小歼灭战	蔡化南
固城伏击　小炮手发挥威力	洋
快活的李二汉	王斗
记"阎王"部队	吴羊君
他们积极学习文化	周庆云、福来、傅申杰、赵民先
姚银海得金不昧 敌占区的老乡说:"八路军是不爱财的军队!"	王保之

刊期:第八十三期　出版发行时间:1943 年 8 月 8 日(备注:版面上写第八十一期)

篇名	作者
帮助老乡压绿肥	不详
紧张快乐的战斗生活	高良玉
来函照登:是从日本人嘴里放出来的吧?	赵明远
李太保转变的故事	杨养正
五颗子弹的胜利	刘玉泉
肖大队长和黄政委	哈炯
刘玉杰　贾福有 一个生产劳动英雄 一个互助友爱模范	吴柱石
童子岩战斗　王高山缴了四支枪	王志忠

刊期:第八十四期 出版发行时间:1943 年 8 月 18 日(备注:版面上写第八十二期)

篇名	作者
光荣的特等射手们 ——他们的名字和胜利永远连在一起	远方
九班的房东老太太	冯□祥
老吉不死!	慧因
"可惜马刀还没有用上!" ——记十八岁的奋勇队员李春林	李英凯
三分区部队帮助生产 半年来替群众节省了六十六万元	远方
青年队长刘振禄	朱□
子弟兵和老百姓真正打成一片了	栲栳台村王玉兰
军民一齐挥舞锄头 一早扶救玉茭九亩二分	封崭

刊期:第八十五期 出版发行时间:1943 年 8 月 31 日(备注:版面上写第八十三期)

篇名	作者
赈济曲阳完县灾胞 三分区再次展开节粮募捐运动	金人
模范青年李桂林	雪茜
张二仲和客人	白翔林
我们医治好了二百七十三位老乡的病	瑾
侦察员打死大汉奸 老百姓人人心喜欢	轻影

刊期:第八十六期 出版发行时间:1943 年 9 月 7 日(备注:版面上写第八十四期)

篇名	作者
三分区部队普遍掀起压绿肥运动 生产队逼近堡垒帮助灾民锄草	金人、石哲荣
赵凤玉是我们连的生产员 ——×团三连副政指武占国同志讲的	席水林
霍世昌原来是爆炸的能手	□良

篇名	作者
便衣队大闹李家坡集 揍死两个鬼子一个治安军	王文俊
王班长打炮百发百中	王致和
在募捐大会上	晓烟
带着光辉的胜利 基游队又回来了	吴羊君

刊期:第八十七期　出版发行时间:1943 年 9 月 15 日(备注:版面上写第八十五期)

篇名	作者
子弟兵动员起来准备武装保卫秋收	不详
上了反法西斯的政治课　大家的胜利信心更增强了	不详
火葬山阳庄炮楼	和谷岩
播下爱的种子在完县人民的心里	大兵
白家庄大捷	武靖、张佑
子弟兵好,老乡们强 拾物送还原主理应当	周双成、张智敏

后　记

　　本书是 2019 年教育部人文社会科学研究青年基金项目"《晋察冀日报》与'子弟兵'话语体系建构研究"（19YJC710047）的最终成果。

　　《晋察冀日报》与"子弟兵"话语体系建构是以往学术界关注较少的问题，一直以来中国共产党对人民军队建设的重视，学界对党报党刊研究的热度，彰显了本课题研究的价值和意义。自 2015 年以来，本人潜心专研这一课题研究，先后在《探索》《贵州社会科学》《宁夏社会科学》《中南大学学报（哲学社会科学版）》《毛泽东思想研究》《南京政治学院学报》《党的文献》《黑龙江社会科学》《中国石油大学学报（社会科学版）》《理论月刊》《长白学刊》等刊物发表系列研究论文，其中，《抗战时期中共政治教材中"子弟兵"的书写——以〈预备兵政治教材〉为例》被中国人民大学复印资料《中国现代史》2019 年第 9 期全文转载，赢得了学术界的关注和认同。

　　本课题研究是在本人博士学位论文基础上的继续，得益于导师钟德涛教授的高度认可和倾心指导。同时，对主持本人博士学位论文答辩的主席华南师范大学陈金龙教授表示衷心感谢，还有给本人论文提出宝贵修改意见的李良明教授、郭圣福教授、李敬煊教授、王智教授表示真诚的谢意。衷心感谢导师的指教以及学术前辈的厚爱和指正。

　　中国共产党"子弟兵"话语体系建构研究涉及面广，本书是研究的前期准备，这一课题的研究仍可深入继续下去。囿于学术水平和研究视野以及研究能力，本书中粗疏之处在所难免，敬请学者批评指正。

刘　意

2020 年 8 月于广州

策划编辑:邓浩迪
责任编辑:孔 欢
封面设计:王欢欢
版式设计:东昌文化

图书在版编目(CIP)数据

《晋察冀日报》与"子弟兵"话语体系建构研究/刘意 著. —北京:人民出版社,
   2021.9
ISBN 978 – 7 – 01 – 023115 – 0

Ⅰ.①晋… Ⅱ.①刘… Ⅲ.①《晋察冀日报》-研究 Ⅳ.①G219.296

中国版本图书馆 CIP 数据核字(2021)第 018198 号

《晋察冀日报》与"子弟兵"话语体系建构研究
JINCHAJI RIBAO YU ZIDIBING HUAYU TIXI JIANGOU YANJIU

刘意 著

人民出版社 出版发行
(100706 北京市东城区隆福寺街 99 号)

北京建宏印刷有限公司印刷 新华书店经销

2021 年 9 月第 1 版 2021 年 9 月北京第 1 次印刷
开本:710 毫米×1000 毫米 1/16 印张:17.75
字数:280 千字

ISBN 978 – 7 – 01 – 023115 – 0 定价:68.00 元

邮购地址 100706 北京市东城区隆福寺街 99 号
人民东方图书销售中心 电话 (010)65250042 65289539